财政专项资金绩效评价分析研究

林海帆 马 健 扬 帆 ◎著

吉林科学技术出版社

图书在版编目（CIP）数据

财政专项资金绩效评价分析研究 / 林海帆，马健，扬帆著. -- 长春：吉林科学技术出版社，2021.6
ISBN 978-7-5578-8114-6

Ⅰ．①财… Ⅱ．①林… ②马… ③扬… Ⅲ．①财政资金－专项资金－经济评价－研究－中国 Ⅳ．①F812

中国版本图书馆CIP数据核字（2021）第103062号

财政专项资金绩效评价分析研究

著	林海帆 马 健 扬 帆
出 版 人	宛 霞
责任编辑	李永百
封面设计	金熙腾达
制 版	金熙腾达
幅面尺寸	185mm×260mm 1/16
字 数	259千字
印 张	11.625
印 数	1—1500册
版 次	2021年6月第1版
印 次	2022年5月第2次印刷
出 版	吉林科学技术出版社
发 行	吉林科学技术出版社
地 址	长春市净月区福祉大路5788号
邮 编	130118
发行部电话/传真	0431-81629529 81629530 81629531
	81629532 81629533 81629534
储运部电话	0431-86059116
编辑部电话	0431-81629518
印 刷	保定市铭泰达印刷有限公司
书 号	ISBN 978-7-5578-8114-6
定 价	48.00元

版权所有 翻印必究 举报电话：0431-81629508

前 言

财政专项资金（以下简称专项资金），是指上级人民政府拨付本行政区域和本级人民政府安排的用于社会管理、公共事业发展、社会保障、经济建设以及政策补贴等方面具有指定用途的资金。这种资金都会要求进行单独核算，专款专用，不能挪作他用。财政专项资金应当被包含在政府行政资源的范围，并且构成了政府部门赖以开展各项行政事务的重要物质支撑。从当前的财政资金覆盖领域角度来讲，专项性的政府财政资金已经能够覆盖政府履行公益职责的各个实践领域，在此基础上，政府部门必须按照严格的绩效测评指标来评估资金运行效益，通过实施量化与精准化的资金绩效评估模式，促使财政资金效益最大化。秉持公平与公开的总体实施思路，衡量财政专项资金运用于政府履行公益职责的效益。

全面施行财政专项资金绩效评价可以在根本上达到督促政府部门合理节约财政运行资源的目标，对于涉及较广领域的政府专项资金能够杜绝资金浪费与挤占挪用等资金安全风险，运用量化测评的途径与手段，保障财政专项资金的安全并产生相应效益。

基于以上原因，作者结合自己多年的教学经验和科研成果撰写了《财政专项资金绩效评价分析研究》一书，全书共7章，主要内容包括：绪论、财政专项资金监管现状及其信息化模式构建、财政专项资金绩效审计理论与完善思路、财政专项资金绩效评价意义与方法解读、财政专项资金绩效评价现状与国外经验启示、财政专项资金绩效评价体系构建研究、财政专项资金绩效评价指标体系与标准研究。本书结构严谨、内容丰富，希望本书的出版为我国各级政府机构以及行政办公部门调整专项财政资金的绩效评价实施模式，完善财政专项资金的量化评估指标体系贡献一份力量。

在本书的撰写过程中，作者借鉴和参考了大量的相关文献，在此对相关作者表示衷心的感谢！

由于作者水平有限，加之撰写时间仓促，书中内容难免存在疏漏与不足之处，敬请广大读者批评指正！

作　者

2021年3月

目 录

第一章 绪 论 ... 1

第一节 财政的诞生与发展 ... 1

第二节 财政的内涵与职能 ... 5

第三节 财政支出理论解读 ... 14

第四节 财政支出分类与规模结构分析 ... 17

第二章 财政专项资金监管现状及其信息化模式构建 ... 28

第一节 财政专项资金监管现状分析 ... 28

第二节 财政专项资金信息化监管模式内涵与理论依据 ... 29

第三节 财政专项资金信息化监管模式构建与推行 ... 35

第三章 财政专项资金绩效审计理论与完善思路 ... 68

第一节 财政审计环境的演变与发展 ... 68

第二节 财政专项资金绩效审计及其相关理论 ... 88

第三节 财政专项资金绩效审计完善思路 ... 98

第四章 财政专项资金绩效评价意义与方法解读 ... 106

第一节 财政专项资金绩效评价概述 ... 106

第二节 财政专项资金绩效评价的意义与特点 ... 107

第三节 财政专项资金绩效评价方法 ... 111

第四节 财政专项资金绩效评价工作改进措施 ... 124

第五章　财政专项资金绩效评价现状与国外经验启示 …… 126

第一节　财政专项资金绩效评价发展现状与问题分析 …… 126
第二节　发达国家财政专项资金绩效评价经验启示 …… 128

第六章　财政专项资金绩效评价体系构建研究 …… 139

第一节　财政专项资金绩效评价体系构建目标 …… 139
第二节　财政专项资金绩效评价体系层次与对象 …… 143
第三节　财政专项资金绩效评价体系构建内容 …… 146

第七章　财政专项资金绩效评价指标体系与标准研究 …… 148

第一节　财政专项资金绩效评价指标体系构建内容 …… 148
第二节　财政专项资金绩效评价标准分类与选取 …… 158
第三节　财政专项资金绩效评价的计分模型分析 …… 167

参考文献 …… 175

第一章 绪 论

财政是一个古老的经济范畴。我国夏朝时出现的贡,可以说是财政的雏形。当然,在不同历史时期,随着政府职能范围的变化,财政的内容也随之变化。本章从财政的起源与发展入手,简单介绍财政理论体系的发展,以及财政的内涵与职能、财政支出的含义与原则、财政支出分类与规模结构分析等内容。

第一节 财政的诞生与发展

一、财政的诞生

塞缪尔在他的著作中曾这样描述在君主统治下的生活:在国王统治你们的时候,他会夺走你们的儿子,安排在他的身边,做他战车的马夫,跑在战车的前面;他会夺走你的女儿,替他喷香水、做厨娘、烤面包;他会夺走你们的土地,赏赐给他的仆人,你们将沦为他的奴仆。犹太人并没有倾听塞缪尔的劝告,他们说:我们应该有一个国王,国王会统治我们,走在我们前面,带领我们去战斗。

这段话说明了人们对政府的矛盾心理。政府是必须有的,它能给国民提供一些公共物品——市场不能提供或者不适合由市场提供的商品和服务,比如基础设施、灯塔、港口、码头等。此外,政府还承担着许多政治和社会职能,包括行政、国防、基础研究、公共卫生和公共设施等。用钱可以在市场上买到衣物、食品、图书、汽车等商品,但是有钱却买不到行政服务、国土安全和安定的社会秩序。显然,城市的公共交通、供水、排污、公厕、环境保护等国民公共的需要应当由政府来提供。

人们在享受政府带来的服务的同时,必须付出一定的代价——缴税。因为政府作为公共权力机构和公共服务机构,本身没有收入来源,它所有的收入都来自企业、家庭和居民个人缴纳的各种税。所以说，财政是社会生产力发展到一定阶段的产物。在漫长的原始社会，生产力极其低下，没有剩余产品，人们过着日出而作、日落而息、共同生产、共同消费的生活。那时没有产品剩余，没有产生财政的物质基础。随着社会生产力的不断发展，人们生产的产品不仅能满足基本的生活需要，而且还出现了剩余。

剩余产品的出现，促进了氏族社会再生产的发展。由于有了产品的剩余，人们可以进一步扩大生产，如播种更多的谷物，饲养更多的牲畜。在扩大生产的同时，人们也逐渐意识到改善生产条件的重要性，如要求开挖人工的灌溉渠道，做成方形的园畦，以及垒起田塍蓄水以便使庄稼更好地生长等，这些便形成了社会的共同需要。除此之外，剩余产品的出现，还促进了社会的进一步分工，这种社会分工不仅表现为生产部门和工艺方面的分工，如畜牧业、农业、各种手工业，而且还表现在管理部门的出现成为必要上。由于有了剩余产品，人们的劳动便可分为两部分，一部分是维持个人生活需要的劳动；另一部分则是作为氏族共同需要的劳动；这部分劳动提供的产品主要是用于防灾备荒，应付其他意外以及用作战争和宗教的开支。随着劳动的划分，在氏族成员中也逐渐产生了私有财产和私有观念，解决私有财产的继承问题也成为一个社会职能问题。怎样执行氏族的社会职能呢？每个氏族社会都存在着一定的共同利益，如解决争端、制止个别人越权等。这些工作不得不由个别成员来担当。于是，管理氏族的公共利益、满足氏族社会的共同需要的工作便落实在一个专门的机构中，这个机构在执行其职能时，主要依靠氏族社会提供的剩余产品来生存。以后，甚至执行这种社会职能的人也可以脱离直接的生产劳动，依靠剩余产品来维持生活了。这是社会分工的结果。

剩余产品的出现，不仅使氏族社会的再生产发生了变化，而且还成为财政分配关系形成及私有制、阶级、国家产生的物质基础。可以说，剩余产品的出现，并出现需要由剩余产品去满足的社会公共需要，是财政产生的物质条件。

从以上的分析中可以看出，财政不是从来就有的，它是人类社会发展到一定历史阶段的产物，属于历史的范畴。

二、财政理论体系的发展

随着西方商品生产的发展与壮大，古典经济学派开始形成并发展起来。这一时期的威廉·配第出版了一本被誉为西方最早的财政学专著《赋税论》，深刻分析了税收与国民财富、税收与国家经济实力之间的关系。古典学派最杰出的代表亚当·斯密于1776年出版的论著《国民财富的性质和原因的研究》（简称《国富论》），标志着系统财政理论体系的创立。亚当·斯密对国家财政进行了深入、系统的研究，全面阐述了自己的观点，积极宣扬经济自由、发展自由放任的资本主义市场经济，主张国家职能越小越好，政府只要能起着"城市警察"的作用就足够了。国家财政支出必须限制在国防、司法、公共工程建设和维护公共机关的需要中。国家财政收入来自君主或国家财产收入和来自赋税收入两个方面，并以地租、利润和工资三种收入作为课税划分依据，提出了著名的税负公平、确实、便利、节约四大原则。《国富论》的问世，使西方财政理论发展成为一个比较完整而庞大的体系，为公共财政奠定了理论基石，对资本主义各国在财政理论上的发展产生了广泛而深远的影响。因此，人们都称亚当·斯密为西方财政学的鼻祖。亚当·斯密的财政思想及其政策主张，经过大卫·李嘉图的继承和发展，对西方各国公共财政理论的发展产生了极其巨大的影响。

古典学派认为：

(1) 资本主义自由竞争是经济发展的动力。

(2) 市场这只看不见的手可以完全调节经济生活，供给可以创造需求。

(3) 资源的最佳配置和收入的合理分配也可以自由地通过市场机制来实现。

(4) 国家经费几乎全部是非生产性消费。

(5) 税收在一定程度上侵害了私人的财产。

(6) 公债取走了一部分现实资本。

所以，古典经济学派持有这样一种观点：经济社会没有非自愿性失业的存在，政府的财政政策不扮演任何角色，国家对社会资源的需求应该仅限于其保护国民生命财产的安全，以及那些不能由私人部门所提供的服务的供给上。

1929年爆发了第一次世界经济危机，西方国家的经济严重衰退，失业问题极为严重，面对这种新的经济现象，以前的经济理论束手无策。1936年，凯恩斯出版了《就业、利息和货币通论》（简称《通论》），标志着以国家干预经济为核心思想的凯恩斯主义应运而生并广为传播。美国人汉森和萨缪尔森，英国人罗宾逊和卡尔多是凯恩斯学派的主要代表人物。他们以《通论》为理论基础，把经济危机的根源归结为"有效需求不足"，要求政府放弃自由资本主义原则，实行国家直接干预经济生活，提出了政府运用财政货币政策，增加投资、刺激消费、实现充分就业的一整套理论政策体系。国家职能已从过去的"城市警察"拓展成为全面干预经济社会的重要工具。

在政策上，凯恩斯主义反对"自由放任"和"无为而治"的传统做法，否认市场可以自动维持充分就业和自动出清，主张国家运用财政政策和货币政策对经济生活进行积极干预和调整。在解决经济萧条和促进就业方面，凯恩斯主义认为财政政策比货币政策更有效，提出了功能性的财政预算政策，主张以赤字财政政策来解决经济萧条问题。新古典综合派作为凯恩斯理论的继承者，坚持国家干预为主、市场机制为辅的政策方针，丰富了凯恩斯的财政政策和货币政策理论，使得凯恩斯理论动态化和模型化的同时也继续传播国家干预思想。

到了20世纪五六十年代，西方国家出现了严重的通货膨胀现象，财政理论也出现了新的变化。这一时期出现了以弗里德曼为代表人物的货币学派。他们认为引起名义国民收入发生变化的主要原因，在于货币当局决定的货币供应量的变化。假如货币供应量的变化会引起货币流通速度的反方向变化，那么，货币供应量的变化对于物价和产量会产生什么影响，将是不确定的、无法预测的。在短期内，货币供应量的变化主要影响产量，部分影响物价。但在长期内，产量完全是由非货币因素（如劳动和资本的数量，资源和技术状况等）决定的，货币供应只决定物价水平。[①]

弗里德曼强烈反对国家干预经济，主张实行一种"单一规则"的货币政策。这就是把货币存量作为唯一的政策工具，由政府公开宣布一个在长期内固定不变的货币增长率，这个增长率应该是在保证物价水平稳定不变的条件下，与预计的实际国民收入在长期内会有的平均增长率相一致。

因而，他们认为：赤字财政政策是通货膨胀的主要推手，要想消除通货膨胀现象，应该放弃国家干预和调节经济的做法，恢复自由放任和自由竞争的市场经济。该学派因十分重视货币在宏观经济变动中的地位而得名。

20世纪70年代出现了以拉弗、罗伯茨为代表的供给学派。供给学派认为滞胀的出现是凯恩斯需求管理政策造成的，提出重新肯定萨伊定律，主张在市场供求关系中把供给放在首位，调整政府干预的内容和方向，更多发挥市场机制的作用，通过减税等措施鼓励储蓄、投资和工作积极性，提高劳动生产率以促进经济增长。据此，针对当时美国的滞胀状态，供给学派认为美国经济的头号问题不是通货膨胀，而是生产率的下降。提高劳动生产率是解决通货膨胀的唯一办法。他们的政策主张是：政府应主要刺激供给而不是需求，极力反对凯恩斯学派的需求管理政策。

---

① 刘明远：《现代财政学理论体系的思考》，载《财经问题研究》1998年第12期，第35-37.

第二节 财政的内涵与职能

一、财政的内涵解读

（一）"财政"一词的来源

财政一词最早起源于西欧。13—15世纪，拉丁文Finis是指结算支付期限的意思，后来演变为Finare，则有支付款项、裁定款项或罚款支付的含义。到16世纪末，法国政治家波丹将法语Finances作为财政一词使用，认为财政是"国家的神经"，随后逐步泛指国家及其他公共团体的理财。到17世纪后，专门用以指国家的理财。19世纪进一步阐明Finance是一切公共团体的理财。20世纪初由法国传入其他国家，用以指国家及其他公共团体的理财。日本引进西欧国家Finance词意，同时运用中国古代的"财"与"政"的词意，创立"财政"一语。1882年，日本率先使用"财政奏折"一词。这样财政也就逐渐在我国清朝文献中引用。当时一般解释为财者钱财也，政者政治也，财政者乃管理公共钱财或财货之事也，这便是财政（Finance）、国家财政（Public Finance）词义的由来。

Public Finance一词译为中文有意译和直译两种译法。意译译为财政或财政学，这种译法既符合中文词意，而且为公众所公认，为公众所熟悉。有人则直译为公共财政或公共财政学，这种直译法无论从英文用语或中文用语上说都是值得推敲的。例如，Finance一词可以译为金融、融资、财务等，如果将Public Finance直译为公共金融，在中文中不存在这个词语；如果直译为公共融资，尚可理解，即为国家或政府融资的意思；如果直译为公共财务，则会曲解了原意，因为在中文中"财务"与"财政"两个词语的含义有明确区分，财政是指理国家之财，财务是指理企业之财，在英文中企业财务是Business Finance。因此，将Public Finance译为公共财政或公共财政学，实际上是画蛇添足，"公共"两字是多余的。当然，问题的实质不在于名词，而在于该名词所涵盖的内容。

中国古代一般采用国用、国计、邦计、度支、理财等词语。据考证，清朝光绪二十四年，即1898年，在戊戌变法《明定国是》诏书中有"改革财政，实行国家预算"的条文，这是在政府文献中最初启用"财政"一词。"财政"一词的使用，是当时维新派在引进西洋文化思想指导下，间接从日本"进口"的，而日本则是来自英文Public Finance一词。孙中山先生在辛亥革命时期，宣传三民主义曾多次应用"财政"一词强调财政改革。民国政府成立时，主管国家收支的机构命名为财政部。西方国家相应的机构英文 Treasury 一词本来的意思是金库或国库，在我国也译为财政部。20 世纪 40 年代中华书局出版的《辞海》对"财政"一词做如下解释：财政谓理财之政，即国家或公共团体以维持其生存发达之目的，而获得收入、支出经费之经济行为也。显然，这种解释也是从英文 Public Finance 译为中文引入的概念。因此，"财政"一词在中文词汇中的应用已经有 100 多年的历史，目前在中文词汇中的含义，虽然在学术研究上还有不同的理解，但在日常生活中，已经是一个没有什么疑义的十分确定的词语，例如，管理国家收支的工作名之曰财政工作，管理机关名之曰财政部、财政厅、财政局等，已经约定俗成，为社会所公认。

财政是社会生产力发展到一定的历史阶段的产物。在国家产生以前，原始公社末期已经存在着从有限的剩余产品中分出一部分用于满足社会共同需要的经济现象。但这只是集体劳动成果由集体分配，属于经济分配，还没有财政分配。国家产生以后，在经济上占统治地位的阶级，为了维护国家的存在，依靠政治力量，强制占有和支配一部分社会产品，以保证国家机器的运行和社会的发展，从而从一般经济分配中分离出独立的财政分配，于是产生了财政。

随着自然经济向商品经济的发展，财政分配形式经历了力役、实物、货币三种形态。财政分配的范围也逐步由小到大，财政分配的活动逐步由分散到集中，财政分配的管理逐步由不完备到比较完备，形成了诸如税收、公债、预算等日臻完善的现代财政制度，财政分配的目的也由单纯满足国家政权机器的需要，逐步发展为满足国家政权机器的需要、促进社会事业发展和进行宏观经济调节三者并存。

财政参与分配社会产品，必须正确处理财政与经济的关系，经济决定财政，财政来源于经济，它在一国经济发展和分配体系中占有重要地位。

（二）财政的含义

从起源上考察，财政是伴随国家的产生而产生的。人类社会随着生产力的不断提高，出现私有财产，社会分裂为阶级才产生了国家。国家一旦产生，就必须从社会分配中占有一部分国民收入，维持国家机构的存在并保证实现其职能，于是才产生财政这种特殊的经济行为和经济现象。

财政首先是作为经济范畴加以研究的，所以财政学是一门经济学科，是经济学的一个分支。但是，经济与政治本来就是不可分的，而财政这种经济行为或经济现象的一个重要特点，是它与政治的关系更为紧密，其主要原因就在于财政是一种国家（或政府）的经济行为，财政学则是一门名副其实的政治经济学。综观当今西方国家的财政学，其都是十分重视财政与国家或政府的关系，甚至将财政学等同于"政府经济学"或"公共部门经济学"，自20世纪60年代以来将政府经济活动视为与市场经济相对应的一个特殊的经济领域加强研究力度，特别是从政治角度研究政府经济活动的特殊规律性，从而协调政府与市场的关系，促进经济的稳定增长。

在中国，对财政这一范畴有不同的认识：第一种观点认为，财政是由国家分配价值所产生的分配关系，这种价值分配，在国家产生前属于生产领域的财务分配，在国家产生后属于国家财政分配；第二种观点认为，财政是为了满足社会共同需要而对剩余产品进行分配而产生的分配关系，它不是随国家的产生而产生的，而是随着剩余产品的产生而产生的；第三种观点认为，财政是为满足社会共同需要而形成的社会集中化的分配关系。

在当今的市场经济体制下，财政概念当然有所延伸和发展。如果简略地概括财政的概念，从不同的角度，可以有不同的理解。从实际工作来看，财政是指国家（或政府）的一个经济部门，即财政部门，通过其收支活动筹集和供给经费和资金，保证实现国家（或政府）的职能。从经济学的意义来理解，财政是一个经济范畴，是一种以国家为主体的经济行为，是政府集中一部分国民收入用于满足公共需要的收支活动，以达到优化资源配置、公平分配及经济稳定和发展的目标。也可以理解为，财政是以国家为主体的分配活动，但这里的"分配"应理解为广义的分配，既包括生产要素的分配，也包括个人收入的分配。

综上所述，我们将财政定义为：财政是一种经济现象或者经济行为，是国家或者政府为了实现其职能的需要，以国家为主题对一部分社会产品进行分配和再分配的活动。它是国家或者政府资源配置的重要方式，也是宏观调控的一种重要手段。

二、财政职能分析

财政职能是财政本身所具有的内在功能。只是因为市场经济存在着种种失灵的现象，才使得政府通过本身的收支活动介入经济生活具有必要性。政府的财政活动不外乎组织财政收入、安排财政支出、进行财政管理等几个方面，那么，财政的职能就可以概括为：资源配置职能、收入分配职能、经济稳定与发展职能。

（一）资源配置职能

1. 资源配置职能的含义

资源既包括土地、矿藏等自然资源，也包括人力、资本等经济资源。与人类的欲望相比，资源总是稀缺的，为了最大化效用，提升社会福利，必须将有限的资源在各种用途之间进行合理的配置。资源配置就是运用有限的劳动、资本、土地等各种生产要素以形成最优的资产结构、产业结构、地区结构的过程。资源配置有两套系统：一个是市场，一个是政府。市场配置应该在资源配置中起主要的作用，凡是市场可以解决的领域，都应由市场来配置。在市场机制失灵的领域，比如垄断、外部效应、宏观经济失调等情况下，才需要而且应当由政府采取一定的政策手段来纠正。这就是财政的资源配置职能。

综上所述，财政的资源配置职能可以表述为：通过财政收支活动、财政政策以及税收政策的制定和实施，对现有的社会资源进行合理的配置，最终促进社会资源的优化配置。

2. 资源配置的机制和手段

资源配置的机制和手段主要有：

（1）确定财政收入占 GDP 的合理比例。政府要履行社会管理的职能，要向国民提供教育、医疗、国防等公共物品，则必须通过收税和收费的方式形成财政收入。在 GDP 这个大蛋糕中，政府究竟应该分多少，没有一个统一的标准。一般来说，在高福利的国家，比如挪威、丹麦、瑞典、瑞士等一些国家，财政收入占 GDP 的比例在 40% 到 50% 之间，个别国家甚至超过 50%。但是，如果政府拿走太多的份额，则意味着留给企业、家庭的份额过少，就会影响经济增长速度，挫伤企业的积极性，尤其对于发展中国家来说，确定一个合理的比例就显得非常紧迫。

（2）优化财政支出结构。财政支出要以增强经济发展动力、改善民生为重点，按照"广覆盖、保基本、多层次、可持续"的原则，充分调动各方面的积极性，着力推进民生保障制度体系建设。首先要增加公共服务领域投入，实现全体人民学有所教、劳有所得、病有所医、老有所养、住有所居的目标，充分发挥财政职能作用，增加对公共服务领域的投入；其次要优先发展教育投入机制，加大对教育的投入力度；再次要完善政府医疗卫生投入机制，逐步实现免费医疗；最后要严格控制一般性支出，严格控制行政成本。坚持勤俭办一切事业，制定完善一般性开支标准，推进服务型、节约型政府建设。

（3）合理安排政府投资规模和结构。政府投资是指政府为了实现其职能，满足社会公共需要投入资金转化为实物资产的行为和过程。发展中国家以经济建设为中心，政府投资规模比发达国家要大，但随着基础设施的完善，政府投资规模应逐步缩小。政府投资侧重于社会效益，具有开发性和战略性的特点，一般投资于社会公益性、公共服务领域和基础性投资领域，因而主要服务于弥补市场失效，维护市场配置功能，调节国民经济运行的目的。在竞争性的投资领域，市场能够提供社会所需的各种商品和服务，政府投资应逐步退出。

（4）合理运用财政政策。通过财政投资、税收政策和财政补贴等手段的运用，调节非政府部门的资源配置，引导社会资源在不同部门、不同地区之间的流动，提高经济增长率。比如：对高新技术产业实行减免税收、提供财政补贴等优惠措施，吸引社会资本的投入，以达到优化产业结构、实现产品升级换代的目的。政府于1999年提出的西部大开发战略，对西部地区在财政、税收、投资、产业、土地等方面实行差别化政策，使得西部地区在生态环境、产业结构等方面取得了很大的成果。

（5）提高财政配置资源本身的效率。财政配置资源的目的是使社会总资源得到最优配置，因此财政的资源配置过程中也必须讲效率。对每一项财政收入和财政支出应做成本效益分析。前面也提到，财政关注的是社会总体效益，有些财政支出是没有收益的，比如市政设施、城市绿化等，就应以最小的耗费实现高质量的工程。现实生活中经常可以看到各地修建的豪华的政府办公楼、豪华的公厕等现象，这是一种铺张浪费、行政乱作为的倾向。

（二）收入分配职能

1. 收入分配职能的含义

财政收入分配职能是指通过财政分配活动实现收入在全社会范围内的公平分配，将收入差距保持在社会可以接受的范围内。收入分配职能是财政最基本和最重要的职能。

在市场经济条件下，国民收入的分配可分为初次分配和二次分配。初次分配是由市场价格形成的要素分配，即收入多少以要素投入为依据，由市场价格决定。初次分配以效率为准则。二次分配即财政分配，即对初次分配中出现的各种偏差进行纠正、调整，以实现分配的公平为准则。衡量社会分配过程是否公平，国际上有一个公认的标准：基尼系数。它是20世纪初意大利经济学家基尼，根据洛伦兹曲线所定义的判断收入分配公平程度的指标，数值在0和1之间（图1-1）。

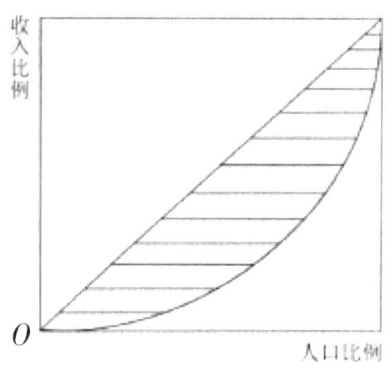

图 1-1　洛伦兹曲线

图 1-1 中的对角线代表收入分配的绝对平均，弧线代表收入分配的实际情况，右下方的折线代表绝对不平均（即所有收入被唯一一个人占有）的极端情况。图 1-1 中对角线和弧线中间的阴影部分面积越小，收入分配越平等。用阴影部分的面积除以对角线以下的三角形的总面积，其数值称为基尼系数。基尼系数在 0.3~0.4 比较合理，0.4~0.5 差距较大，0.5 以上差距悬殊。根据官方公布的数据，我国近 10 年来的基尼系数都在 0.45~0.5，表明我国的收入差距非常大。如果不采取措施干预，则会给社会稳定带来非常严重的后果。

2. 收入分配与社会公平

实现收入分配公平是解决社会矛盾的主要手段，也是社会公平的表现。那么，影响和决定社会公平的因素是什么？总的来说，这些因素涵盖了社会生活的各个方面，如行业垄断、地区差异、社会保障等。在这些因素中，有一些是最为直接的因素，这些因素就成了决定社会公平的最主要因素，从而也就成了评价社会公平度的度量标准。

首先是机会均等。在机会均等的情况下，个体可以获得相应的社会资源。有了这些资源，一些典型的群体，如穷人、弱势群体，可以改善自身的生活环境，形成社会公平，提高社会效率。如果破坏机会均等，则容易造成社会不平等。社会成员若没有得到相同的发展机会，如教育机会，必然会造成成员间学历水平不同，获得个人收入的能力不同，进而造成贫富分化，形成社会不平等。企业等社会个体的情况也是如此。如果企业在市场中，没有获得均等的竞争机会，则容易造成市场垄断，导致市场失灵，损害社会整体利益。

其次是权、责、利的对称性。在具体工作中，每个社会成员所付出的劳动数量与质量不同，承担的风险不同，因而社会成员所承担的责任和义务也不可能相同。因而不同的社会成员所获得的权利和利益也应该有所区别。举个例子来说：社会成员个人付出了不同数量的劳动，则在收入方面就应该是不同的。这就是责、权、利对称。责、权、利对称不但体现在社会成员个人的权利和义务方面，还反映在其他社会个体，如企业、社会团体等方面。如对企业而言，其获得的利益包括企业利润、企业声誉等，而与这些利益相对应的义务则是企业遵守国家的相关法规、缴纳税收、吸纳就业。

在很长一段时间内，我国社会对权利和利益的分配没有充分体现这种区别，阻碍了社会成员发挥个人积极性，也影响了个人利益的增长，社会经济的发展也相对缓慢。这段历史充分说明公平并不是绝对的平均，而应该是和责、权、利对称相关联的有差异的平均。

最后，公共产品的均等性。公共产品的均等性是社会公平的又一个重要内容。公共产品包括由公共财政为社会中的个人所提供的产品和服务，如基础教育、非营利性医疗和政府提供的社会保障等。由于公共财政来自于社会全体成员，因而公共产品的服务对象应是社会中的每个成员。这就决定了公共产品与私人产品不同，其涵盖范围应该是整个社会，而不是社会中某些特定的群体。并且，公共产品应该在社会成员中均等分配，即处于相同环境中的社会成员，应享受相同的社会产品。

公共产品与社会成员的日常生活密切相关。公共产品不均等必然会导致社会不平等。一方面，公共产品在社会成员间的不均等分配，直接导致一些社会成员不能享受本应该享受的公共产品，构成现实的社会不平等；另一方面，公共产品不均等，如基础教育分配的不平等，容易造成社会成员间的机会不平等，使得一些社会成员丧失一定的发展机会，形成潜在的社会不平等。并且，在公共产品分配中处于弱势地位的群体，一般而言，也是处于决策地位弱势的群体，在公共产品的分配过程中，不能主导话语权，这样一来，容易导致公共产品分配愈加不平等，形成恶性循环，妨碍社会公平化的进程。

但是，在很多情况下，由于物质和技术条件的限制，公共产品在社会成员间均等分配很难做到。与实现机会均等相类似，实现公共产品的均等分配也是一个过程。也就是说，随着社会发展和经济发展，公共产品的数量也应该随之提高，公共产品的覆盖范围逐步扩大。举个例子来说，多年前，我国公共财政提供的教育，仅包括义务教育。而现在，社会成员可能会面临下岗失业。那么，由公共财政提供的公共产品就应该要包括下岗失业人员再培训，而不能仅仅局限于义务教育。

3. 财政实现收入分配职能的机制与手段

（1）税收调节。西方经济理论认为，收入分配不公是市场失灵的重要方面，依靠市场机制无法解决，政府应承担起调节收入分配的责任。税收作为政府调节收入分配的重要工具，通过税制本身税种的设定、税基的选择以及税率的高低等方式来达到调节收入公平的目的。具体手段是通过对居民个人的收入、所得或者财产进行征税，实现社会公平。高收入者和低收入者的收入差距在征税后缩小，从而实现税收对居民收入的调节。

（2）转移支付。财政转移支付也称财政转移支出，主要是指上下级预算主体之间按照法定的标准进行的财政资金的相互转移。转移支付制度是分级预算体制的重要组成部分。根据分级预算管理体制，上下级预算主体间、同级预算主体间的收支规模是不对称的，转移支付制度就是均衡各级预算主体间收支规模不对称的预算调节制度。转移支付的模式主要有三种：一是自上而下的纵向转移，二是横向转移，三是纵向与横向转移的混合。财政转移支付是以各级政府之间所存在的财政能力差异为基础，以实现各地公共服务水平的均等化为主旨，而实行的一种财政资金转移制度。目前，我国中央财政对地方财政的转移支付包括财力性转移支付、专项转移支付、税收返还及体制补助四种方式。其中，财力性转移支付又包括：一般性转移支付、民族地区转移支付、县乡财政奖补资金、调整工资转移支付、农村税费改革转移支付和年终结算财力补助等方式。

（3）公共支出。公共支出是政府为市场提供公共服务所安排的支出。公共支出可以确保国家职能的履行，政府经济作用的发挥，在市场经济社会中，可以支持市场经济的形成和壮大。根据国际货币基金组织的分类，公共支出的内容一般包括：一般公共服务，国防与服务，社会治安事务，教育事务与服务，卫生保健事务与服务，社会保险福利事务与服务，住房和社区设备的事务与服务，娱乐文化和宗教事务与服务，燃料和能源事务与服务，农业、林业、渔业和狩猎业的事务与服务，除燃料以外的采矿和矿山资源事务与服务，制造业事务与服务，建筑业事务与服务，运输和通信事务与服务，其他经济事务与服务等。

财政分配是政府的经济行为。因此，界定和规范公共支出的供应范围，其实质就是要明确在社会主义市场经济条件下，哪些事项应该由政府负责，哪些事项应该由市场负责，以此作为公共支出分配的依据。按照市场经济的一般理论，政府的负责事项和活动范围主要是通过介入市场失效领域，运用财政分配手段，满足社会公共需要，而不属于社会公共需要的事务和领域则一般应由市场去调节和供给。

（三）经济稳定与发展职能

1. 经济稳定与发展职能的含义

经济稳定包含充分就业、物价稳定和国际收支平衡等多重含义。充分就业并不是没有失业，而是指有工作能力且愿意工作的人都能找到工作。在充分就业情况下，仍然会存在摩擦性失业和结构性失业。因为社会经济结构总是在不断调整，就业结构也在不断变换。

在这个过程中，总有部分人会失去工作，处于失业状态。这些人经过培训，或者是自我调整，能够重新走上工作岗位。物价稳定也不意味着物价长时间不变。应当说，轻微的物价上涨是有利于经济增长的。因此，物价稳定指的是物价总水平的稳定，即物价上涨幅度不至于影响国民经济的正常运行。一般认为，物价总水平的上涨幅度在3%以内是可以接受的。国际收支平衡指的是一国在国际经济往来中保持经常性项目收支的大体平衡，即不要长时间处于国际收支顺差或者逆差的情况。

经济增长和经济发展虽然都追求个人所得和国民生产总值的提高，但经济增长关心的重点是物质方面的进步、生活水准的提高；而经济发展不仅关心国民生产总值的增长，更关心结构的改变，以及社会制度、经济制度、价值判断、意识形态的变革。① 经济发展着眼长期而不是短期。在短期内一个国家的国民生产受自然因素影响很大，农业则更是如此。农业可能因风调雨顺、天公作美等条件而求得一年内的快速增长，也可能因为突发的自然灾害而造成负经济增长。因此，短期生产的上升或下降不能作为测定发展的标准。

简而言之，经济发展就是在经济增长的基础上，一个国家或地区经济结构和社会结构持续高级化的创新过程或变化过程。对发展中国家而言，经济发展包括消除贫困、文盲、收入分配不公等社会现象。

2. 财政实现经济稳定与发展职能的机制和手段

财政实现经济稳定与发展职能的机制和手段有：

（1）利用财政政策，实现社会总供求均衡。在社会总供求均衡的条件下，充分就业、物价稳定、国际收支平衡等各个方面就处于大体均衡的状态，经济稳定就有了实现的基础。如果社会总需求大于总供给，应该采取紧缩性的财政政策，减少政府支出，压缩社会总需求；反之则应该采取扩张性的财政政策，增加社会总需求。

（2）加强财政制度建设，发挥财政自动稳定器的作用。自动稳定器又称内在稳定器，指在国民经济中无须经常变动政府政策而有助于经济自动趋向稳定的因素。例如经济萧条时期，个人收入和公司利润减少，政府所得税收入自动减少，从而相应增加了消费和投资；同时，随着失业人数的增加，政府失业救济金和各种福利支出必然增加，这又将刺激个人消费和促进投资。当然，财政的自动稳定器作用是有限的，它只能配合需求管理来稳定经济，而本身不足以完全维持经济的稳定；它只能缓和或减轻经济衰退或通货膨胀的程度，而不能改变它们的总趋势。因此，维持经济的稳定还必须采用更有力的其他政策

---

① 蔡铭东：《发挥财政职能作用促进财政工作健康发展》，载《财经界》（学术版）2010年第22期，第8、10页。

措施。

（3）保证非生产性的社会公共支出，为经济发展提供良好的条件。应建立科学的财政资金分配机制，保证教育、科研、公共卫生、环境保护等方面的财政投入，为经济发展创造一个良好的环境。使经济增长与经济发展相互促进，相互协调，避免出现有增长无发展或者没有发展的增长等现象。

第三节　财政支出理论解读

一、财政支出的含义

财政支出（Public Finance Expenditure）通常是指国家为实现其各种职能，由财政部门按照预算计划，将国家集中的财政资金向有关部门和方面进行支付的活动，因此也称为预算支出。财政支出是政府经济活动的一个重要方面，因为政府对社会经济活动的影响主要表现在财政支出上，而且政府干预、调控经济的职能也主要是通过财政支出来实现的。所以，财政支出的规模和结构体反映了政府介入社会经济活动的范围、领域和深度。

财政支出既是政府行为的政府成本，也是实现政府职能的主要手段，因而也是组织财政收入的直接目的。它可以从两个方面来理解：

（1）财政支出是政府职能的最直接反映。政府为了实现其政治、经济和社会方面的职能，必须动用一定的社会资源，政府占有资源的过程就是财政收入行为，而使用这些资源的过程就是财政支出。因此，取得财政收入的直接目的是满足财政支出的需要，而财政支出的目的是实现政府职能。在不同历史时期，政府权力来源可能有差异，政府职能也可能有不同的内容，从而使财政支出的受益对象、财政支出的规模和结构有所不同。因此，财政支出直接反映了政府职能。

（2）财政支出是政府行为的成本。在政府履行其职能的过程中，社会将消耗一定的资源，这构成了政府行为的社会成本。但是，这种社会成本并非全部由政府承担，政府行为的某些成本可能是由国民间接承担的（这不同于公民直接纳税）。因此，财政支出只是政府行为的部分成本，即政府（承担的）成本。

二、财政支出原则

财政支出原则是指导政府分配和使用财政资金的基本准则。财政支出是政府实现其职能的根本保证，也是政府向社会提供公共服务，保证国民的公共需要和社会福利的物质基础。财政支出的合理增长能够保证经济的发展和国民福利水平的提高。如果财政支出增长过快，则不利于社会经济的稳定发展。因此，在安排财政支出时，要将政府的财政支出目标与潜在的公共财力相结合，力争以较小的财政支出，获得较高的社会效益。

（一）量出为入与量入为出相结合的原则

就公共财政而言，政府预算是指经法定程序审批的具有法律效力的政府年度收支计划，是政府筹集、分配使用和管理财政资金及宏观调控的重要工具。从形式上看，政府预算是以年度政府财政收支计划形式存在的。预算的基本问题实际上是预算财政收支之间的对比关系问题，从理论上来说，预算收支之间的对比关系不外乎三种情况：收支相等、收大于支、支大于收，即平衡、结余和赤字。收支数字绝对平衡的情况只会出现在预算报表的编制中，在实际执行中一般出现的只是两种情况：结余或赤字。

在我国，量入为出的财政收支思想一直影响着我们的执政者。我们长期以来贯彻"以收定支、收支结合"的原则，其含义也往往被侧重理解为量入为出，有多少钱办多少事；而量出为入则被理解为财政赤字。辩证唯物主义观点认为：矛盾双方既对立又统一，并各自为对立面的转化提供了可能性。在一定的条件下，矛盾双方能够相互促进、相互推动、协同发展。也就是说，财政收支总是互为因果、互为条件的。但是在传统"量入为出"原则的指导下，财政收入成为促进经济和社会发展考虑的重点，而支出滞后对经济、社会和收入构成的严重影响，却往往得不到应有的重视。

量出为入与量入为出不同，它是以财政支出来组织财政收入的原则。它要求以财政支出规模和增长速度来决定财政收入规模和增长速度，优点在于按照经济社会发展的需要，积极主动组织财政收入，是一个打破常规、敢冒风险的激进原则。但量出为入也有其致命的弱点，即由于财政支出具有极强的刚性而财政收入又具有很大的弹性，因而容易导致财政支出与财政收入的差额加大，出现财政赤字。

量入为出原则比较适用于连续几年出现财政赤字的时期。在这个时期奉行量入为出，主旨在于强行压制财政支出刚性，充分发挥其量力而行的优越性，以缩小和消灭财政收支缺口，进而消除财政赤字，实现财政收支平衡。

量出为入原则较为适用于经济振兴和起飞时期。这个特定时期要打破常规，为了实现既定的经济社会发展目标，首先要在财政支出上予以支持与保证，然后全力以赴挖掘各方面的潜力。这虽然会冒财政赤字的风险，但处理得好，尤其是在财政支出已经框定的条件下，财源组织得好，财政收入增长得多也可以化险为夷，较好较快地实现既定的社会经济发展目标。

(二) 公平原则

财政支出的公平原则，是指政府财政支出的安排能够比较均衡地照顾和平衡好各方面的利益，即在物质上相对满足每一位社会成员的基本生存和发展需求。政府主要通过财政支出结构的调整，以及受益对象的调整来修正或者改善社会成员对物质财富的占有。比如：政府可以根据国内的经济发展水平，按照人均收入划出贫困线，对处于贫困线以下的国民进行保障；或者是根据国家经济长期发展战略，在教育、医疗、环境保护、公共卫生等领域提供均等化的公共服务，作为促进社会公平的措施。

约翰·罗尔斯在其《正义论》中，始终将其研究的正义称之为作为公平的正义，他相信将在原初状态中被选择出来的两个正义原则，简略地说来，第一个是自由和平等，第二个是在地位和职务向所有人开放条件之下，符合每个人利益的不平等。将这一见解适用到财政分配领域，也可以说，就内容而言，财政公平是一般情况下财政分配的平等与特殊情况下财政分配不平等的有机结合。再具体到税收领域，这种平等与不平等的结合，也就是所谓横向公平和纵向公平的结合。

(三) 效益原则

财政支出效益是指政府为满足社会共同需要进行的财力分配与所取得的社会实际效益之间的比例关系，基本内涵是政府资源分配的比例性和政府资源运用的有效性，财政支出效益好是指财政支出产生的成果较多，或者取得一定的成果所耗用的财政资金较少。

财政支出效益具有特殊性。跟一般意义上的经济效益有所不同。经济效益反映经济活动过程中投入与产出的比例关系，产出的总价值量与投入的总价值量之比越大，经济效益越高。由于财政支出的目标是社会稳定、国民经济各部门的协调发展，因此，财政支出更关注宏观经济效益和社会效益。如基础设施建设，单纯从经济效益来考虑，则是非常不理想的，甚至没有经济效益。但基础设施的完善，有力地支持了其他产业和社会事业的发展。

然而，强调财政支出效益的宏观性与社会性，并非完全不用考虑财政支出的经济效益。我们知道，财政支出的成本是显然的，就是各项目的财政拨款，而如果该项目本身有经济收益，则应该直接核算项目的效益，力争以较小的成本，获得最大化的效益。如果该项目是没有经济收益的，则必须评估该项目带给社会的总体效益。

从各国的实践来看，各个国家，依据不同的国情，可以实行不同的财政收支原则。某一个国家，在不同的历史时期，也完全可以依据不同的历史条件实行不同的财政收支原则。从来不存在一个永恒不变的、适用一切时代和一切国度的财政收支原则。原则有适用性，也有灵活性。没有灵活性的原则，是僵化的教条，也必然丧失其适用性。

第四节　财政支出分类与规模结构分析

一、财政支出的分类

财政支出的不同分类形成了不同的财政支出结构，为了分析不同支出项目对经济的影响，了解财政支出结构是否合理，便于政府管理好财政资金，对财政支出进行科学的分类是必要的。

（一）按照财政支出的用途分类

我国财政支出按用途分类主要有基本建设支出、流动资金、挖潜改造资金和科技三项费用、地质勘探费、工交商部门事业费、支援农村生产支出和各项农业事业费、文教科学卫生事业费、抚恤和社会救济费、国防费、行政管理费、价格补贴支出等。

应当指出，改革开放后，我国仍长期沿用这种计划经济时期形成的财政分类方法，与市场经济体制下国际通行的分类不一致，不利于财政管理和财政监督，不利于国际横向比较。因此，我国政府于2007年按照国际准则对财政收支分类进行了全面改革。支出规模类级科目主要有：一般公共服务、外交、国防、公共安全、教育、科学技术、文化体育与传媒、社会保障和就业、社会保险基金支出、医疗卫生、环境保护、城乡社区事务、农林水事务、交通运输、采掘电力信息等事务、粮油物资储备及金融监管等事务、国债事务、其他支出和转移性支出。

（二）按照经济性质分类

以财政支出是否与商品和服务相交换为标准，可将财政支出分为购买性支出和转移性支出两类。

购买性支出是指政府利用财政资金在市场上购买商品和服务的活动。它既包括购买进行日常政务活动所需商品与劳务的支出，如行政管理费、国防费、社会文教费、各项事业费等，也包括购买用于兴办投资事业所需商品与劳务的支出，如基本建设拨款等。在这类支出中，政府与其他经济主体一样，在从事等价交换的活动，财政付出资金，在市场上购买相应的商品和服务。

转移性支出是指政府按照一定方式，把一部分财政资金无偿地单方面转移给居民和其他受益者的支出。这类支出主要有补助支出、捐赠支出和债务利息支出。它体现的是政府的非市场型再分配活动。在财政支出总额中，转移性支出所占的比重越大，财政活动对收入分配的直接影响就越大。

一般来说，经济发达国家的政府较少直接参与社会生产活动，财政收入也比较宽裕，政府更专注于财政支出的公平，转移性支出占财政支出的比重较大。而发展中国家的政府较多地参与社会生产活动，财政收入相对较少，政府将经济建设作为首要目标，财政支出更注重效率，购买性支出在财政支出中所占的比例较大。

（三）其他分类

按国际货币基金组织最新政府财政统计标准，政府支出功能分类主要包括：

（1）一般公共服务，包括行政和立法机关、金融和财政事务、对外事务，对外经济援助，一般服务，基础研究，一般公共服务"研究和发展"，未另分类的一般公共服务，公共债务操作，各级政府间的一般公共服务，等等。

（2）国防，包括军事防御、民防、对外军事援助、国防"研究和发展"、未另分类的国防等。

（3）公共秩序和安全，包括警察服务、消防服务、法庭、监狱、公共秩序和安全"研究和发展"、未另分类的公共秩序和安全等。

（4）经济事务，包括一般经济、商业和劳工事务，农业、林业、渔业和狩猎业，燃料和能源，采矿业、制造业和建筑业，运输，通信，其他行业，经济事务"研究和发展"，未另分类的经济事务，等等。

（5）环境保护，包括废物管理、废水管理、减轻污染、保护生物多样性和自然景观、环境保护"研究和发展"、未另分类的环境保护等。

（6）住房和社会福利设施，包括住房开发、社区发展、供水、街道照明、住房和社会福利设施"研究和发展"、未另分类的住房和社会福利设施等。

（7）医疗保障，包括医疗产品、器械和设备、门诊服务、医院服务、公共医疗保障服务、医疗保障"研究和发展"、未另分类的医疗保障，等等。

（8）娱乐、文化和宗教，包括娱乐和体育服务、文化服务、广播和出版服务、宗教和其他社区服务、娱乐、文化和宗教"研究和发展"、未另分类的娱乐、文化和宗教，等等。

（9）教育，包括学前和初等教育、中等教育、中等教育后的非高等教育、高等教育、无法定级的教育、教育的辅助服务、教育"研究和发展"、未另分类的教育等。

（10）社会保护，包括伤病和残疾、老龄、遗属、家庭和儿童、失业、住房、未另分类的社会排斥、社会保护"研究和发展"、未另分类的社会保护等。

二、财政支出规模结构分析

（一）财政支出规模及衡量指标

财政支出规模是财政支出总量的货币表现。它反映的是政府在一定的时期内集中支配使用的社会资源，是考察政府活动规模和满足公共需要能力的重要指标。财政支出规模有广义和狭义之分。广义的财政支出规模是指政府安排的所有财政支出，包括预算内支出和预算外支出；狭义的财政支出规模是指政府预算内财政支出的规模。在我国，因为存在大量的预算外资金，两个口径的指标相差较大。

为了说明政府对国民收入进行分配和再分配的规模，需要对财政支出规模进行数量分析，即采用一定的指标对财政支出总量及变化趋势加以衡量。通常采用两个指标：

1. 绝对量指标

绝对量指标是指用一定货币量来表示财政支出规模的大小，比较直观、具体地反映一定时期内政府活动的总规模。

2. 相对量指标

相对量指标是指财政支出占 GDP（国内生产总值）或 GNP（国民生产总值）的比重，通常用百分比来表示。

（二）财政支出规模的变化趋势

从长期来看，无论是用绝对量指标，还是用相对量指标来衡量，各国财政支出规模都在不断地增长。不过，财政支出增长的速度并不一样，有时候增长速度快，有时候增长速度慢，表现为短期波动的特征。

在资本主义经济的早期，财政支出占 GDP 的比例是比较小的，当时亚当·斯密提出的"廉价政府"主张得到了主流社会的认同，政府的职责主要在于维护统治、维护社会公共秩序，在经济、文化、公共卫生、社会发展等方面很少干预，只提供公共物品。但是，到了 20 世纪初，特别是第一次世界经济危机爆发后，凯恩斯的"政府干预"主张开始得到社会的认同，他认为：供给不能自动创造需求，资本主义经济也不能自动地达到均衡。因为，在边际消费倾向比较稳定的情况下，人们总是把大部分的增量收入用于储蓄，而不是消费，这使得有效需求经常地表现为不足，社会总供给和社会总需求难以自动实现均衡。所以，为了解决有效需求不足的问题，应放弃经济自由主义，代之以国家干预的方针和政策。国家干预的最直接的表现，就是实现赤字财政政策，增加政府支出，以公共投资的增量来弥补私人投资的不足。增加公共投资和公共消费支出，实现扩张性的财政政策，这是国家干预经济的有效方法。由此而产生的财政赤字不仅无害，而且有助于把经济运行中漏出或呆滞的财富重新用于生产和消费，从而可以实现供求关系的平衡，促进经济增长。

随着经济的发展，人均收入不断提高，收入差距也越来越大，为了稳定社会秩序，政府不得不开始为公众提供基本的社会保障，政府管理社会、发展经济的职责不断地扩展，这一切使得政府的活动范围不断地扩大，需要的财政资金也不断地扩大。因此，近现代以来，财政支出规模占 GDP 的比例呈现出不断增长的趋势。

发展中国家的情况也是如此，财政支出规模占 GDP 的比例也呈现出不断上升的趋势，尤其是 20 世纪 80 年代以来，发展中国家的财政支出规模迅速扩张。

尽管发展中国家的财政支出与发达国家的财政支出一样，都呈现出上升的趋势，但在支出结构上，还是有一些不同的地方：发展中国家的主要任务是发展经济，在财政支出安排上更注重效率，购买性支出占比较大，主要用于政府投资等领域，而发达国家的财政支出更注重社会公平，转移性支出所占的比例较大。

（三）财政支出规模不断增长的原因

1. 财政支出规模不断增长的理论解释

财政支出不断增长的现象引起了经济学家们的关注，他们从各个不同的角度对财政支出的增长进行解释。比较有代表性的观点主要有：

（1）瓦格纳法则。阿道夫·瓦格纳（Adolf Wagner）是 19 世纪德国的一位著名经济学家，他在对 19 世纪的欧洲国家以及日本、美国等国的财政支出规模进行实证分析的基础上，提出了被后人称为"瓦格纳法则"的理论。瓦格纳法则可以这样表述：随着人均收入的提高，财政支出占 GDP 的比重也相应提高。

瓦格纳法则的解释如下：①市场失灵和外部性的存在需要政府的活动增加。瓦格纳认识到，随着经济的工业化，不断扩张的市场与这些市场中的行为主体之间的关系更加复杂化，这需要建立司法体系和管理制度，以规范行为主体的社会经济活动。②政府对经济活动的干预以及从事的生产性活动，也会随着经济的工业化而不断扩大。因为随着工业化经济的发展，不完全竞争市场结构更加突出，市场机制不可能完全有效地配置整个社会资源，需要政府对资源进行再配置，实现资源配置的高效率。③城市化以及高居住密度会导致外部性和拥挤现象，这些都需要政府出面进行干预和管制。最后，教育、娱乐、文化、保健以及福利服务的需求收入弹性较大，要求政府在这些方面增加支出。这就是说，随着人均收入的增加，人们对上述服务的需求增加得更快，政府要为此增加支出。

也就是说，政府的职能在内涵和外延的基础上都不断扩大，随着政府职能的扩展，政府承担的各种事务不断增加，所需的财政经费也开始不断上升。

（2）皮科克（Peacock）和魏斯曼（Wiseman）理论。英国经济学家皮科克和魏斯曼在对英国的财政支出考察之后认为，在一个较长的时期内，财政支出的增长并不是直线型的，而是呈现出阶梯性增长的特点。这被称之为"梯度渐进增长论"。他们的这一观点可以用图 1-2 表示。

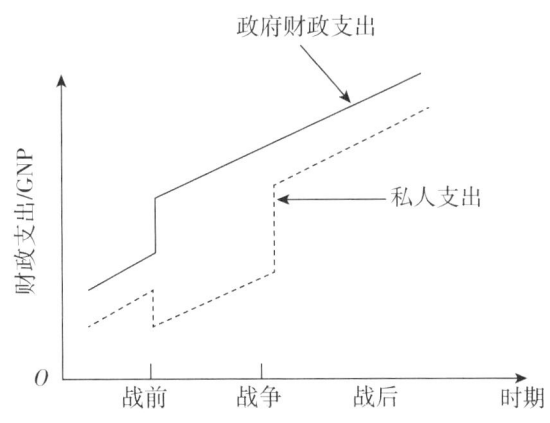

图 1-2　皮科克和魏斯曼对公共支出增长原因的分析

如图 1-2 所示，在和平时期，财政支出呈逐渐上升的趋势，但这时的增长是直线形的；在战争时期，财政支出呈跳跃性增长态势，这时，由于战争支出的大量增加，私人部门支出和民用财政支出相对减少；战后，民用财政支出快速增长，部分替代战争支出的下降。

皮科克和魏斯曼解释说，在这里，起作用的是两个效应：审视效应和替代效应。

和平时期，财政支出的增长之所以呈直线形，是因为公众心里有一个可容忍的纳税水平，财政支出规模的增长受这一水平的制约；但在战争时，公众可容忍的纳税水平提高，财政支出就出现阶梯性跳跃增长；战后，公众可容忍的纳税水平并没有降低，从而财政支出规模可以继续保持在一个高水平上。这就是审视效应。

替代效应有两层含义：一是战时战争支出对私人支出和民用财政支出的替代，财政支出规模扩大，而私人支出和民用财政支出规模相应减少；二是战后，民用财政支出对战争支出的替代，战争支出减少，而民用财政支出增加。

在皮科克和魏斯曼的模型中，强调了公共收入对财政支出的制约。因此，又有人将这一理论称为公共收入增长引致论。尽管替代效应经常被其他经济学家用来解释财政支出的增长，但理论界对替代效应仍有许多不同的解说。

19世纪末以来，经济发达国家的财政支出占GDP比重呈现出一个共同的趋势：即随着人均GDP的增长而逐步上升。当然，财政支出占GDP比重不可能无止境地增长，在经济发展到一定的高度时，则所占比例会处于一个相对稳定的状态。

（3）经济发展阶段论。美国经济学家马斯格雷夫和罗斯托则用经济发展阶段论来解释公共支出增加的原因。他们认为，在经济发展的早期阶段，政府投资在社会总投资中占有较高的比重，公共部门为经济发展提供社会基础设施，如道路、运输系统、环境卫生系统、法律与秩序、健康与教育以及其他用于人力资本的投资等。在发展的中期阶段，政府投资还应继续进行，但这时政府投资只是对私人投资的补充。经济达到成熟阶段，公共支出将从基础设施支出转向不断增加的教育、保健与福利服务的支出，且这方面的支出增长将大大超过其他方面支出的增长，也会快于GDP的增长速度，导致财政支出规模膨胀。到达大量消费时代，政府制订收入方案、收入再分配政策等。

2. 影响财政支出规模的因素

从上面的分析可以看出，影响财政支出规模的因素是多方面的，这些因素归纳起来主要有经济因素、政治因素和社会因素。

（1）经济因素。影响财政支出规模的经济因素主要是指一国的经济发展水平和相应的经济体制。在其他条件不变的情况下，财政支出规模与经济发展水平呈现出一种较强的正相关的关系。一方面，经济发展水平具体地决定了一国财政支出的规模和结构，有什么样的经济发展水平，就有什么样的财政支出规模和结构。经济发展处于较低水平时，财政支出规模较小，财政支出的结构也仅限于维护社会秩序、国防等公共物品方面。只有经济水平提高了，财政支出的增长才有了根基。另一方面，经济发展水平规定了财政支出的前提——财政收入的基本规模。随着产出的增加，税源不断扩大，即使财税制度不做调整，财政收入总额也会不断增加。同时，世界各国在税收制度上的完善，征收管理上的加强，在很大程度上助长了财政支出规模的膨胀。

处于相同经济水平的国家，财政支出的相对规模和结构也会呈现出显著的差异。其原因主要是所采用的经济体制不同。在实行计划经济体制的国家，大部分经济资源和经济决策权集中在政府部门，政府在社会经济活动中处于主导地位。实行市场经济体制的国家，资源配置和经济决策主要由市场机制来决定。一般来说，计划经济体制国家的财政支出占 GDP 的比重要高于市场经济体制国家。比如，我国在 20 世纪经济体制转轨时期，尽管财政支出的绝对规模在扩大，但是相对规模却在不断地下降，在市场经济体制基本建立起来以后，我国财政支出的相对规模也开始上升。在财政支出结构上，计划经济体制国家的财政支出主要在政府投资上，购买性支出的比例较高；市场经济体制国家的财政支出主要在市场失灵的领域，转移性支出的比例较高。

(2) 政治因素。影响财政支出规模的社会因素主要包括政局是否稳定、政府的行政效率、政府干预政策等。如果一个国家的政局不稳定，发生战争或者重大自然灾害时，财政支出的规模必然会大幅度地增长。而且很难在事后降低到原来的水平。政府的行政效率涉及政府机构的设置和管理，若一国行政机构臃肿，人浮于事，相互扯皮，政府管理机制失控，各部门相互争权夺利，经费开支必然增大，财政支出更多地被政府自身消耗，财政支出规模的增长并没有惠及全体国民，必然导致各种社会问题。

一国政府活动的规模也影响财政支出规模的变化。如果政府什么都想管，什么事都自己来做，不区分政府和市场的活动边界，在导致财政支出规模增长的同时，还会引起财政支出公平的问题。比如，在竞争性的经济投资领域，应该主要通过市场机制引导民间资本来解决，政府应该退出这个领域，将财政经费用在社会保障、教育、医疗卫生等民生事业上。

(3) 社会因素。影响财政支出规模的政治因素主要包括人口因素和社会文化背景等方面。人口总数大的国家因为基数大，在卫生保健、社会保障、贫困救济等支出增长的压力就大。人口年龄结构的变化也会引起财政支出结构的变化。

社会文化背景也会影响财政支出规模。在民智开化、国民权利意识较强的国家，居民会通过各种途径展现自身的诉求，迫使政府在财政支出方面更多地投向民生保障方面，财政支出的规模就必然较大，财政支出的结构也更合理。在居民生活水平高的国家，对教育、医疗卫生、科技等方面的要求也较高，那么政府用于这些方面的支出就大，财政支出的总规模也就越大。

3. 合理的财政支出规模

合理地确定财政支出的规模，不仅直接影响政府职能的实现，而且直接影响资源在政府和市场之间的配置结构；不仅直接影响财政参与国民收入分配的数量和地位，而且直接影响财政对宏观经济调控的广度和深度。因此，合理确定财政支出规模，是财政分配中的一个非常重要的理论和实践问题。

（1）理清政府与市场的职责范围，以此作为市场和财政的分工范围。一方面，政府应该从私人物品提供领域退出，专注于公共物品和服务领域；另一方面，财政又必须把市场经济下本应属于财政职责范围内的公共物品和服务提供的职责承担起来，彻底解决政府办企业和企业办社会的双重错位，实现政府和市场职责的合理归位。

（2）拓展和优化政府提供公共物品的方式。公共物品提供的方式是多种多样的，即使是应由政府承担的公共物品的提供也可以实现多样化。政府的职责应是根据不同事务的重要性及性质、公共商品的外溢性程度、政府所要达成的政策目标以及财政资源约束状况等，选择一种最为有效的方式或将多种方式优化组合，以取得政府活动及财政支出的高效率。根据美国学者的归纳，可供政府选择的提供公共物品的方式多达36种，可归纳为四大类，即法律方式、行政方式、经济方式和其他方式。

（3）建立适度的公共支出规模控制制度，适度提高公共支出规模。循着以支定收的思路和优化的公共商品提供方式，人民代表大会（简称"人大"）每年在政府预算编制前应确立公共支出规模控制线，政府预算编制应当在人大确立的公共支出规模内安排支出，分配各公共部门预算支出指标，各部门的支出预算加总不得突破人大确立的公共支出规模控制线。根据我国目前公共支出规模较低而政府支出规模偏高的情况，应采取有效措施降低政府支出规模，提高公共支出规模至合理区间。这就要求深化预算制度改革，完善预算决策与管理制度，取消制度外收支，将预算外收支纳入预算内统一管理，提高政府集中支配的财力，进而提高公共支出规模合理区间，将偏高的政府实际支出规模降下来。

（4）明确财政支出重点，围绕支出重点调整支出结构。世界银行的研究认为，处在由计划经济体制向市场经济体制转轨时期的国家，由于政府职能的转变使得政府公共支出的重点发生了变化，即政府开支是为了纠正确凿无误的市场失效，并真正弥补私营部门经济活动的不足，如进行一些基础设施投资、预防性卫生保健、社会保障和基础教育等，除此之外，很少产生积极作用。因此我国财政支出结构中应重点用于政府应当而且有能力做好的公共商品的提供上，财政支出应优先保证纯公共物品的供给，对准公共物品（或混合公共物品）尽可能采取民间部门提供、政府资助的方式。

（5）强化财政支出的法治化，实施依法理财。进一步完善人民代表大会制度，强化人大对政府财政支出行为的监管。各级政府必须严格按照人大批准的预算支出计划安排财政支出，违反预算支出计划的财政支出都属非法支出，应严加追究当事人的法律责任，轻则失去官位，重则承受牢狱之苦。另外，财政部门要被赋力授权，使其能够及时阻止财政支出中的各种违法行为，财政部门一旦发现各政府部门财政支出中的违法行为，即可立即停止对该部门的拨款，同时及时将情况通报给政府及人大，给予追究该部门及有关当事人的责任，只有对违法行为的政府部门及有关当事人追究法律责任之后，财政部门才能够恢复对该部门的拨款。如果财政部门不能及时发现政府各部门的违法财政支出行为，财政部门也要被追究相应的法律责任。

（四）影响财政支出结构的因素

从财政活动的实践来看，财政支出结构并不是一成不变的，它受多种因素的影响，其中主要有：政府职能、经济发展水平、国际政治经济形势等。

1. 政府职能

财政支出结构与政府职能有着直接的关系。在计划经济体制下，政府职能范围比较宽，既承担了社会共同需要方面的事物，又承担了大量的竞争性方面的事物。所以在财政支出结构上带有计划经济体制的特点，如经济建设支出所占的比重大。在市场经济体制下，政府主要负责解决市场失灵的问题，财政支出中经济建设支出所占的比重小，更多的财政资金用于社会保障等社会公共需要等方面。

经济发展水平。财政支出结构与一国的经济发展水平也有密切的关系。一方面，经济发展水平决定财政收入及其供给水平；另一方面，财政支出结构受到经济发展水平的影响。在经济发展水平不高的情况下，财政供给水平和保障能力也非常有限，财政支出结构也相应地会体现出这一特点。以我国为例，我国政府在20世纪50年代初就提出要建立社会保障制度，但限于国家财力不足，社会保障的程度和范围十分有限，只有国有企业职工才能享有。到21世纪初，我国的社会保障水平和范围才有了明显的进步，这主要得益于经济的发展。

2. 国际政治经济形势

在当前世界政治多极化、经济一体化的趋势下，一国政治经济和政府政策受国际环境的影响越来越大，几乎没有哪个国家可以孤立地存在和发展。在国际形势比较紧张的时候，各国都会增加与国防相关的支出，增加军事装备，加强武器研发，财政支出中国防支出所占的比重就会上升。而在国际形势趋缓时期，各国在财政支出方面更倾向于加强社会保障。

（五）财政支出结构的优化

按照建设公共财政的要求，着眼于中长期社会经济发展，我国财政支出结构优化应重点抓好以下几方面的工作：

1. 调整和优化经济建设支出

（1）增加基础设施建设投资。在市场经济体制下，随着政府职能的转换，财政用于经济建设的支出占财政支出的比例应有所降低。并且，经济建设支出的结构也要随之进行变化。要把过去财政对生产、经营领域的投入转到支持基础设施建设和公共工程上来，通过转变资金投入方式，为市场经济和企业平等竞争创造一个良好的外部环境。其他经营性投资应由市场提供，财政支出不应涉足，财政要逐步从一般竞争性领域退出，逐步让位于市场，减少财政对企业生产性投资和流动资金支出。因此，经济建设主体应由政府转向企业，财政只进行涉及国计民生的公益性基础设施的建设。要从直接投入生产领域，逐步转移到为生产建设的持续发展创造条件上来，即转移到基础设施、环境保护、公共服务项目方面来。①

（2）加大农业投入，优化投入结构。在增加财政支农资金投入时，要全面推进农村事业发展战略，要支持农业产业化经营。农业产业化有利于增加农民的收入，提高农民的组织能力，拓宽农村市场。因此，财政要将支持农业产业化作为进一步改革财政支农工作的契机，改变以往忽视农民增收、支农资金投放过于分散、难以形成规模效益的问题，应该以培育一批竞争力强的龙头企业和企业集群示范基地为切入点，推广龙头企业、合作组织与农户有机结合的组织形式，不断拉长产业链条，提高农民进入市场的组织化程度，让农民从产业化经营中得到更多实惠。

（3）调整文化、教育、医疗卫生事业支出。在市场经济条件下，社会公共支出是国家财政支出结构中的一项重要支出，强化社会公共支出，对于推动社会经济发展具有十分重要的作用。

2. 调整和优化行政管理支出

行政管理体制改革需要以优化行政组织机构、转变行政职能和完善行政体制为主要内容。其中要求推进政府机构改革，提高政府行政效率，压缩行政管理支出。所以针对我国现状，可以采取以下改革措施：

---

① 孙巧菊：《对优化我国财政支出结构的思考》，载《现代营销》（经营版）2020年第3期，第200-201页。

（1）严格支出范围，硬化预算约束。行政支出作为政府运转的成本，从效益的角度看越少越好。也就是说，必须在保证支出需要的前提下最大限度地节俭支出。具体来说，严格控制政府机构的公共经费，改革会议制度、公共用车制度、招待制度，减少会议费和接待支出，提高资金的使用效率，这是优化支出结构的重要措施。而且各级财政资金都应通过预算，严格在预算内统筹安排全年的行政经费，消除行政机构掌握的不应该有的不规范收入以及预算外资金所带来的一切可能危害。

（2）精简机构，缩减财政经费和人员。多年来，我国政府机构精简虽然有一些成绩，但从总体看，并没有取得令人满意的效果。改革始终没有跳出"精简—膨胀—再精简—再膨胀"的怪圈。原因在于精简的思路，现行精简的思路是拆除某些机构以及减少某些工作人员，虽然说减并机构能迅速有效压缩行政经费，减少供养人员，能直接引致行政支出中人员经费的减少，但是，这在一定程度上损害一些政府机构和政府工作人员的利益，并且这样的方式可能损害国家元气，所以应该寻求更好的方式来精简机构。对那些职能相近、职权交叉的管理部门，应坚决进行合并和集中，然后重新界定这些改革后新机构的职能，在各机构之间建立起目标一致、职责明确、相互制约的运行机制。

3. 增加社会保障支出

增加社会保障支出规模，提高社会保障支出在财政支出中的比重和在转移支出中的比重，不仅是优化我国财政支出结构的需要，也是建立社会主义市场经济体制的客观要求。因此，各级政府要加大对社会保障支出的投入力度，大力推进社会保障制度改革，完善社会保障体系。加大对社会保障的投入，稳定和扩大企业职工基本养老保险，城镇职工基本医疗保险和城镇居民基本医疗保险覆盖面，启动做实养老保险个人账户试点，抓紧制订养老保险统筹方案，继续提高企业退休人员基本养老金，研究制定应对人口老龄化的政策措施。发展企业补充保险和商业保险，解决进城务工人员的社会保障问题，扩大农民工养老保险覆盖面，切实做好社会保险关系省内跨地区转移接续工作，推进农民工参加工伤保险和医疗保险。

要加快失业保险制度改革，扩大失业保险实施范围，使各类城镇企事业职工都参加失业保险，完善失业保险制度，及时做好关闭破产企业新失业人员、离退休人员的生活保障工作。完善城乡低保标准增长机制，严格确定城镇居民最低生活保障对象，建立发放最低生活保障金的申领监督机制，从而更好地保证城镇居民最低生活需要。

第二章 财政专项资金监管现状及其信息化模式构建

本章首先对我国财政专项资金监管现状进行了分析，进而探讨了构建财政专项资金信息化监管的模式，强调构建的重点是建立完善的信息化监管平台及其配套的制度体系、机构体系、平台监管体系、技术支持体系以及模式运行评价体系，在此基础上又阐述了推行财政专项资金信息化监管模式的可行性及实施建议。

第一节 财政专项资金监管现状分析

一、财政专项资金专项使用的效益逐渐提升

在我国社会主义市场经济的发挥过程中，各级的财务管理部门在运行的过程中根据党和国家对改善民生等多方面因素的充分结合，通过对财务管理制度的改善，在一定程度上提升了我国教育事业、医疗事业以及社会保障等方面的发展。而在财务专项的项目实施过程中，促进了我国区域性的经济发展，因此为社会主义的和谐发展奠定了良好的基础。而在整个项目的实施过程中，其主要的发展方向更倾向于民生。首先，在项目资金的运营及监督过程中，逐渐促进了农业生产总值提升，为农民们的生产及生活提供了充分的保障；其次，在新农村的建立过程中也不断地改善了教学水平，从而促进了我国教育事业的发展；最后，在财务专政资金监管项目的实施过程中，医疗事业也逐渐得到了一定的改善，优化了人们群众的就医环境。因此，在整个过程中促进了我国社会主义市场经济的逐渐发展。[1]

---

[1] 瓮新华：《财政专项资金监管现状与对策分析》，载《财经界》（学术版）2015年第12期，第7页。

二、财务资金专项支出存在着一定的不足

在各级政府的权利划分过程中，相关的制度执行基本上是通过文件来传达的，而这种信息的交流模式在一定程度上存在着随意性，所以，在长期的发展过程中逐渐出现了经济制度管理不明确的现象。其中资金专项支出的不足因素主要体现在，首先，在市场经济的管理过程中，由于政府部门与市场经营的关系并没有得到优化，从而影响了市场经济的健康发展；其次，在政府的财政运行过程中，上一级政府对于下一级政府中所承担的相关责任并没有明确性的说明，所设置的专项服务并不属于政府的监管职能，从而导致政府的职能失去一定的效力。① 与此同时，在财政专项的项目实施过程中，资金的支付现状存在着越位及缺位的现象，这主要是在项目实施过程中，专项的资金所包含的项目及种类较多，从而导致了资金的分项使用，致使很多项目在开展的过程中由于资金的匮乏达不到应有的规模，因此，在现阶段的财务资金专项实施过程中，一定要强化监督的职能，为资金的运营提供全面的保障。

第二节 财政专项资金信息化监管模式内涵与理论依据

一、财政专项资金信息化监管的内涵解读

（一）把握概念的基本视角

虽然目前国内对财政专项资金信息化监管的理解还缺乏统一的认识，但对其存在和发展的重要性、可行性和可持续性却是公认的，要准确把握和理解其内涵，笔者认为应从四个方面把握：

第一，财政专项资金信息化监管在多个管理层面进行，是一个包括指导、计划、协调总体目标和具体监管目标的动态系统过程。

第二，财政专项资金信息化监管的使命是保持机制建设与监管业务目标一致，合理利用信息化资源，推动监管业务发展，促使财政专项资金效益最大化。

---

① 贾维萍：《财政专项资金监管的问题与对策》，载《山西财税》2011年第8期，第22-23页。

第三，财政专项资金信息化监管以明确的期望值为衡量手段，使风险透明化，保护利益相关者的权益，指导和控制财政专项资金管理和使用中的风险和收益。

第四，财政专项资金信息化监管是体系化监管的有机组成部分，是财政专项资金信息化监管主体、客体、监管结构、监管机制的总称，是财政专项资金信息化监管方法、过程、目标与结果的统称，是为了实现财政专项资金信息化监管目标所有制度安排与机制的集合。

（二）相关概念

在理清财政专项资金信息化监管模式的基本含义之前，还需要明确三个基本要素即财政专项资金、信息化以及模式的基本概念。

1. 财政专项资金的概念

作为监管对象的财政专项资金，国内学界关于其概念表述有很多种，如专项支出、项目支出、专款等，并且所涵盖的内容上也有一定的差别。但从定性的角度来看，其内在含义大同小异，是基本一致的。

财政专项资金一般是指上级人民政府拨付本行政区域和本级人民政府安排的具有专门指定用途或特殊用途的资金。在实际工作中，通常采用"扣除界定法"区分专项资金与非专项资金，即扣除经常性经费，由财政安排或追加以及上级单位拨付的财政资金，全部视为专项资金。

专项资金从支出用途分为两大类：第一大类是基本建设资金，该资金是由政府批准、计划部门立项，需要财政全额或部分投资的资金，如国债资金、国债转贷资金、基建资金、城建融通资金等；第二类是专项项目资金，财政部印发的《中央本级项目支出预算管理办法》中规定，项目支出预算是在基本支出预算之外编制的年度项目支出计划（或专项资金支出计划）。按照项目的分类可以将专项资金分为基本建设类资金、行政事业类资金和其他类资金。如粮食风险基金、农业综合开发资金、扶贫资金、住房资金、民办教育发展基金、水利基金、财源建设资金等。

除了具备财政性资金的基本特征外，与经常性资金相比，财政专项资金还具有三个明显特征：一是资金量大、覆盖范围广。通过笔者粗略测算，全国平均每年拨付2万亿元左右专项资金，涉及社会管理、公共事业发展、社会保障、经济建设以及政策补贴5大类。二是专款专用。财政专项资金必须按照批准的项目和用途使用，不得挪作他用。对于挪用专项资金造成损失的，由当地财政部门和有关主管部门按照规定追回资金并进行经济处罚，同时对有关领导人员和直接责任人员进行党纪政纪处分。构成犯罪的，应当依法追究刑事责任。三是专户管理。专项资金必须存入指定银行账户，设置专门财务科目进行单独核算。并且需要相关部门对此进行检查和监督，对于已完成项目的专项资金结余，在经过主管预算单位或者财政部门批准之后可以使用。

2. 信息化的概念

"信息化"起源于20世纪60年代的日本。1963年，日本学者Tadao Umesao在题为《论信息产业》的文章中首次提出"信息化"的概念，它是指通信现代化、计算机化和行为合理化的总称。其中，行为合理化指的是人类按照公认的合理准则与规范进行；通信现代化指的是，在社会活动中，信息交流是在现代通信技术的基础上进行的过程；计算机化是社会活动中采用先进计算机技术和设备管理的过程，达到社会组织和组织间信息的产生、存储、处理（或控制）和传递等，现代通信技术是通过计算机的控制与管理而实现的。

我国学术界也对何谓"信息化"做过较长时间的研究和讨论。有的学者认为信息化是计算机、通信和网络技术的现代化；有的学者则认为信息化是从物质生产占主导地位的社会向信息产业占主导地位的社会转变的一个发展过程；还有的学者认为信息化是一种从工业社会向信息社会演进的过程。在1997年召开的首届全国信息化工作会议上，将信息化定义为表现为培育、发展以智能化工具为代表的新的生产力的产生，并使之造福于社会的历史过程。全面实现信息化需要具备六个要件：信息资源的开发利用、国家信息网络的建设、信息技术的普及推广、信息技术以及相关产业的发展、信息化人才的培养以及信息化政策的制定和完善。

3. 模式的概念

模式（pattern）一词的指涉范围甚广，意指事物之间隐藏的规律关系，而这些事物并不必然是图像、图案，也可以是数字、抽象的关系，甚至思维的方式。只要是一再重复出现的事物，就可能存在某种模式。我们可以从哲学上的知和行两个方面对模式进行概念界定。从认知角度讲，模式是人们在生产生活实践过程中所积累经验的抽象和升华。简单地说，就是从不断重复出现的事件中发现和抽象出的规律，是解决类似问题形成经验的高度归纳总结。因此，模式的第一层含义就是一种认识论意义上确定化的思维方式。模式的另一层含义就是解决某一类问题的方法论，属于一种参照性指导方略。不同的领域遇到不同的问题都会有特定性的处理方式方法。把解决某类问题的方式方法总结归纳到理论高度，那就是方法论意义上的模式。每个模式都描述了一个在我们的环境中不断出现的问题，然后描述了该问题的解决方案的核心对策。在实际生活中,依托科学的模式我们可以组合使用那些已有的解决方案,不仅有助于按照既定思路高效完成任务,达到事半功倍的效果,而且有助于找到更优化的问题解决办法。

(三) 财政专项资金信息化监管模式的科学内涵

结合上述基本概念分析,本文所探讨的财政专项资金信息化监管模式是指以体系化监管战略为导向,根据财政专项资金监管实务需求,以财政监管体制改革与信息管理理论、自动控制理论、信息装备技术整合为中心,依托统一的信息化监管平台将有关财政专项资金的各类信息进行收集、处理、存储和管理,对财政专项资金运行的合法性、真实性、及时性、有效性依法实施的全过程监督和管理的动态化管理范式。财政专项资金信息化监管的实质,就是对以财政专项资金为承载对象的各类监管要素信息的管理过程。这里所说的要素信息是指涉及财政专项资金的项目申请、审核、拨付、使用等各运行环节的基础信息。

财政专项资金信息化监管模式所依托的信息化监管平台,是整个模式发挥功能的核心载体。信息化监管平台是现代网络信息技术在财政监管领域实务应用的产物,其外在表现形式是统一使用的网络信息处理系统软件以及相配套的硬件设备所提供的操作环境。

同时,信息化监管平台不仅仅作为一种单纯的技术应用,更重要的是体现出"机制+科技"相结合的新型管理理念,从信息化监管平台的功能设计、每项引入平台的技术的选取、配套机制的改进完善,无不体现出财政专项资金信息化监管所追求的事前、事中、事后全过程监管的理念。财政专项资金信息化监管模式,正是通过构建规范高效的信息化监管平台实现了"制度修正—技术纠偏—制度再设计—技术再改进—制度再完善"的循环演进过程,该模式的推广普及对于公共资源得到有效利用,财政专项支出风险得到适度管理以及促进财政事业持续稳步发展等方面,都具有重要的推动作用。

二、财政专项资金信息化监管的相关理论分析

(一) 公共利益理论

公共利益理论主张政府管制是对市场失灵的回应,认为政府管制是政府对公共需要的反应,或明或暗地包含着这样一个前提,即市场是脆弱的,如果放任自流,就会导致不公正或低效率。Owen 和 Braentigam 两位学者将管制看作是政府为服从公共需要而提供的一

种减弱市场运作风险的方式。

公共利益理论的基本观念是法律与规定应当反映"公意",政府要维护全体公民或者绝大多数公民的利益。公共利益理论将政府规制视为针对个体行为的公共行政政策,或者说是从公共利益出发而制定的规则,其目的是提高资源配置效率从而实现社会公平、正义和福利的最大化。公共利益理论为解释政府监管的理由、在监管政策中如何运用经济性规制方法等问题提供了明确的理论导向。

(二) 信息不对称理论

信息不对称理论认为在市场经济活动中,不同主体对有关信息的了解和掌握程度是有差异的;掌握信息比较充分的主体,往往在市场竞争中处于比较有利的地位,而信息比较贫乏的主体,则在竞争中处于不利的地位。信息不对称必定导致信息优势方为谋求自身更大的利益使信息劣势方或不掌握相关信息的另一方利益受损,这种行为在理论上就称作"道德风险"和"逆向选择"。道德风险属于经济哲学范畴,指从事经济活动的人在最大限度地追求自身效用的同时,做出不利于他人的自私行为。"逆向选择"则是指信息不对称所造成市场资源配置扭曲的现象。

信息不对称理论为政府运用公共权力建立政府社会性管制制度,保护消费者、劳动者、受害者等信息劣势方的权利,提供了坚实的理论基础。

(三) 委托代理理论

在社会活动中,人们大都以追求自身的效用最大化为目标,但是由于社会资源的稀缺性,两者的矛盾会导致公共财产的滥用和"搭便车"行为的出现,从而产生"公地悲剧"的现象。解决这一问题的有效途径是,政府是作为一个国家或社会的代理机构而存在的,一方面承担着受公众委托的责任,亦即为社会提供公共品;另一方面,公民则需要向政府纳税,这样在公民与政府之间及政府组织内部就形成了"委托—代理"的关系。

在"委托—代理"的关系中,政府作为"代理人"不能侵犯"被代理人"即公众的利益。委托代理理论的存在决定了只有依赖健全的政府公共权力控制、约束与监督系统,运用财政经济内、外部监督制约机制,最大限度地缓解委托人和代理人之间出现的信息不对称问题,这样有利于"经济人"应对公共决策过程中追求个人利益、局部利益和地方利益行为而造成的损失与危害,可以使其降低或限制在很低的程度,并且确保了公共资源的使用上的规范性和合理性,从而最后达到公共财政支出效果的最大化。

（四）外部性理论

外部性也称为外部成本、外部效应，它是一个经济学术语，是由 Alfred Marshall 于 1890 年在其著作的《经济学原理》一书中首先提出来的。当一个人从事一种影响旁观者福利而对这种影响既不付报酬又得不到报酬的活动时就产生了外部性（externality）。外部性可分为正外部性和负外部性。简而言之，一个人从事的经济活动必定会在其周围产生影响，而且这种影响是普遍存在的；如果其产生的影响对旁观者有利，称为正外部性；如果这种影响对旁观者是不利的，则称为负外部性。负外部性问题是产生相关政府管制需求的直接原因，对于市场机制无法解决而又普遍存在的外部性问题，可以通过政府的干预进行消除和矫正。但是政府干预行为本身也会产生外部性问题，必须通过严格界定政府干预的界限来防范和规制，以减少政府干预的负外部性影响。外部性理论是一个主要诠释政府社会性管制的理论。

（五）公共财政理论

公共财政理论的实质要义不仅局限于新古典主流经济学所表明的"市场失效"这一逻辑起点，更重要的是其实现预算法治和民主财政的内在要求。公共财政理论认为，必须依靠市场以外的力量解决市场失灵所造成的公共产品供求矛盾。这个市场以外的力量就是政府的力量，为了确保政府依法理财，提高财政资金的使用效率，保障财政为民理财目标的实现，就必须对政府使用公共财力的行为进行有效的约束，就需要加强对财政监督。

财政监督的实质是为了确保政府及其官员不能滥用权力去危害正常和正当的市场活动，但又能有效地维护市场秩序、服务市场，从而实施的加强财政运行的相应的控制环节，以达到公共财力支配权的授予与约束的均衡点。同时，能够提高公共财政再分配过程中的公正性、合理性，有效平衡各阶层利益，实现和谐社会的建设。

（六）信息管理理论

美国信息管理专家霍顿于 1985 年系统地提出了自己的信息管理理论。信息管理本质上是一种通过有效的管理与控制程序使有价值的信息资源实现某种利益的目标活动。它是由计算机的应用而引发的信息理论与管理理论相结合的产物，是信息实践发展到信息处理自动化和信息传递网络化时期，为加强对信息资源的集中管理而产生的一种新概念和新理论。

信息资源管理不只是对信息的管理，而是对涉及信息活动的各种要素（信息、人、机器、机构等）进行合理的组织和控制，以实现信息及有关资源的合理配置，从而有效地满足社会的信息需求。施特勒特曼认为，信息管理研究的出发点和最终目标都应该放在信息服务上。信息管理理论是推行信息化建设的基础理论。

（七）无缝隙政府理论

无缝隙政府理论的发起人林登对"无缝隙"的定义是用流动的、灵活的、弹性的、完整的、透明的、连贯的等词语来形容的组织运行形态。无缝隙政府理论是一种适应顾客社会、信息时代要求的新的政府再造理论。无缝隙政府是指政府打破传统部门条块分割的局面，整合机构中各部门、各种资源和可用人力，以最终目标为导向，消除层级和部门间壁垒，以单一界面接触公众并提供高效公共产品与服务的新型政府组织形式。

无缝隙政府理论为财政专项资金信息化监管提供了一种可供选择的新思路。即分散、异构、封闭的系统互相之间不能信息共享，针对这种状况，我们认为财政专项资金信息化监管的重点应该是信息资源的整合，只有有效地整合财政专项资金运行各个环节的信息资源，使信息在各监管环节之间自由流动，才能有效地发挥专项资金的监管效用。

第三节 财政专项资金信息化监管模式构建与推行

一、财政专项资金信息化监管模式的构建

（一）专项资金信息化监管模式构建的指导思想、原则与目标

1. 财政专项资金信息化监管模式构建的指导思想

构建财政专项资金信息化监管模式的指导思想是：

（1）围绕提高政府监管能力的总要求，紧密结合财政管理体制改革，全面推进财政资金监管领域的信息化建设进程。[①]

（2）以监管需求为导向，以信息网络技术为手段，以资源整合为基础，以建立科学监

---

① 李治义：《财政专项资金信息化监管模式研究》，燕山大学，2010年版。

管模式为保障，踏实推进，切实发挥信息网络技术的实效，提高监管效率，提高政府公共服务水平。

（3）以推进政府履行监管和服务职能为核心，以优化和重组财政专项资金监管业务流程为关键，依托信息化监管平台构建财政专项资金全社会共同监管的大监督格局，进一步促进政府职能转变，加快建立行为规范、运转协调、公正透明、廉洁高效的财政监管体制，促进国民经济持续快速健康发展和社会全面进步。

2. 财政专项资金信息化监管模式构建的原则

在推进财政专项资金信息化监管模式具体实施过程中，需要坚持如下几方面原则：

（1）统一领导、统筹规划推广。财政专项资金信息化监管模式必须按照国家的统一部署，制订国家总体信息化监管发展规划，充分发挥规划的整体调控作用，避免地方重复进行项目调研。

（2）分类指导、分步实施。按照统筹规划，加强对各地监管平台建设的指导。各地要结合本地区、本部门实际，明确发展目标和建设重点。因地制宜，小步快走，分阶段推进信息化监管工作。

（3）需求主导、试点先行。以满足监管业务活动需求和服务社会公众为目标，统筹安排各地区的信息化监管平台建设。积极开展信息化监管平台试点推广工作，总结经验，逐步推广，防止一哄而上。

（4）整合资源、信息共享。推广信息化监管模式必须充分利用已有的网络基础、业务系统和信息资源，加强整合。通过建立统一信息化监管平台，把高速互联网、高性能计算机、大型数据库、传感器、远程设备等融为一体，促进互联互通和信息共享，使有限的资源发挥最大效益。

（5）效益优先、加强评估。推进财政专项资金信息化监管要紧密结合政府职能转变和管理体制改革，政务主导，突出实效，防止盲目建设。加强对信息化监管的全程评估，对建设投资、系统管理、运行效果进行适时评价，避免形式主义和形象工程。

（6）统一标准、保障安全。要建立和完善信息化监管的标准化体系和安全保障体系。财政专项资金信息化监管必须在统一标准和统一规划的指导下开展，相关技术、标准、协议和接口必须遵循国家和省的有关规定，保证系统的标准性、规范性、开放性和实用性。要正确处理发展与安全的关系，综合平衡安全成本和效益。

3. 财政专项资金信息化监管模式构建的目标

传统财政监管理论认为监管的目的是为了发现并且确认缺点、错误、偏差或是给公共财产造成的损失。这是一种典型的事后监管状况。在事后监管的体系中，监管本身也可以评估监管的效果。从这种意义上来说，现在对监管成果的主要评价标准是通过监管工作所确认的偏差和损失的数量与性质，以及与处罚有关的要素，等等。财政监管所发现的问题尤其是违法违规资金的数量、违法违规资金的性质，以及对违法违规行为的处理等，在一定程度上可以作为评价财政监管工作好坏的标准，但是从财政监管的目标来讲，这还很不全面。

随着公共财政框架的建立以及各项财政改革工作的进展，财政专项资金信息化监管除了满足保障财政专项资金立项科学，分配合理，管理到位，拨付及时，最终确保资金使用效果最大化的直观现实需要外，有三个层面上的目标要实现。

（1）实现风险管理。实现风险管理即实现对财政专项资金领域违法违规问题预防和治理。财政监管的作用不仅在于发现和确认偏差以及已经存在的问题，更主要的是有效地来预防并阻止问题的发生。随着财政专项资金监管工作的逐步细化和深入，财政监管工作的重点应从偏重事后问题纠偏，向事前风险防范、事中风险控制、事后问题问责的方向转变。积极制定有效的防范性措施，防止被证实的消极现象再次发生，力求做到既要治标，更要治本，标本兼治，努力从源头上预防和惩治涉及财政专项资金的违法违纪问题。

（2）有效利用资源。有效利用资源是指实现财政专项资金监管业务流程中各类资源的有效利用，从而提高管理绩效。这里的资源包含三个层面的含义：一是确保财政专项资金专款专用，充分发挥财政专项资金在促进国民经济建设，保障社会和谐发展方面的作用；二是确保政府专门投入的各类监管资源能够取得更高的监管效费比，力争用更少的行政监管成本取得更大的监管效益；三是确保可供利用的其他公共资源能在财政专项资金监管过程中也能发挥其应有的作用，实现财政专项资金领域的全社会治理。

（3）满足未来发展需求。满足未来发展需求指监管工作不能只是着眼于纠正过去和现在的行为，还应当通过分析问题来不断探索新的途径，适应未来经济活动的变化，并努力使监管活动具有展望性。展望性在财政专项资金监管实践中，具体体现在：一是监管活动本身具有一定的前瞻性。财政专项资金监管必须能够接近当前的形势需要，适应外部环境的发展，在改变财政监管的传统机制和模式的基础上加以创新，根据既定的规划、目标和战略为未来的监管工作做出更大的贡献。二是为政府或者组织的领导层决策服务。通过信息化监管帮助管理层针对不同的监管发展要求，整合各类监管资源，制定并执行推动监管工作发展的新策略。

（二）财政专项资金信息化监管平台的构建

财政专项资金信息化监管平台是依托互联网信息技术，以数学模型对财政资金运行过程进行科学管理的综合性公共服务平台，集数据采集、信息公开、资金监测、监管联动、自动汇统、状态监测、信访处理和集成维护为一体。

1. 财政专项资金信息化监管平台的系统构成

完整的财政专项资金信息化监管模式要通过财政专项资金各要素信息的采集、传输、处理、存储、管理等子系统间的相互配合才能发挥其综合监管效果，具体如图2-1所示。

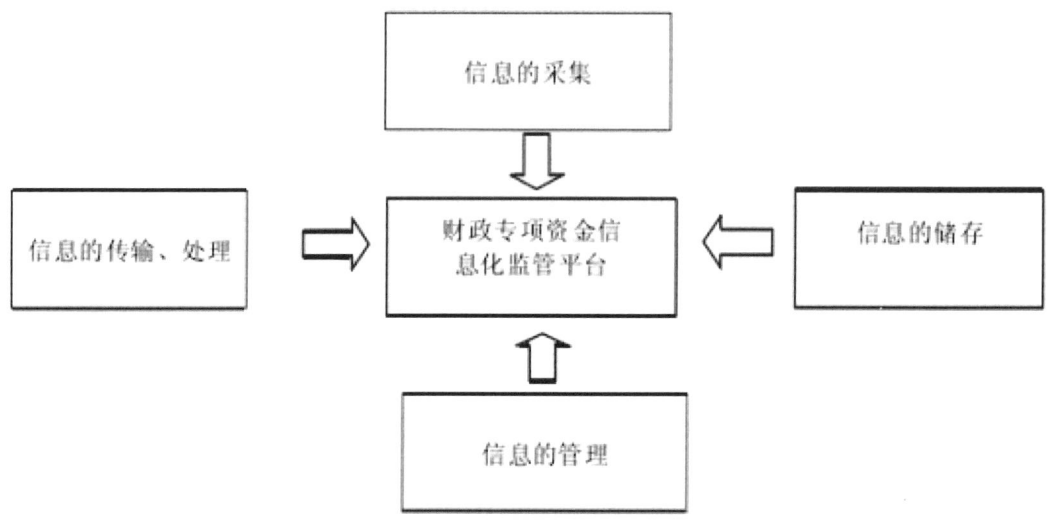

图 2-1　财政专项资金信息化监管平台的系统构成

（1）信息采集系统。信息采集是财政专项资金信息化监管平台的首要子系统，关系到信息系统中传输和处理的财政专项资金要素信息的质量好坏，对信息化监管效能的发挥有直接影响。财政专项资金信息化监管平台首先要把分布在各个部门、各个环节有关财政专项资金的信息收集汇总起来，通过各监管节点部门以人工录入、网络获取等方式，对不同时间、地点、类型的财政专项资金数据按照规定格式进行转换后，将各采集点汇总的数据传输到统一的处理中心。

（2）信息传输系统。信息传输是财政专项资金信息在时间和空间上的转移，从各监管节点采集到的数据要传送到统一的信息处理中心，经过加工处理后再向外传送。只有及时准确地将信息传送到需要者的手中才能发挥作用，必须明确规定上下级之间纵向的信息通道、同级之间横向的信息通道，实现信息的有序传递。此外，还要建立必要的制度，明确各单位、各部门在对外提供信息方面的职责和义务，在组织内部进行合理的分工，避免遗漏或重复采集和收集信息。

（3）信息处理系统。信息处理就是要对采集录入财政专项资金网路监管系统的数据进行加工转换，比如对财政专项资金数据进行统计、计算、预测分析等数字运算，从而得到财政专项资金监管所需要的专项类或综合类指标信息。要规定监督反馈制度，定期对各种数据、信息做深入分析，使信息能及时进行多种渠道反馈。

（4）信息存储系统。信息存储涉及数据的物理存储和逻辑组织两个组成部分。物理存储就是将财政专项资金数据保存在物理存储介质上，比如存入电脑硬盘、光盘。由于财政专项资金涉及的信息数据量纷繁复杂，所需要保存管理的存储需求量很高，这就需要考虑财政专项资金项目数据的逻辑组织问题，通过数据存储技术将财政专项资金项目数据按照内在的逻辑关系和使用方式，组织编排成合理的结构进行保存。

（5）信息管理系统。信息管理的功能体现在前述每一个子系统的运行过程中，主要包括规定财政专项资金应采集的项目种类、名称、代码，数据采集的标准格式、程序，规定应存储的财政专项资金数据的存储介质以及逻辑组织结构形式，规定信息传输的方式、时限要求，规定信息安全性保障手段等指标性要求，避免可能出现的盲目和混乱。

2. 财政专项资金信息化监管平台的性能标准

作为以先进科技手段为支撑，机制建设相配合的技术化、精细化、一体化的财政监管新模式，信息化监管模式体现了在公共财政体制下，整合各方面监督资源，构建财政专项资金"大监督"格局的财政监管理念。从应然角度看，我国的财政专项资金信息化监管模式应是以信息化监管平台为载体，以实现"权力在阳光下运行，资金在网络上监管，风险在流程内控制，资源在市场中配置"作为监管目标，涵盖全部财政专项支出项目，适应财政监管需要，具有监测、预警、反馈、纠偏多种功能，实现多元参与、宏观监督与微观监督并重、职能监督与社会监督互动的体系化监管模式。信息化监管平台作为财政专项资金信息化监管模式的核心载体，应具备如下几个方面的基本性能标准：

（1）平台载体统一稳定高效。统一的监管平台是整个财政专项资金信息化监管模式的建设重点，是财政专项资金信息化监管工作开展的载体，能够为各类信息化监管子系统提供一个可靠的承载平台。同时，它也是解决信息孤岛问题，实现信息共享的有效途径。财政专项资金信息化监管所依托的信息化监管平台是采用互联网信息技术，以数学模型对财政专项资金运行过程进行科学管理，集数据采集、信息公开、资金监测、监管联动、自动汇统、状态监测、信访处理和集成维护为一体的综合性网络监管平台。通过该监管平台，各职能监管部门可以实现财政专项资金数据信息的传输和交换，真正做到资源共享，环环相扣，各司其职，整合起各方面监督力量，摆脱财政监督工作零打碎敲、孤立片面的状态，建立起稳定的日常监管工作体系，保证财政专项资金拨付、使用和监管的同步。

（2）监管主体全员无缝链接。各层面监管主体通过接入信息化监管平台，实现了财政内网与财政外网的互联互动。财政部门将自己所管理的资金的预算、分配及相关资金政策录入平台，平台自动集成，根据资金实际拨付使用情况，形成完整的专项资金管理链条。其他职能监管主体可根据平台生成的数据，全面掌握专项资金信息，据此对照各自职责范围，从不同角度进行相关的监管。同时，将自身对财政专项资金监管的结果反馈至信息化监管平台，通过平台又形成新的工作信息流，供各监管主体进行互相监督，真正形成一个全部关联的财政"大监督"格局。社会公众可以通过平台及时了解到国家的惠民惠农政策和民生资金的投向，也能利用平台直接向政府反映问题，架起政府和公众沟通的桥梁。

（3）监管领域全程动态覆盖。信息化监管以财政项目预算为源头，搭建起立体化监管体系：横向涉及各级政府所属职能监管部门，纵向涵盖省—市—县区—乡镇—各资金使用单位所形成的完整资金链条。

各级财政部门将其管理的项目资金预算、分配及相关信息录入平台，根据资金实际拨付使用情况，平台自动集成处理。财政专项资金各项信息一经纳入信息化监管平台，就在分配、拨付、使用、验收、审计等各个节点，接受各级职能监管部门的立体化的全程实时监控。各职能监管部门根据平台提供的资金使用报警信息，对资金全过程监督，或根据需要平台提供的详细的资金资料，对项目资金进行实地检查。

（4）科技与机制实现有机结合。财政专项资金信息化监管中最核心的特点就是体现了制度与技术相结合的监管理念。通过把制度监督和技术监督有机结合起来，使财政专项资金监管工作更加科学、严密。借助科技手段搭建的信息平台，将公共管理和服务职能转移到网上进行，充分发挥科技手段的开放和辐射功能，使决策和执行完全展示在公众视野之下，破除资金运行的隐蔽性，增加资金运行的透明度。借助信息化监管平台的智能报警功能可对违反预设条件和程序的各类操作行为实时监督，最大限度压缩资金管理使用的自由决策权，确保资金规范高效运行。

3. 财政专项资金信息化监管平台的主要功能

（1）信息公开。平台首先要满足社会公众的知情权需要，设置项目查询和实名查询的功能模块。公众查询到实时的项目管理信息、各级政府的资金投入、资金到位，以及资金拨付金额、时间、拨付对象、经办人等相关信息，以及自己名下国家应发放的所有自己额度和物资详情。通过平台的信息公开功能，调动全社会参与的热情，有效解决政府与公众、部门与部门之间存在的信息壁垒以及由于财政、业务等专业知识所导致的技术壁垒等实际问题,保证项目资金阳光运行。

(2)状态检测。监管平台可在立项、审批、拨付、使用、管理、验收等关键环节和部位,对系统运行、项目和资金运行、问题处理等方面可能存在的问题设置监测点。根据各类资金项目的管理要求,设置报警值,对没有按规定程序、时限、内容等条件操作的,系统可自动巡检,自动报警。具体设计见图 2-2。

财政专项资金监管部门通过登录监管平台,可随时掌握所监管范围内项目资金分布情况、资金到位情况、是否及时拨付以及哪些单位存在问题,及时发现和纠正所有入网运行资金的截留挪用、滞拨等违法违规或不符合管理规定的行为隐患,防"病"于"未然",治"病"于"微发"。

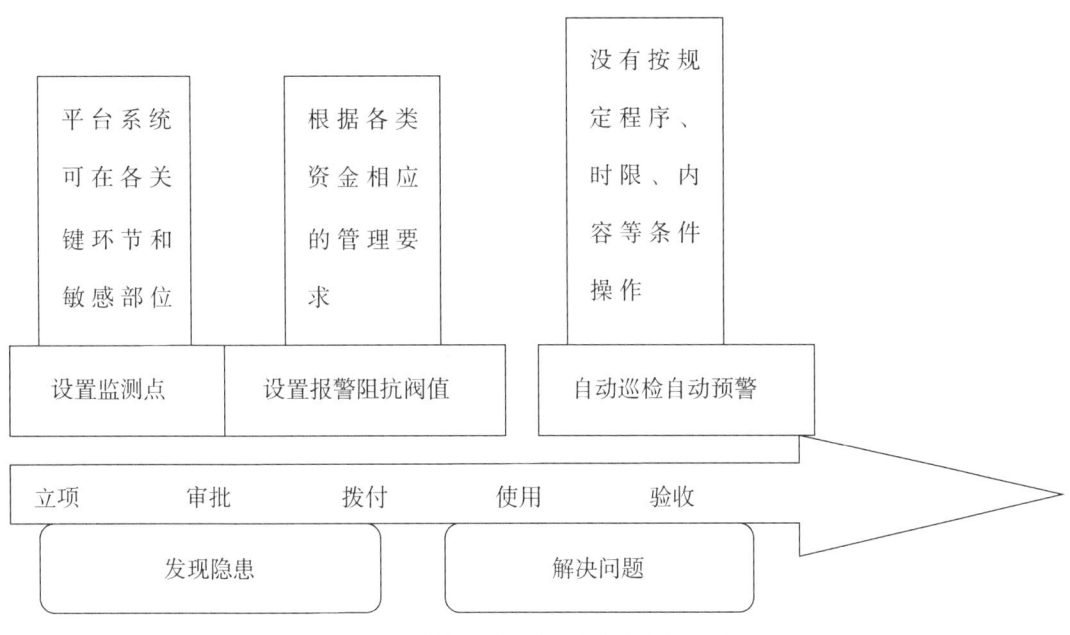

图 2-2 监管平台资金运行状态检测示意图

(3)资金追踪。实践中在各监管节点都要流经数量庞大的项目资金,由于资金本身没有属性,一笔专项资金有可能经由多个单位多次分配,监管部门若想从纷繁复杂的项目资金中弄清每一具体项目的来龙去脉,除了要抽调专业检查人员、协调各方时间和工作保障条件等,还须到被检查单位核对大量票证、询问来龙去脉,费时费力,往往事倍功半。因此,在信息化监管平台的功能设计中,要借助数据可视化技术,给每笔资金打上信息标记,附加多属性定位,以"数据流"计算关联项目和资金脉络。见图 2-3。

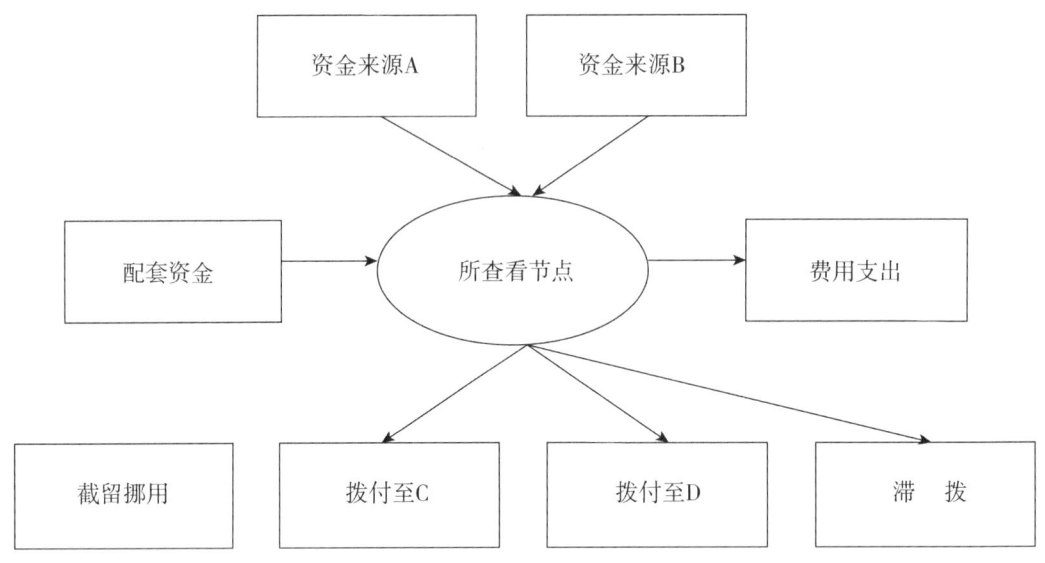

图 2-3 项目资金监管脉络示意图

无论是否是专业监管人员均可根据需要，分别按资金类别、单位、项目等情况查看每笔项目资金的预算结构和在各个资金运行节点的流向、支出情况，改变过去相对盲目的抽查方式，实现对各资金项目的全面监管。同时，也有效解决由于资金管理与业务流程复杂、手段滞后等原因造成的检查难、追溯难问题，提升监管工作的针对性。

（4）监管联动。监管平台功能设定为前台服务和后台管理两个部分。通过前台服务向公众提供国家各项惠民政策、民生资金管理、使用及发放情况及信访举报，破除信息壁垒，避免暗箱操作，加强外部监督。平台的后台是各单位的联动办公平台，在授权范围内，可实现各系统上下级之间的内部公开和监管。后台管理主要是实现财政专项资金各项业务工作对职能监管部门的公开，在资金分配、执行、监督等环节应用刚性的技术手段，实现相互关联、相互制约、相互促进"三位一体"，使权力运行在横向上受到其他部门的监督和制约，在纵向上要经过若干程序和环节的监控，避免因权力集中而出现消极腐败。

各级职能监管部门将本部门监管信息及时录入平台，在平台资源高度共享的前提下，实现各部门间协调配合，监管信息的快速传递，有效解决了由于资金管理和监督部门之间缺乏协调联动、监管信息不能共享，所造成的项目资金检查深度和广度不够的问题。由此，实现对财政专项资金的广覆盖、大纵深、全天候监督和管理。具体设计见图2-4。

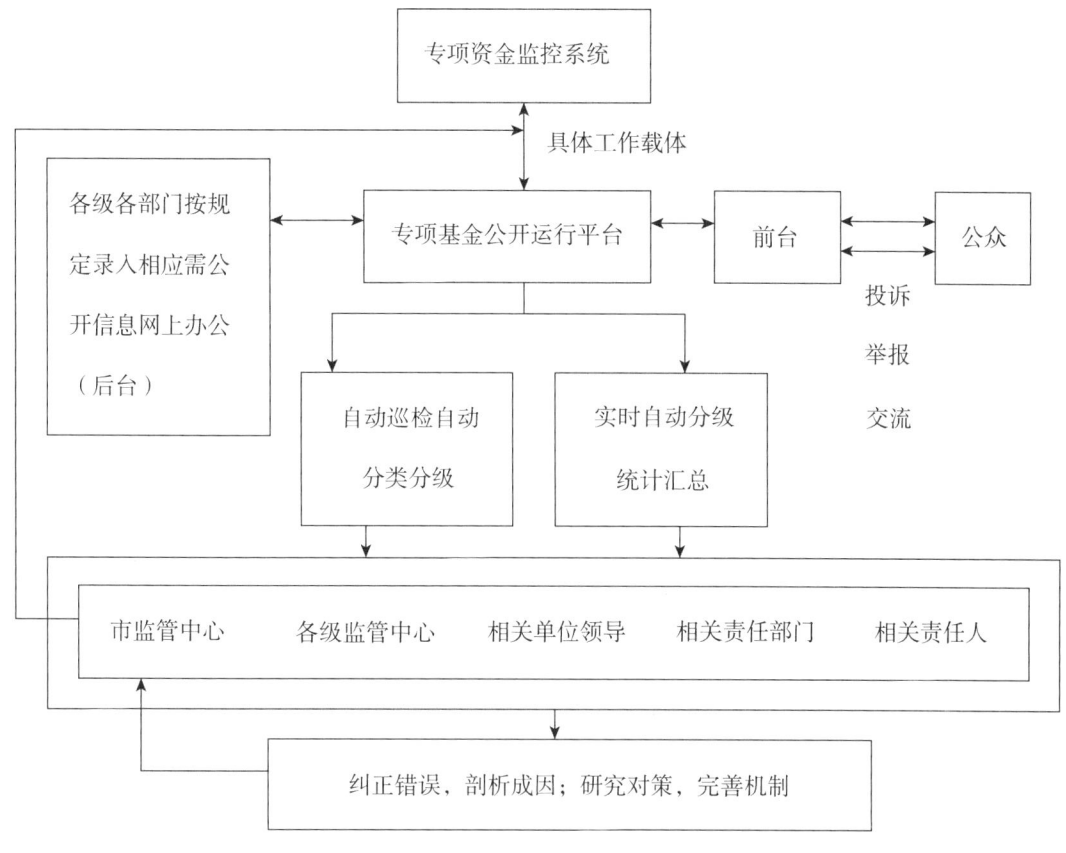

图 2-4 信息化监管联动运行机制

（5）信访处理。在监管平台的前台部分开通投诉举报模块，在后台部分设置信访处理模块。公众可以利用便捷的功能，针对存在的问题投诉举报。平台接到举报信息后，自动提示相应的接收人进行受理。有关部门在处理期限内，将受理结果通过平台反馈给举报人，实现政府与公众的实时互动。建立在互联网基础上的信访渠道可同时接收举报人提供的文本、图片、声像等举证材料，大幅度提高投诉举报的精度和准确度，提高信访处理效率和质量。此外通过信访模块还可以展开民意调查，收集社会对政府监管工作的评价。平台信访模块功能可以解决传统的政府与民众互动方式造成的沟通迟滞、落实困难、协调不畅的问题。具体参见图 2-5。

（6）决策支持。通过各阶段监督检查重点决策支持功能的应用，监管部门可以针对不同时期资金的特点和关注重点，依据统一的标准，运用同比、环比分析和对比、因素、趋势分析等手段，对各类资金的使用效能进行评估，为领导及财政决策提供科学数据支撑，并对各单位资金绩效进行评估，有效解决过去监管数据汇统标准不一、反馈数据滞后等造成的决策失准、调控难以及时、准确的问题。

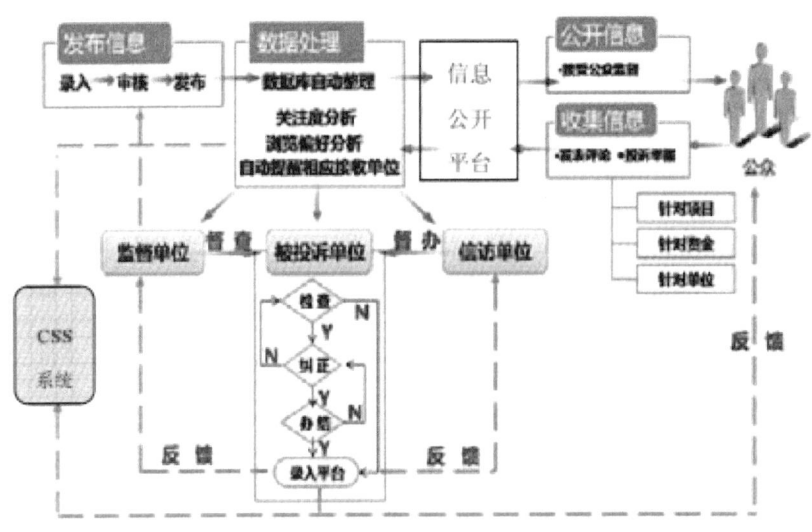

图 2-5 信访处理流程图

4. 财政专项资金信息化监管平台的业务流程

（1）全过程监管的基本业务流程。财政专项资金信息化监管系统是一个可以涵盖政府各级、各部门，涉及社会经济方方面面的庞大监管体系，它不仅对财政系统内运行的资金进行全方位"立体"监管，更重要的是对拨付到财政系统外的项目资金也进行大纵深、全方位、全过程监管。

结合新时期财政工作的总体要求，从财政专项资金监管实际出发，按照财政专项资金项目是否尚未运行、是否已经运行和是否已经产生运行结果这一标准，将财政专项资金监管流程划分为事前、事中、事后三个监管环节。虽然三个监管环节在监管工作范围、监管工作内容等方面有所区别，但是三者之间有着十分密切的内在联系，其工作环节是相互衔接的，具有承上启下的特点。同时从它们之间的关系看，这三个监管环节不仅相互联系、相互制约，而且又在分权制约的基础上形成了相互统一。

①事前监管。事前监管的目的是加强前期立项计划、预算编制和决策的科学性、合理性，确保财政专项资金的审批精细化、分配合理化、管理模式化、项目运行规范化。重点是对财政专项资金的申请、决策、审批、分配过程中的各项制度规定的贯彻情况、程序的遵守情况进行监督检查。

②事中监管。事中监管是实现财政专项资金全程监管的核心环节。主要是对项目资金运行过程中发生的各类行为的合法性、合理性进行日常审查，对涉及项目资金拨付和使用的关键环节、重点部位和重要事项进行重点监控，对系统运行、项目和资金运行、问题处理等方面进行重点监测，保障财政专项资金的运行安全。通过事中监管，规范程序，实现

财政监管工作与财政专项资金运行同步。

③事后监管。事后监管是最后的审查环节,具有总结、评估和纠正的功能。主要是依照国家有关法律法规通过对财政专项资金项目运行结果,以及与结果相关的各类行为进行审查,从而保障经济活动不脱离正常运行轨道。目的是检查各单位在财政专项资金申请、拨付、管理、使用过程中,是否严格执行预算及相关规定,有无贪污、侵吞、挪用、挥霍等违法违规行为,是否按照有关规定进行财务核算,其财务收支是否准确、合法,会计信息资料是否真实、完整等。同时抓好项目资金投入后的总结与绩效评估,为改进、提高财政管理水平服务。

（2）信息化监管流程再造。基于财政专项资金运行过程中各类监管要素信息的流向,笔者对信息化监管业务流程进行了重新梳理。具体见图2-6。

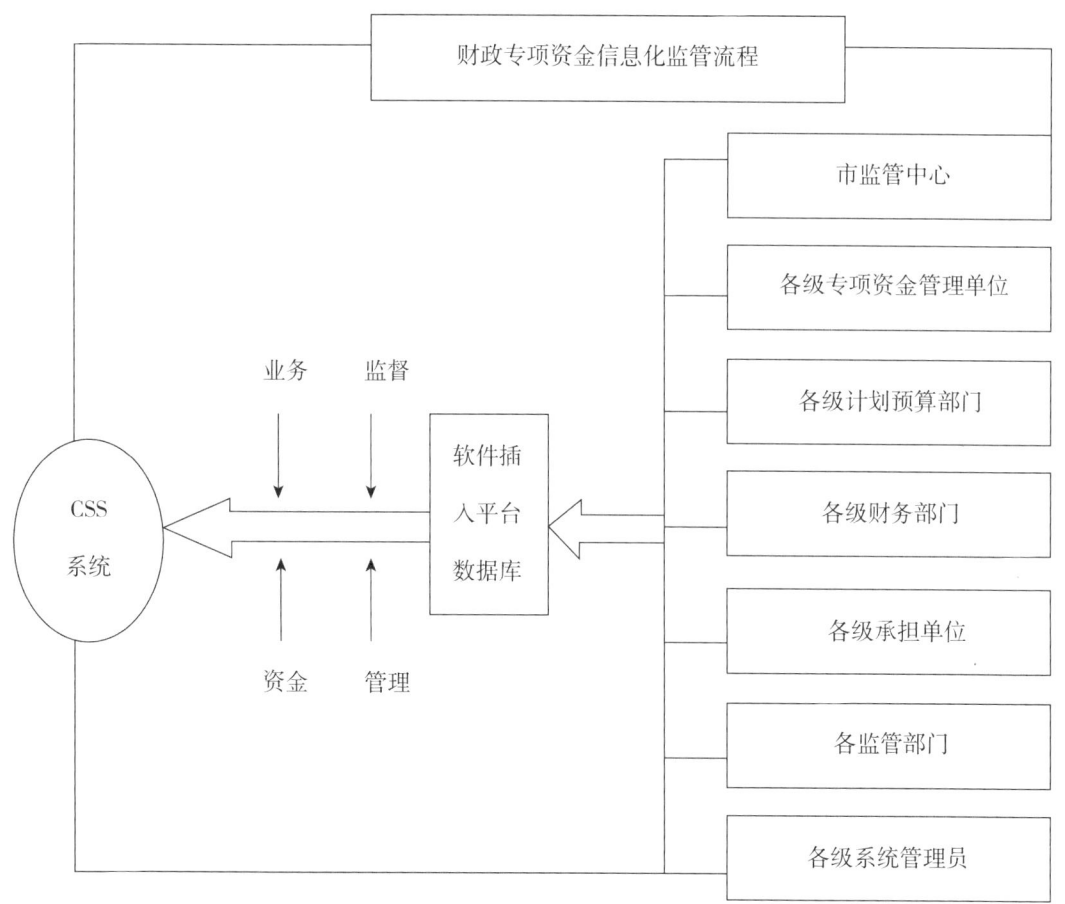

图2-6 财政专项资金信息化监管流程图

信息化监管模式可以通过信息化监管平台实现财政专项资金事前、事中、事后三个监管阶段的无间隔衔接,保障监管信息的快速传递,监管进程顺畅递进。图2-6所示的CSS

系统即实时监控系统（Current Supervising System）的简称。各职能部门将各自掌握的财政专项资金信息、收付情况、检查情况、相关政策等数据和资料录入信息化监管平台，平台自动整合、归集成完整的数据链，连接成神经网络式共享体系，将静态的各种统计报表与动态的业务脉络关系以及实时的运行进展状态融为一体，各级财政专项资金动态的预算结构、实际到位、在各个节点的流向和拨付使用情况一目了然。可以有效地解决由于资金管理和监督部门之间缺乏协调联动、检查结果等信息不能共享，而造成有些项目被重复检查而更多项目却没有精力去检查的问题，强化功能互补和监督合力。

平台功能设定为前台服务和后台管理两个部分。通过前台服务向公众提供国家各项惠民政策、民生资金管理使用、发放情况及信访举报。后台管理主要是实现财政专项资金各项业务工作对职能监管部门的公开，专项资金监管人员根据需要，可分别按资金类别、单位、项目、报警情况等类别进行网上远程巡查，及时对各项专项资金数据信息进行实时监管。构建全面公开、动态监管、实时监控的财政专项资金监控体系。

监管平台采用分布式、多层、开放式架构既可某级行政区划独立使用，又可实现从中央到各省、市、县到乡（镇）、村到社会公众和各资金使用单位的无缝链接、全覆盖应用。

（三）财政专项资金信息化监管平台的配套体系

推行财政专项资金信息化监管模式是一项全面的、系统的工程，在具体推进过程中必须着眼于全局性和战略性角度，坚持体系化的建设思路，实现财政监管机制完善与信息科技装备技术普及应用相结合，通过创新财政监管的机制、内容和手段，实现财政专项资金监管向科学化、规范化、系统化的监督模式转型，并与逐步深入的财政管理体制改革相契合，采取一系列针对性的保障措施加以完善。

1. 建立健全的信息化监管制度体系

推行专项资金信息化监管模式，制度要先行。要从有利于专项资金信息化监管开展的角度，制定相应的法律法规和平台管理规范，为财政专项资金的规范运行提供制度保证。

（1）完善信息化监管所依赖的法律体系。依法监管是财政专项资金监管工作的内在要求，不论何种类型的财政专项资金监管模式，其赖以生存和发展的最重要的制度基础就是现行的财政监督法律规范。发达国家的财政专项资金监管工作之所以运行良好，关键条件之一是具有健全完备的财政监督法律体系。财政监督法律体系，是指主要以调整财政监督主体与被监督主体之间权利、义务关系为内容的法律法规等规范性文件，所构成的呈体系化的有机联系的统一整体。根据财政法调整对象划分，可以把财政监督法分为财政收入监督法、财政支出监督法、转移支付监督法、政府采购监督法、财政投资监督法、预算监督法、国库管理监督法、国有资产管理监督法等。

笔者认为，建立我国的财政专项资金监管法律体系应当以《财政监督法》为龙头来构建。

首先，从强化和规范财政监管行为的要求出发，根据公共财政框架的要求，加快《财政监督法》立法工作，以一部相对完整的权威性法律对财政监管工作的地位、作用、内容、程序等做出详细的规定，对财政监督的职能和权限，以及财政监督、审计监督和人大监督之间的分工协作关系加以科学界定，对其中不适应监管实际、操作性不强的部分加以修改和补充，从而为宏观上开展财政专项资金信息化监管工作提供更加科学和完整的法律依据，使信息化监管的手段更为得力，保障财政监督工作更加顺利地开展，真正达到依法实施财政监督的要求。

其次，在统一的《财政监督法》出台前，要积极完善与财政专项支出有关的《预算法》《政府采购法》《会计法》等现行法律规范，加大对财政专项支出的监督检查力度，加大财会工作秩序的规范和整顿力度，加大对大额财政专项支出的管理力度。

同时，还要针对推行财政专项资金信息化监管的微观需求，逐步完善我国在信息化监管方面的法律法规体系，在较短时间内弥补信息化立法方面的空白和缺陷。要积极推进《电子政务法》的研究起草工作，推动政府在信息共享、政务网络管理等方面的法规建设。积极修改现行法律、法规中与信息化监管需求不相适应的条文，深入贯彻落实《政府信息公开条例》，加大财政专项资金信息公开力度。

（2）建立规范的监管平台运行机制。监管平台运行机制则是发挥信息化监管功能的核心。建立覆盖广泛、反馈及时、运作高效、信息共享的监管平台运行机制，对整个财政专项资金的运行起到全方位、多层次、全程化的监督作用。机制有多重含义，在社会管理系统中，机制属于事物变化发展的内在规律，主要是指系统内部结构之间制度化的作用方式。规范有序的平台运行机制，是保证信息化监管模式建设和推广过程中实现各个环节有机配合，协调、灵活、高效运转的客观需要。

在拟定监管平台运行机制的过程中，要始终遵循"急用先行、成熟先上、科学先进、切实可行"的原则。坚持开放性和广泛性的原则，积极吸收社会各种力量，采取民主方式共同进行运行机制的制定工作。此外，还要考虑到如何平衡信息技术的快速发展与系统运行的稳定性之间的矛盾，不仅要着眼于技术层面标准的探讨和制定，更要重视政府监管方式和业务流程的优化再造，明确信息化监管的组织机构、职能权限、监管程序、工作要求及责任追究等关键内容。监管平台的运行见图2-7。

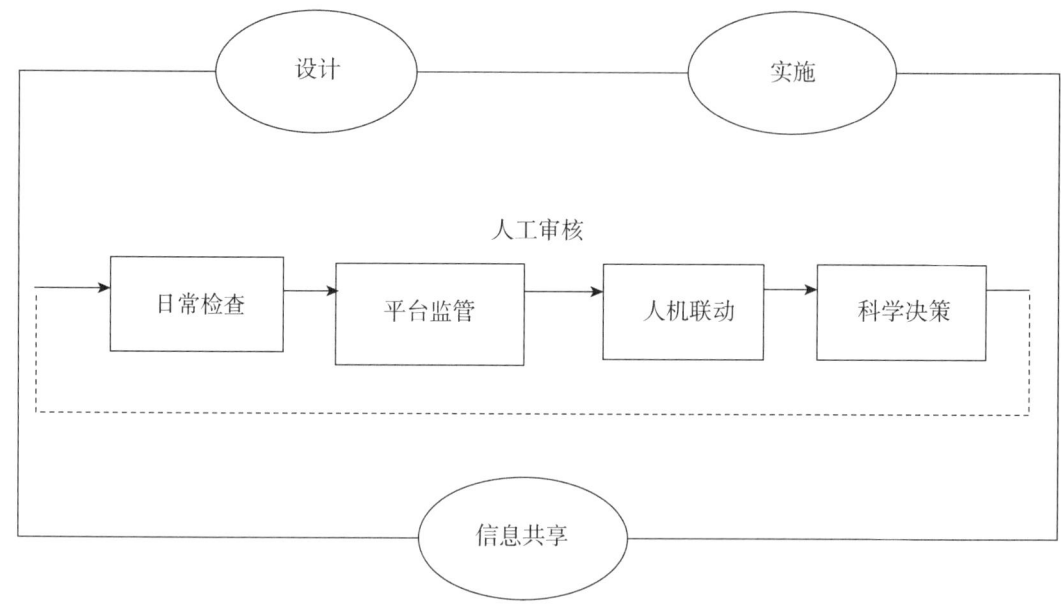

图2-7 监管平台运行机制

第一，建立财政专项资金全程监督检查机制。通过信息化监管平台，突破传统账务检查及纸质资料的瓶颈，实现对财政专项资金的预算编制、执行、调整及决算过程的规范性、安全性的全程动态监控。具体包括：动态监控财政专项资金的预算编制和执行情况，包括对财政专项支出的指标变动、调剂、结余等情况进行实时反馈，并对延期执行的指标进行预警；动态监控财政专项资金经国库集中支付后项目单位的实际使用情况，对未按进度使用资金的项目进行预警；对项目资金进行全程绩效评价。

第二，建立信息化平台监管与人工实地检查相结合的互补机制。专项资金监管平台的研发和应用，是公共财政体制下对财政监督工作的必然要求。通过信息化监管平台在需要重点检测的各关键环节和敏感部位设置监测点，根据不同资金相应的管理要求设置报警阈值，对没有按规定程序、时限、内容等条件操作的，能够实现系统自动报警、自动记录在案，降低监管人员的工作强度。但计算机和网络无论多么先进，也永远不可能取代人工，全部依靠计算机网络实现"智能检查"是不现实的。信息化监管平台就是提高监督质量、水平、效率的技术手段，可有效地辅助财政部门完成对资金的监管，同时也是提供财政工作共享资源的平台，是财政管理工作的必备支撑。因此一定要处理好平台监管与实地检查的有机结合，利用平台的先进技术手段、资金信息、报警预算提示等内容，有针对性地实施检查，充分发挥电脑和人工的各自优势，各施其能、取长补短。

第三，建立财政专项资金信息共享机制。主要体现在两个方面：一是明确财政专项资金管理和监督机构在监管平台中的信息披露责任和权限。财政部门作为财政专项资金信息源的首先录入方，要保证录入信息的全面及时；各具有不同职责的职能监管部门通过监管平台提取相关信息，指导工作，并将监管结果反馈回监管平台，为业务科室工作提供决策依据，形成一个资源共享的闭合监管系统。二是确保公众可通过监管平台预设的公共查询模块，获取财政专项资金的项目申报、项目批复、审批流程、政策法规、监管机构职能等管理信息，及时了解各级财政专项资金的投入、资金到位情况。随时随地查询到自己名下国家应发放和已发放的所有专项资金额度和物资详情，如发现公告内容与实际不符等问题，即可通过平台的申诉模块在线进行投诉举报。

第四，建立监管主体之间的协调联动机制。通过平台授权，明确在财政专项资金信息化监管的各个环节中财政监督、审计监督、人大监督、纪检监察等职能部门的责任和权限，做到职责分工明确、监督内容各有侧重。通过监管平台汇总处理生成的信息流，将各财政专项资金监管主体，连接成神经网络式共享体系，形成分工协作、良性互动的格局，实现各监管主体共享监督资源和监督结果，避免重复检查，进一步降低监管成本。

第五，完善监管平台的决策支持机制。通过科学设置监管平台的数据统计功能，建立利于日常监控和跟踪分析的财政专项资金数据库，采取同比、环比分析和对比、因素、趋势分析等手段，可得出预警率、违规率、纠正率、执行率、满意率等统计数据，为监管部门及时预测、预防、明确各阶段财政专项资金监督检查工作重点提供准确坐标；为各级各单位工作效能和项目资金使用效果评估提供数据支撑。

（3）建立严格的监管平台内控管理机制。只有强化内部控制，才能确保财政专项资金每个运行环节的监管工作形成上下互动、左右联动、环环相扣的有机链条，严格依照规范流程运行，实现各环节间的"无缝衔接"，既相互配合又相互制约。结合各监管主体的职责，信息化监管平台内控管理进行制度建设，具体参见图2-8。

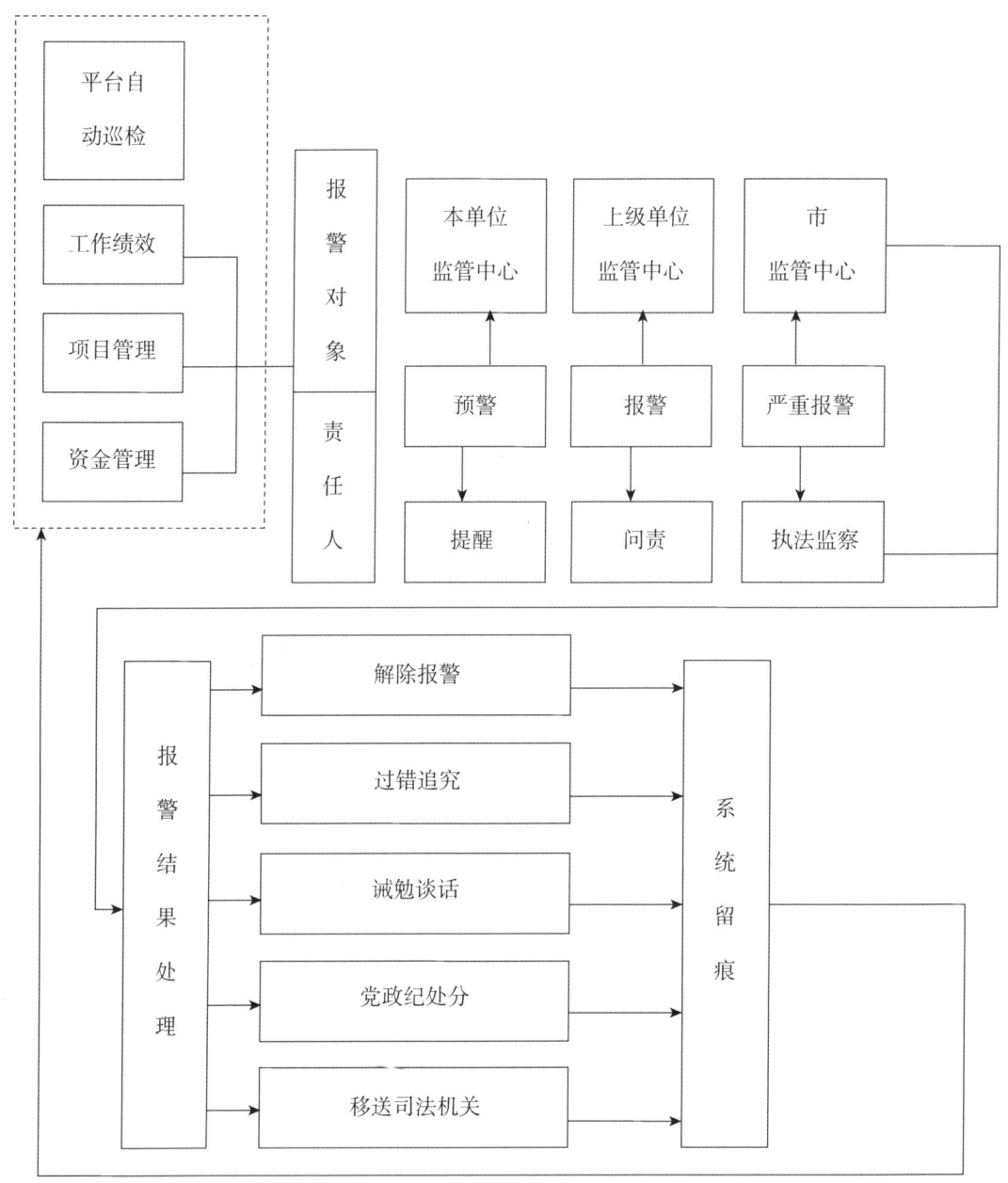

图 2-8 监管平台内控管理结构示意图

首先,明确各级职能监管部门在平台建设、管理、维护、运行等方面的管理职责,规范信息录入、信息审核、数据更新、预警管理、报警处置等具体工作程序。

其次,科学分解和设置网络平台管理人员和用户的权限,实施分级授权管理,使监管权力在信息化监管平台的运行过程中,在横向上受到其他用户的监督和制约,在纵向上要经若干程序和环节的监控,形成全方位、多层次的权力约束机制,大大增加利用平台可能存在的漏洞违规操作的难度，避免监管权限乱用、滥用的现象，利用刚性的技术手段防止平台监管权力"寻租"。

最后，要科学预设监管程序。通过给网络监管系统添加智能报警和劣迹留痕模块，对违反预设条件和程序的各类操作行为进行实时监控，最大限度压缩资金管理使用的自由决策权，确保授权得到规范行使。

2. 建立专门的信息化监管机构体系

（1）设立专门的组织协调机构。我国现行行政管理体系机构臃肿、部门林立，阻碍了信息的快速流动和共享，导致了信息孤岛、信息黑洞的产生。由于目前我国的信息化监管模式还无法超越现行的组织架构，为了满足不断增长的公共信息需求，最具现实意义的做法是在维护现行行政管理体系稳定的情况下，通过建立一个专门的综合协调机构，负责总体协调和运行管理，为财政专项资金监管各类要素信息在部门间的高效交互传递提供有力的组织保障。

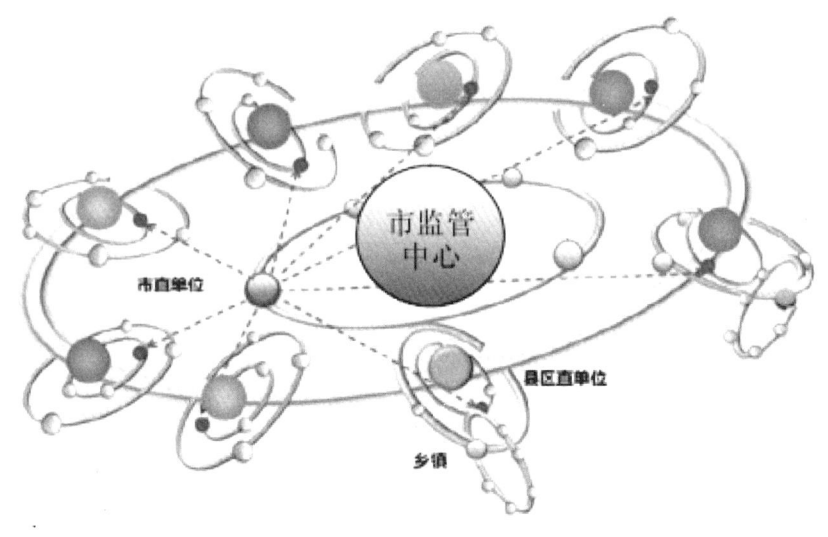

图 2-9 监管机构体系示意图

为保证各级政府对本级财政专项资金的预算编制、预算执行和专项监管工作的全面掌握，实现财政专项资金监管工作高效、协调运转，笔者建议成立国家、省、市、县四级财政专项资金监管中心，直属本级政府领导，负责组织协调本行政区域内专项资金监管和监控系统的日常运行管理工作，具体如图 2-9 所示。

监管中心对下级及本级涉及专项资金管理、使用的各有关部门进行工作指导和绩效考核，并进行实时、实地检查，确认录入信息的及时性、准确性，受理系统预警、报警和信访投诉的协调处理，及时纠正或协同有关部门共同解决资金使用中存在的问题。涉及专项资金管理、使用的各级各部门要明确专（兼）职系统管理员和操作员，负责系统运行、维护及数据录入、信息更新、信息审核、投诉举报、预警报警处置等内部管理工作。以各级"监管中心"为核心，形成"横到边、纵到底"的立体神经网络式架构，通过互联网将专项资金管理部门、监督部门、使用对象、社会公众联系起来，实现集成维护、资源共享、集成管控、实时监督的新型管理模式。

（2）优化组织内部监管流程。建立内部协作、及时联动的监管协作机制是财政专项资金信息化监管的内在组织需要。根据现实财政专项资金监管需要，笔者对现有监管流程进行了优化设计。具体见图2-10。

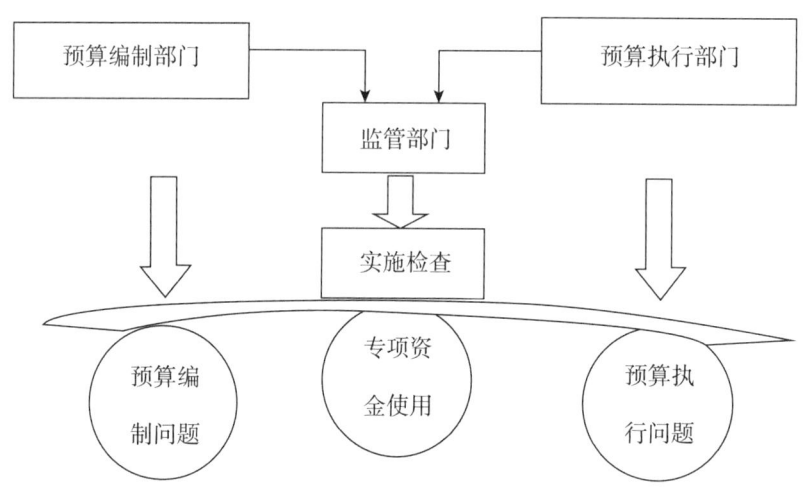

图2-10 组织内部监管流程

预算编制部门在实施监督中发现预算单位在预算编制中存在问题，要交由监管部门实施检查；预算执行部门在实施监督中发现预算单位在预算执行和专项资金使用中存在问题时，要交由监管部门实施检查。监管部门具有自主检查权，一旦发现预算编制部门和预算执行部门在预算编制和执行中存在问题时，监管部门可以自主开展检查。但在实施检查时，要告知预算编制和预算执行部门。对监管部门的处理意见，预算编制部门和执行部门具有建议权。监管部门具有独立处罚权，监管部门对违法违纪问题可依据相关法律法规进行处罚。在实施处罚时，如须预算编制部门和预算执行部门配合执行的，预算编制和预算执行部门要予以配合。

3. 建立全方位的信息化平台监管体系

（1）建立统一的信息化监管平台。通过系统接口整合，将财政部门现有的部门预算系统、国库集中支付系统，以及所有预算单位财务信息系统作为子系统模块，通过政府专网纳入统一的财政监管信息平台，把财政专项资金各环节的管理工作和所有财政专项资金使用单位都纳入到网上监管范围，使监管平台不仅是事后审核台账的一般财务系统平台，更是带有事前、事中控制性质的财政信息资源管理平台。在财政专项资金监管业务在职能监管部门与项目单位之间搭建高效和全面的信息监管网络，可以为财政专项资金监管工作获取准确、实时的数据信息提供有效载体，实现监管业务标准化、流程规范化和操作智能化，从根本上防止专项资金预算执行的任意性和财政专项资金体外循环的可能，有利于大大降低财政监管的成本，提高监管效率。

（2）实现信息化监管平台多方接入管理。在构建统一的信息化监管平台基础上，要实现四个层面用户的多维接入管理：一是保障公众及项目资金使用单位监督权利。确保公众及项目资金使用单位可以通过互联网随时随地登录信息化监管平台，查询所关心的项目资金信息、项目申报程序、资金拨付流程、相关机构职能、资金管理制度等，并发表自己观点，提出意见或建议，可通过平台内嵌的投诉举报功能向有关部门举报专项资金管理、拨付、使用中存在的问题。二是实现专业监管常态化。各级政府设立的专项资金监管中心负责全天候监测本辖区信息化监管平台运行状况，根据系统预警、报警情况及时处理或责成有关部门解决存在的问题。三是充分发挥上级机关的监督指导作用。上级监管机关和有关领导可以通过信息化监管平台，全面、及时掌握专项资金的分布、运行情况及存在的问题，并可直接在网上有针对性地提出意见、建议和做出批示。四是注重发挥职能部门监管效能。科学规划信息化监管系统的层级授权，确保各专项资金监管部门能方便地对各类资金及项目进行实时远程巡查，及时发现和纠正违规违纪问题。

4. 建立完善的信息化监管技术支持体系

随着"金财工程"从大规模建设阶段向整合应用阶段的逐步过渡，财政专项资金监管业务对信息技术的依赖程度也随之不断提高。当监管平台出现系统故障或需要进行必要的优化时，怎样在最短时间内得到维护和管理？怎样充分挖掘信息化监管平台的各项功能？解决这些问题的关键就是构建一个既满足当前监管实际又兼顾未来发展需要的技术支持体系。

（1）提供高适应性的平台设计。在依照现有财政监管法律法规进行刚性管理的同时，通过对现实中复杂的政府行政管理架构、监管过程各类管理事项进行数学建模，建立起满足不同性质、不同级别部门对系统管理精度的不同诉求，符合从中央到基层的各类财政监管业务需要的高适应性管理模型，架通上级与隔级、上层与基层的"网络神经"链接，为各决策和监督部门实时、真实了解国家的方针政策在基层的落实情况，真正实现"电子政务"，建设"服务政府""高效政府"，提供最基础、最核心的标准级"平台"。

在平台设计过程中要注意两个方面的问题：一是如何实现监管系统的自适应优化，避免出现因监管业务流程改变重新编制相应软件系统的问题；二是如何通过自定义设计，减少信息化监管系统推行过程中所遇到的"阻抗"问题（"阻抗"是电学概念，原意为电路中对交流电所起的阻碍作用，笔者将其引入管理学，并重新定义），即破除个别部门或者人员对信息化监管方式的不理解、不适应所产生的抵触问题。

（2）提供完备齐全的冗余保护。信息化监管平台的技术安全保障体系由多项安全要素构成，主要包括统一的平台安全群组策略、规范的数字身份管控和数据访问策略、严密的网络安全措施、完备的数据备份和应急处理方案等。涉及的相关技术模块包括：数据通信信道加密及管理模块、用户身份识别模块、网络信息攻击防护模块、系统监控分析模块。在管理层面，可以通过进行平台安全风险评估、制定周全的安全政策、采用统一的安全标准等手段来实现有效的管理。具体措施包括：

首先，要确保信息化监管平台的运行安全。建立实时网络安全检测体系和网络防病毒体系，使用物理隔离和身份验证等措施控制非法用户的访问，并对可能发生的非法入侵实现网络系统自动检测、自动屏蔽、自动取证分析，确保平台正常运转。

其次，要确保监管平台的应用程序和信息数据的安全。由于大量的项目资金信息存储在平台的电脑数据库内，为了确保数据的可靠和完整，所有安装平台的应用程序事先必须通过安全认证，统一对所有接入平台的各终端，特别是有数据修改权的数据终端进行身份管理，确保平台具备最小的穿透风险性。

最后，要建立完备的信息安全事故应急处置预案。针对硬件损坏、软件故障等突发情况提前制订详细的技术处置预案，通过建立信息数据备份服务器等技术手段，防止突发事故导致的数据丢失、数据损毁，保障监管工作有序进行。

（3）提供满足未来发展的技术储备。提前进行技术储备的目的是为了满足财政专项资金信息化监管工作可持续性发展的需要，促进监管方式的不断创新，以便在现有技术装备进入衰退期时，新技术新系统能及时投入监管应用。由于技术储备是一种探索性、试验性的工作，具有一定的风险性，为了提高技术储备的成功率，应注意做好以下几方面工作：

一是对新技术开发进行科学的技术预测与经济预测，搞好新技术、新系统的开发规划。

二是加强技术人才的培养，使他们具有丰富的技术知识、技术经验和优良的素质（包括思想品质、工作态度、解决问题的能力、创造力等），充分发挥他们的作用。

三是依靠先进的试验手段和现代化的工业生产装备。

四是正确处理基础研究、应用研究和技术开发三者之间的关系。

(四) 财政专项资金信息化监管模式运行评价体系

构建财政专项资金信息化监管模式不仅需要一种崭新的制度设计和实践选择,更需要建立起一整套涵盖项目资金运行全过程和运行结果的评价体系,在考评项目资金运行效益以及政府监管实绩的同时,对信息化监管模式的实际效能进行量化评价,实现模式的自我评价与自适应优化。

1. 财政专项资金信息化监管模式运行评价指标

(1) 确定评价指标的原则。评价指标的原则如下:

第一,短期效益与长远发展并重。我们在制定财政专项资金信息化监管模式运行评价标准时,不仅要考虑财政专项资金在一定发展时期、发展阶段的经济性、效率性和有效性,还要从动态的角度出发,考虑财政专项资金项目的取舍与政府的长远战略规划及发展目标的吻合程度,将政府的长远战略规划与发展目标糅合进财政专项资金项目运行评价体系之中。如果某些资金项目与政府的长远战略规划或发展目标相左,即便在短期内具有较好的经济性、效率性和有效性,也需要及时调整财政预算计划。

第二,专家评议与公众参与并重。评价指标的选取不仅需要财政专项资金监管实务所涉及的众多领域的专家学者从理论和实务两个角度提出专业建议,更需要广泛及时听取公众意见,通过召开听证会、开展社会问卷调查等形式接受民众的监督,使公众意志和利益能够及时地、充分地体现在运行评价指标体系之中,从而使这些指标更具科学性和群众基础,而不是少数部门、机构闭门造车的结果。通过广泛的公众参与,进一步增强政府的透明度,缩短政府与公众之间的距离,不断提高公众从组织外部正确认识和评价财政专项资金管理和使用的结果,并实施有效的监督。

第三,追求效率与维护公平并重。构建透明、廉洁、高效政府是社会各界的共同期望。高效的政府意味着运作更协调迅速,行政成本耗费更少。从纯经济学角度来看,财政专项资金的拨付和使用是一种配置资源的行为,资金的配置和使用效率无疑应是其考虑的主要因素。但是财政专项资金同时又是一种体现公益性的公共资金,追求效率并不意味着要在财政专项资金管理中采用唯效率主义,忽视政府行政的公共性。除效率之外,还必须把公平公正、公共受托责任、公众满意度等作为财政专项资金监管的价值基础。

第四,普适性与针对性并重。财政专项资金信息化监管模式需要设置、选择一套通用的评价标准和原则,实现对专项资金运行过程及其效果进行客观、公正的衡量比较和综合评判，并将评价结果作为新一轮财政专项资金预算分配的重要依据。在提高评价指标普适性的同时，还要结合不同资金项目的性质和特点制定分类评价标准。对众多财政专项资金项目进行全程评价是一个系统而又具体复杂的工程，其评价标准不可能千篇一律，我们应根据各类项目资金的性质和特点，结合实际，分类制定个性化的评价标准，使专项资金使用绩效标准体系更具操作性、更符合实际。

（2）模式运行评价指标的基本要求。模式运行评价指标要有特定的检验价值或功能，要能全面审核检验信息化监管模式运行状态预期效果，具体要能检验判断其技术体系、运行机制、建设管理，以及专项资金的立项、分配、拨付、使用、项目进展等财政专项资金运行，是否符合安全性、规范性、及时性、有效性目标的要求。

第一，安全性。安全性要求是通过监管平台全面审核每笔财政专项资金运行的全过程，从中发现和确认偏差以及已经存在的问题，并积极制定有效的防范性措施，有效地预防并阻止被证实问题的再次发生，实现对财政专项资金领域违法违规问题预防和治理，使财政专项资金能严格按预算核定的数额足额拨付到规定的项目或用途上。具体分为四个指标：一是专项资金支出安全性，财政支出符合相关制度，不能出现错库、体外循环、截留挪用等；二是预算约束指标，资金的支付和使用不能超过预算规定额度和方向；三是程序安全性，严格按照国库集中支付制度等进行资金拨款；四是资金风险控制指标，从微观层面，即预算单位或国库代理行不能违规向其他账户划拨财政专项资金，从宏观层面，即预算内专项资金规模不能超过财政资金的供应能力。

第二，规范性。规范性要求通过财政专项资金预算指标、拨付行为、程序与有关法律法规的比较，分析评价财政专项资金是否符合规定。在预算编制方面，包括财政专项资金预算总支出、各项目资金支出及增长速度、定员定额标准；在预算执行方面，包括资金拨付程序、各项目进度、拨款进度、预算追加程序；在决算方面，包括各专项资金预算执行数与预算数对比、执行过程是否符合国家方针政策、法律法规。

第三，及时性。及时性要求财政专项资金运行的申请、审批、拨付、使用等各个环节都要恪守时效性原则，具体包括两方面的指标：一是及时处理，在规定时限内对财政专项资金管理单位、项目资金申请单位、资金使用单位等各主体间发生的各类财政专项资金业务活动事项进行处理，而不延至下期；二是及时反馈，在规定时限内向相关单位以及社会公众提供财政资金运行各个环节所涉及的各类基础信息，确保财政专项资金要素信息传递快速畅通。

第四，有效性。有效性要求通过财政专项资金监管业务流程中各类资源的有效利用，用较少的行政监管成本取得更大的监管效益，使政府能够取得较高的监管效费比，从而提高管理绩效；通过信息化监管模式运行分析，对财政专项资金项目投入及运行综合效果做出评价。主要包括经济效益和社会效益两个方面的指标：一是从项目支出绩效和预算绩效两个层面进行评价，充分发挥财政专项资金在促进国民经济建设，保障社会和谐发展方面的积极作用；二是通过分析问题不断探索新的途径，适应未来经济活动的变化，帮助管理层针对不同的监管发展要求，整合各类监管资源，制定并执行推动监管工作发展的新策略，为政府或者组织的领导层决策服务。

2. 财政专项资金信息化监管模式运行评价方法

（1）运行评价的主要方法。目前国际上具有代表性的评价方法主要有四种，即"3E"评价法、标杆管理法、平衡计分卡法以及"360度"反馈法。

"3E"评价法：早在20世纪60年代初，英国的雷诺效率小组首次提出"经济"（Economy）、"效率"（Efficiency）、"效益"（Effectiveness）的标准评价体系。该评价法以强调经济性和成本的节约作为根本价值准则。后来为了缓解政府所追求的民主、平等价值理念和经济性之间的矛盾与冲突，又将"公平"（Equity）指标引入评价体系中，扩展为"4E"。

标杆管理法：20世纪80年代初期，因日本产品质优价廉的优势，使美国产品逐步丧失市场竞争力。因此，美国想通过一套完整而有系统的过程，学习其他优秀公司成功的经验来引导企业变革。这种有针对性系统学习优秀榜样的过程就是标杆管理法产生的基础。标杆管理法的第一步是确定标杆即努力的目标，在每一个实施阶段结束后都把结果与确定的标杆进行比较、总结和评估，以此调整下一阶段的方式、方法，直至最后达到标杆水平，然后再确定更高的标杆。标杆管理法通过确定每个阶段的标杆即预期目标，以是否达到预期目标为标准进行评价总结，以此促进应用者向更高层次的目标努力。

平衡计分卡法：平衡记分卡法是哈佛商学院教授罗伯特·S.卡普兰和大卫·P.诺顿在20世纪90年代提出的，该方法打破了传统的只注重财务指标的业绩管理方法。传统的财务会计模式只能衡量过去发生的事情（落后的结果因素），但无法评估和组织前瞻性的投资（领先的驱动因素）。在工业时代，注重财务指标的管理方法还是有效的。但在信息社会里，传统的业绩管理方法并不全面，组织必须通过在客户、供应商、员工、组织流程、技术和革新等方面的投资，获得持续发展的动力。正是基于这样的认识，平衡计分卡法认为：应从学习、内部业务与创新、顾客、财务四个维度来评估组织的业绩，并要求彼此之间保持适度的平衡。在评估的平衡计分卡四个维度中，前两个维度关注的是组织的长远发展，后两个维度则是注重组织的现状。

"360度"反馈法："360度"反馈法又称全方位考核法，最早是由美国英特尔公司首先提出并加以实施的。"360度"反馈评价体系的目的在于通过获得和使用高质量的反馈信息，支持与鼓励员工不断改进与提高自己的工作能力、工作行为和绩效，以使组织最终达到管理或发展的目的。该方法通过自我评价、同事评价、主管评价、下属评价、客户评价等全方位的角度来了解被评估对象的绩效。被评估者不仅获得多种角度的反馈，也可从这些不同的反馈清楚地知道自己的不足、长处与发展需求，使以后的职业发展更为顺畅。

（2）评价方法的比较选择。"3E"评价法主要强调经济性，其优点是指标明确，有利于政府对财政专项支出控制和管理。"3E"评价法的关注重点主要集中于实施结果的监督检查。它的缺点是评价指标过于单一，与现代政府多元化的行为指标不符。

与"3E"评价法相比，标杆管理法在指标体系构建上更加全面与完善。标杆管理法克服了"3E"单一的经济化和效率化，其指标体系比较全面，除了经济层面的指标外，还包括政府提供的公共产品质量的评估指标，但其缺乏对标杆的引导和激励作用，存在随意性强，易导致指标体系繁杂的问题。

平衡计分卡法是一个既注重当前发展又关注长远战略的评估方法，这是评估方法上的一大突破。虽然存在战略目标与具体评价目标易有冲突，管理流程稍显烦琐的不足，但平衡计分卡法能较及时地回应监管对象的评价需求。

"360度"反馈法与传统自上而下反馈的本质区别就是其信息来源的多样性，较单一评价来源的评价方式更为公正、客观。同时，通过这种评价方式，被测者可以客观正确地评价自我，了解自身所存在的优势与不足，从而保证了反馈的准确性、客观性和全面性。

为了满足全过程运行评价的需要，在评价方法选择上，我国财政专项资金信息化监管模式宜采用平衡计分卡法和"360度"反馈法相结合的综合评价法。既借鉴"360度"反馈法在确定评价指标的分类维度方面的优势，科学划分评价指标种类；也参考平衡计分卡法在细化评价指标体系方面的思路，提高评价的可操作性和适应性。

（3）综合评价法在信息化监管模式中的应用。运用综合评价法可以将财政专项资金信息化监管模式运行评价指标体系划分为五类一级指标，十二项二级指标。其中一级指标的分类标准是按照财政专项资金信息化监管模式运行所涉及监管对象、监管主体以及监管模式本身等要素主体进行划分。二级指标则是按照确定评价指标的四项原则，在前述普适性评价指标基本要求的基础上进行针对性的细化，具体内容参见表2-1。

表 2-1 财政专项资金信息化监管模式运行评价设计

一级指标	二级指标	主要测评点	权重设计
项目资金 （35%）	规范	预算编制合理	3%
		逐级有序拨付	3%
		资金专款专用	3%
		追加依据充分	3%
		违规项目资金比例	3%
	经济	执行成本占项目资金的比例	5%
		项目支出效费比	5%
		预算支出效费比	5%
	效率	各环节资金的及时到位率	3%
		项目支出成本的降低率	2%
公共管理 （15%）	立项目标实现	立项目标完成率	5%
		项目资金短期效果	3%
		与政府长期发展规划的契合度	3%
	资源配置	专项资金占预算支出的比例	1%
		不同领域项目资金比例	1%
		专项资金超支情况	1%
		专项资金结余情况	1%
职能监管 （25%）	监管实现程度	各职能部门参与度	5%
		职能部门违规履职比例	4%
		职能部门不履职比例	3%
	有效性	履行职能的行政成本	3%
		经济效益	6%
		社会效益	4%
监管模式 （15%）	监管质量	纳入监管的资金所占总项目资金比例	3%
		纳入监管的项目违规比例	2%
		职能监管部门的反馈评价	2%
		项目资金使用单位的反馈评价	2%
		项目资金使用个人的反馈评价	2%
	监管效果	监管模式的适用性	2%
		监管成本降低比率	1%
		模式对新监管需求的满足程度	1%

续表

一级指标	二级指标	主要测评点	权重设计
社会公众（10%）	满意度	项目资金使用单位满意度	3%
		项目相关个人的满意度	3%
		其他公民的满意度	1%
	公平	社会公平感	1%
	公共服务质量	政府提供公共服务的使用率	2%

该指标评价体系的测评基数为1，采用百分比进行权重计算。笔者在设计二级评价指标的评价计分标准时，选取较能体现二级指标属性的测评事项作为主要测评点。在实践操作过程中，各级政府可以根据不同地区、不同项目资金的实际情况，采用专家组评议、问卷调查或者公开听证等形式对二级指标、主要测评点以及分项权重进行需求性重新设计。

在项目资金的申请阶段、实施阶段和完成阶段，我们都可运用上表所示测评体系对某一项目资金进行运行评价，将所选取的项目资金的具体情况根据事先设定的各个指标进行计算，就可以得出该专项资金运行的综合评价状况和未来管理方向，为政府决策提供强有力的依据。

二、推行信息化监管模式的可行性

信息化监管模式的可行性研究可以从经济、政策、技术三个角度来进行，并通过试点实践来检验推广成果。

（一）实施的可行性

应用数字信息技术推进政府电子政务、电子监察，实现信息公开是新时期的必然发展趋势。不少地区开始尝试应用信息技术来提升日常管理效能，比如南通出入境检验检疫局的专项资金绩效评估系统、北方工业大学机电工程学院的集成财务管理系统、北京华杰兴业科技发展有限公司的政务辅助管理信息系统、深圳太极行政审批电子监察系统等，实现了诸如：信息发布、电脑辅助办公、数据查询、表格自动生成、财务数据上下级传输、共享、违规报警、数据挖掘等功能，将过去单纯的手工操作升级为计算机辅助处理、网上集成办公。

鉴于今后各地财政部门的财政专项资金投入力度将不断加大，涉及的资金用途更多，范围更广，为进一步提高财政专项资金使用的经济效益、社会效益，拓宽民间投资领域和渠道，凝聚拉动经济增长的社会合力，搭建财政专项资金信息化监控平台，就显得极为必要。

1. 经济上的可行性

按照经济学的观点，信息系统技术可以被视为能够自由地与劳动力、资本进行替代的生产要素。信息技术，特别是网络技术的应用，能够帮助各监管主体极大地降低实施监管的交易成本和代理成本。推行信息化监管可以在不变动现有监管机构设置的情况下，用最少的代价，实现"大部制"改革的许多功能、目的和作用。在确保财政专项资金及时足额到位、财尽其用的同时，能大幅度降低监管成本，减少政府财政支出，实现利用有限的政府可支配资源，取得最大监管效益的目标。

2. 技术上的可行性

推行信息化监管在技术上的可行性主要体现在两个方面：

一是高覆盖的网络基础设施提供了坚实的硬件保障。根据2009年国家工业和信息化部的统计，我国已建成全球最大的互联网基础设施，互联网已覆盖全国所有城市。随着农村经济信息"村村通"工程的全面推进，95.6%的乡镇、90.9%的行政村已实现互联网接入。我国100%的中央政府部门、98.5%的地市级的政府部门和95%以上的县级政府，开通了政府门户网站。互联网已成为政府实施信息公开与行政许可、整合社会资源并改善公共服务、扩大公众参与和汇聚民意民智的重要窗口和重要渠道。

二是成熟的信息网络技术提供了必要的软件支持。以数据异步传输技术、数据编码处理技术、网页管理和服务技术、数据库应用管理技术、网络安全防护技术为主要内容的信息网络技术在我国得到了广泛应用。在软件技术层面，已经不存在制约专项资金信息化监管平台建设与推广的瓶颈问题。

（二）实施的现实价值

动态开放、便捷经济、及时高效、不受时空限制这些特性使信息化监管具有传统监管模式无可比拟的先天优势，在财政专项资金监管实践中能更好地满足建立效能型、经济型、服务型政府的管理诉求，有利于提高财政政务公开的深度和广度，有利于实现财政监管方式从过去手工化、低效化逐步迈向自动化、规范化监管转变。

1. 推行信息化监管能更好地提升监管效能

通过财政专项资金信息化监管平台，将政府相关业务职能部门连接成神经网络式结构体系，在信息资源高度共享的前提下，可以实现对专项资金项目立项、审批、拨付、使用、验收等关键环节和敏感部位的实时监控，更直观地掌握专项资金的支出、使用情况，并可直接在网上有针对性地提出意见、建议、提示，及时纠正存在的问题，确保相关信息快速传递与反馈。通过监管方式的变革，可以实现专项资金监管由突击性、专项性整治向常态化、规范化监管转变；通过监管内容的深化，可以实现专项资金监管由粗放型监管向精细型监管转变；通过监管手段的革新，可以实现由被动的事后查处向事前、事中、事后实时、动态监控转变；通过监管机制的完善，可以实现由监管主体各行其是向多向链接、广域覆盖转变。有效地提升了监管效能。具体见图2-11。

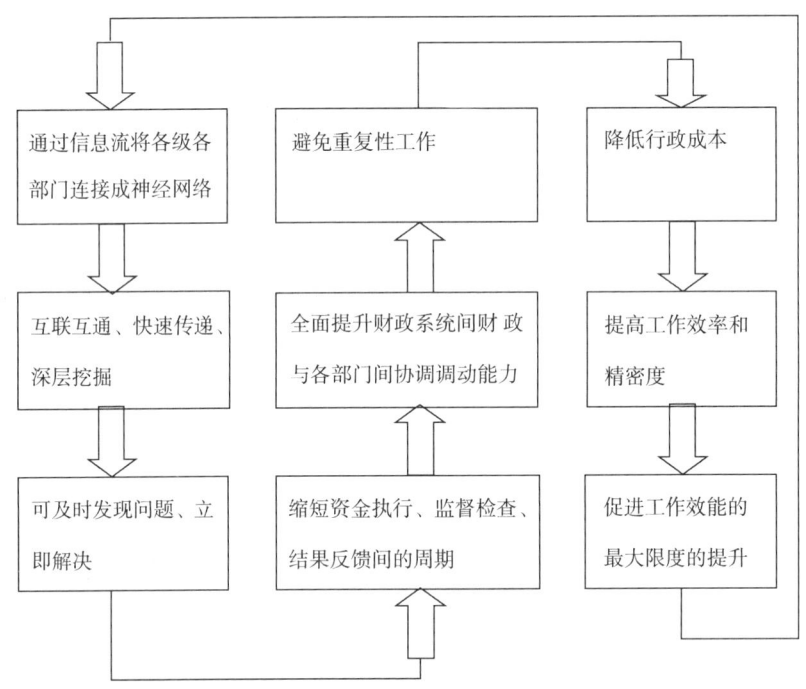

图2-11 信息化监管效能示意图

2. 推行信息化监管能更好地提升监管效益

通过信息化监管平台，进一步强化了公众监督作用，等于用"零成本"聘用了最广大的义务监督员，既拓宽了监督渠道，增强了政府的公信力，又可避免从非正规渠道获得的信息所导致的流言滋生问题，切实保障民众知情权、参与权、表达权和监督权，促进和谐社会建设。同时，也对那些试图在专项资金上做文章的违纪者起到了非常大的心理震慑作用。

3. 推行信息化监管能更好地提升监管效果

信息化监管的目的是在发挥网络的静态宣传功能基础上，突出体现信息网络的动态监管效果。通过信息流将各财政专项资金监管部门连接成"五位一体"的立体式监督体系，具体参见图2-12。

通过统一接入信息化监管平台，实现了信息资源的互联互通、快速传递。纪检、监察、财政、审计等监管部门将各自掌握的资金信息、收付情况、检查情况的相关数据和资料录入平台，平台自动整合、归集成完整的数据链，通过平台共享检查结果，实现资源高度共享。各部门间可根据各自的工作职责和需要协调配合，缩短了资金运行、监督检查、结果反馈的周期，有效地解决由于资金管理和监督之间缺乏协调联动、信息不能共享、重复检查等问题，强化了部门间功能互补，有利于形成监管合力，提高财政专项资金监管工作的精准度，促进财政专项资金监管效果的提升。

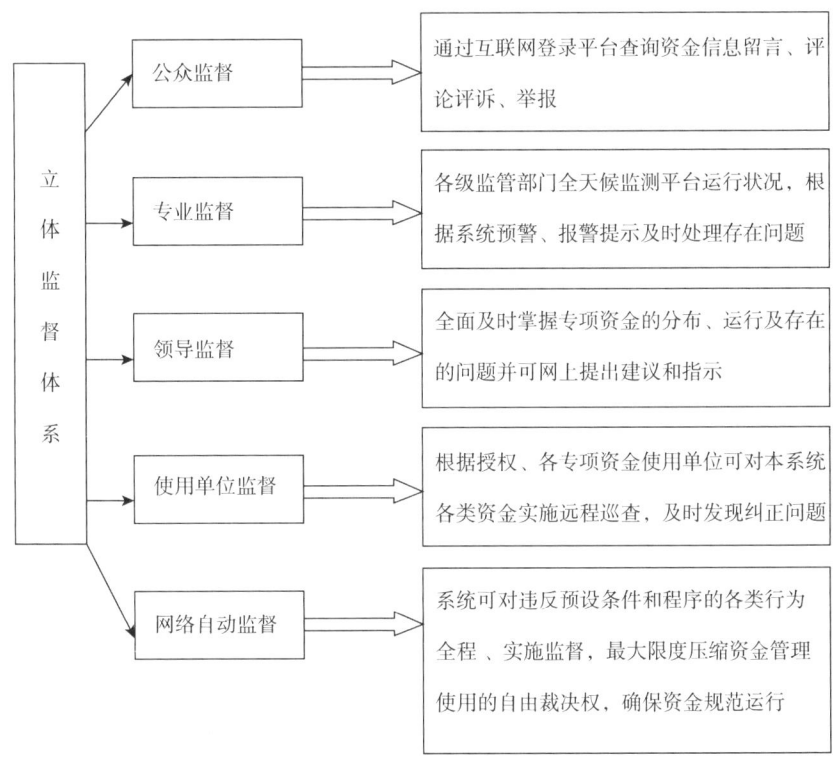

图 2-12　五位一体的信息化管理体系

三、信息化监管模式的实施建议

（一）实施的策略选择

财政专项资金信息化监管模式的实施是一个循序渐进、不断完善的过程，笔者认为在推进实施的过程中具体步骤策略必须满足稳定性、同步性、互动性、规范性的要求。

（1）稳定性要求。推行信息化监管模式要坚持循序渐进、分步实施的原则，采取渐进式的推进策略。既要考虑现实监管需要，积极应用信息技术最新的发展成果，改进监管方式,提升监管效率,又要坚持稳定原则,避免盲动,做到在基本不改变现有监管机构设置及其序列的前提下,实现财政专项资金监管改革稳步推进。

(2) 同步性要求。推行信息化监管模式要顺应财政管理体制改革发展进程,在充分考虑项目资金运行特点的基础上,做到监管机制优化与监管方式创新同步进行,对财政专项资金内部运行和外部运行的全过程实行同步监管,对项目资金日常监管与重点监督同步实施。①

(3) 互动性要求。推行信息化监管模式要坚持以改革促进管理的目标,实现模式创新与日常管理的良性互动,确保改革成果能够在日常监管中得到充分利用和体现,充分发挥信息化监管模式在整合全社会监管资源方面的巨大作用。

(4) 规范性要求。推行信息化监管模式要坚持制度化、规范化的运作思路,按照统一规划、统一标准、统一程序整体推进。同时,要重视机制建设,将机制优化、机制创新纳入规范制定的视野,确保信息化监管方式改革走上规范化、制度化的轨道,更充分地发挥信息化监管模式的管理效能。

(二) 影响模式效能发挥的因素

1. 载体的选择

财政专项资金信息化监管模式的载体问题就是通常所说的监管平台选择问题。综合信息平台的建设是整个财政专项资金信息化监管模式的核心和基础,推行信息化监管需要将财政专项资金各类信息进行有效整合,为财政监管的可持续发展提供决策依据。财政专项资金信息的整合必然需要法律、标准、规范的保障以及技术平台的支持。

建设技术监管平台不简单等同于信息基础设施建设,前期硬件设施的建设以及相关技术的储备只是监管平台建设和推广的前提条件,具体路径上是选择现有平台进行优化整合还是重新构建一套新的监管平台,这就需要结合国内外成熟的平台建设经验和探索尝试的阶段性成果进行甄选比对,选择更加适合国情的监管平台建设思路。

2. 体系的融合

一种管理模式能否发挥其最初设计的功能,离不开与现行的管理体制、组织体系、监管流程体系之间的相互契合、相互保障、相互促进,也就是探讨信息化监管模式如何与现行的财政监管体系相融合的问题。从这个意义上讲,财政专项资金信息化监管模式不仅仅

---

① 李治义:《财政专项资金信息化监管模式研究》,. 燕山大学,2010年版。

是一个涉及信息技术层面的课题，更是一个涵盖众多领域的管理学课题。

财政专项资金信息化监管模式与其他监管模式一样，都需要进行科学的组织与管理。财政专项资金信息化监管的主要任务就是及时满足监管部门的信息要求，除了日常运行的管理和维护外，还需要根据监管部门的信息需求状况和所提供的信息在日常监管中的作用，来适时提高信息化监管模式在财政专项资金监管实践中的地位和作用。

因此，在满足当前监管需要兼顾未来监管发展需求的基础上，如何设计出更加规范合理的财政监管体制、机制以及再造科学化的监管流程，就成为推行信息化监管模式不得不率先解决的两大任务。同时，财政专项资金信息化监管模式在具体推行过程中需要有相应的组织机构来保证，如何协调好推广部门与其他职能监管部门的权限界限，明确具体实施部门的监管主体地位也是完善监管体制的过程中不能忽略的一个重要问题。

（三）实施步骤

基于我国财政专项资金监管现状，结合笔者主导的秦皇岛市财政专项资金监管系统平台所积累的经验，建议应分三个阶段在全国逐步推广信息化监管模式：

第一阶段（1~2年）：根据国家的统一部署，各省、市有关部门结合自身工作特点，在认真调查研究的基础上，制订科学可行的总体建设方案，明确财政专项资金信息化监管系统建设的目标、规模、主要功能、实施计划；选择8~10个地级市进行信息化监管平台试点工作，积累建设经验。

第二阶段（1~2年）：基本完成各省监管网络（内网和外网）建设任务，完成监管业务系统的横向互联和各部门纵向网络的整合，初步建成互联互通、资源共享的省级财政专项资金监管平台体系；基本完成省、市两级政府门户网站与监管平台整合工作，并初步形成新的运行机制；基本完成财政专项资金基础数据库建设，并启动项目资金数据管理服务中心和网络管理服务中心的建设。

第三阶段（2~3年）：全面实现财政专项资金各职能监管部门业务系统在应用层面的互联；通过各级政府门户网站提供较为完善的有关项目资金的各类应用性服务；财政专项资金基础数据库开始为社会提供服务；职能监管部门、社会公众通过信息化监管平台实现良性互动，基本形成快捷、方便、可靠的财政专项资金信息化监管体系。

（四）实施保障

推行财政专项资金信息化监管模式是一个循序渐进的系统工程，需要各级政府高度重视信息化建设在提升政府管理效能、提高公共服务水平方面的重要作用，积极采取多重手段切实保障信息化监管模式取得实效。

1. 及时更新发展理念

转变人员观念是实施财政专项资金信息化监管战略实施的前提。推行财政专项资金信息化监管模式，首先要转变国家机关工作人员的思想观念。要从发展的角度，重新看待实施财政专项资金信息化监管的定位、作用和价值。各级政府作为财政信息资源的主要拥有者，也是信息网络监管技术的主要使用者，要从战略高度重视财政专项资金信息化监管的发展。通过信息技术的应用，实现财政信息资源共享，进一步降低社会监管成本，提升监管效果。当前，行政决策者应该尽快从"官本位"的行政观念转变到"民本位"的服务宗旨上，建设统一的政府信息化平台，向公众公开一切可以公开的信息，改传统的行政手段为现代化手段，并从技术部门、科研院所、网络信息公司聘请专家组成财政专项资金信息化监管专家咨询委员会，实现财政专项资金信息化监管建设论证的规范化、决策科学化、工程的优质化。另外，各级政府负责财政专项资金信息化监管的有关部门要加强对财政信息网络化建设的业务技术指导，注意推介成功的典型，搞好交流与合作。

2. 加强信息基础设施建设

信息基础设施建设是实施财政专项资金信息化监管的基础条件。通过各级政府自筹或者中央拨付专款的形式，与信息技术企业和有关机构共同进行网络基础设施建设。今后一段时间，推进国家信息化监管的工作重点应是进一步提高公众对财政专项资金信息化监管的参与度，要进一步提高国家信息网络的覆盖率，重点为广大农村地区提供更加廉价高效的网络接入服务，为财政专项资金信息化监管的开展打下坚实的基础。

3. 制订统一发展规划和相关技术标准

首先，要制订统一的财政专项资金信息化监管建设规划，设定切实可行的阶段性目标。同时，还要积极借鉴国外先进国家的经验，在国务院建立财政专项资金信息化监管领导机构，统一领导、组织中央政府和地方政府的财政专项资金信息化监管的研究、规划、实施，发布国家财政信息化监管实施纲要，制定统一的财政专项资金信息化监管实施规范，为在全国推广实施财政专项资金信息化监管提供指导。

其次，要制定统一的技术标准和操作规范。信息化监管不仅涉及硬件、软件的选型和使用，从具体业务应用上看，更涵盖了几十个财政业务系统。从各地区角度看，存在业务、管理等多方面的差异。由于不同的应用系统采用了不同的数据库和开发技术平台，如果各应用系统和各技术平台之间没有标准接口，将直接导致信息无法共享等问题。由于财政信息化标准缺乏，许多地方财政部门及其内部各业务处室只能"各自为政"，或在统一系统的基础上进行二次开发，为应用系统的"标准化"实施和财政信息化工作的推进带来诸多困难。

因此，地方各级政府在推进财政专项资金监管方式改革的过程中要参照中央制定的整体规划和技术标准，结合地方实际，以省级为单位制定相应的地方实施信息化监管的技术规范，重点解决监管网络建设、软件开发应用、设备购置、运行维护等环节的问题。

4. 积极进行专业人才储备

机构和队伍建设是财政信息化建设的基础。财政信息化建设既是"技术问题"，也是"管理问题"，归根结底靠人来实现。加强监管人员培训，是财政专项资金信息化监管模式实施的智力保障。无论哪行哪业，人才都是事业发展的重要资源和不竭动力，对于信息化建设更是如此，特别是财政信息化建设，业务与技术高度结合，需要既通晓财政业务流程，又精通信息技术的复合型人才，这对我们进行人才的引进和培养提出了更高的要求。对财政业务及信息技术都很精通的复合型人才长期匮乏，一直是制约地方各级政府，特别是市县两级财政信息化建设发展的主要因素。因此，培养高素质的信息专业人才已成为实施财政专项资金信息化监管战略成功的关键因素。

在信息化专业人才的引进方面，要始终坚持以人为本，建立有利于人才成长的用人机制，科学设置岗位，尽可能地创造良好的环境，吸引人才，留住人才。各地区应充分利用调整和优化人员结构的机会，选拔一批高素质的信息专业人才充实到各级政府部门，切实解决地方政府在推进信息化建设中"人才短缺"问题，实现技术管理和二次开发的部门化、本地化。同时，不断加大对政府各职能监管部门工作人员，特别是部门领导的信息知识和能力的培训力度，坚持分类培训、实用先行、循序渐进的培训原则，开展有计划、有步骤、分层次、多渠道的培训工作，促进我国各级政府信息化应用水平的整体提高。

第三章 财政专项资金绩效审计理论与完善思路

近年来，我国在财政体制、预算管理等方面进行了大量的卓有成效的改革，财政审计面临的环境发生了深刻变化。与任何事物一样，财政审计的发展必须植根于一定的经济社会环境并要应其变化而做相应调整。因此，了解和熟悉财政审计环境具有重要意义。1994年颁布的审计法，是新中国财政审计发展的分水岭和里程碑。审计法明确规定：审计署和地方各级审计机关在本级政府首长领导下，对本级预算执行情况进行审计监督；实行审计结果报告和审计工作报告制度。由此开创的"财政同级审"和"两个报告"制度，使财政审计驶入了民主监督的轨道，标志着财政审计开始真正全面履行宪法所赋予的职责。审计法颁布实施以来，财政审计作为国家审计的永恒主题和法定职责，在严肃财经纪律、规范预算管理、促进财税改革、推动完善国家治理等方面发挥了积极作用，取得了明显成效，较好地适应并促进了外部环境的发展。财政审计与财政体制、预算管理等外部环境之间形成了相互促进、共同发展的良性互动局面。为此，本章归纳了财政体制、预算管理、资金管理的演变与发展概况，在此基础上对财政专项资金绩效审计及其相关理论做了深入分析，并简要分析了财政专项资金审计完善的思路。

第一节 财政审计环境的演变与发展

一、财政体制的演变与发展

财政体制是处理一国各级政府间财政关系的基本制度，其核心是各级政府预算收支范围和管理权限的划分以及相互间的制衡关系。设定科学合理的财政体制不仅是一个重大的经济问题，更是一个重大的政治问题。新中国成立以来，我国的财政体制随着政治环境和经济条件的变化，经历了多次调整。

（一）1993年之前的财政体制概况

总体来看，1993年之前的财政体制可以划分为两个阶段：一是1950—1979年的"统收统支"阶段，二是1980—1993年的"分级包干"阶段。

1. 统收统支阶段（1950—1979年）

（1）高度集中，统收统支（1950—1952年）。新中国成立之初，国民经济支离破碎，国家财政处于分散管理、分散经营、收支脱节的状况。为了尽快平衡财政收支，稳定市场物价，安定人民生活，政务院发布了《关于统一国家经济工作的决定》《关于统一管理1950年度财政收支的决定》等文件，财经工作从分散管理转向高度集中的统一管理。这一时期的财政体制体现出以下三个特点：一是财政管理权限集中在中央；二是财力集中在中央，除零星收入可抵充地方财政支出外，公粮、关税、盐税等各项收入均归属中央；三是各项财政收支，除地方附加外，全部纳入统一的国家预算。[①]

高度集中、统收统支的财政管理体制，改变了分散管理局面，平衡了财政收支，稳定了市场物价，适应了当时的政治经济形势。这一时期的国防支出占比达38%，具有明显的"战时财政"特征，为军事上消灭残敌、抗美援朝和经济上恢复生产提供了有力保障。

（2）统一领导，分级管理（1953—1979年）。1953年，我国进入大规模经济建设时期，财政状况逐步好转。在此形势下，国家将高度集中的"统收统支"财政体制改为"统一领导、分级管理"：一方面，加强中央的统一领导和统一计划，集中资金保证重点建设；另一方面，逐步扩大地方权限，充分调动地方组织收入、节约支出的积极性。1953—1979年的26年里，财政体制在具体的管理方法上有过多次调整：1953—1957年实行的是"分级管理，收入分类分成"办法。1958—1960年实行的是"以收定支，五年不变"办法。1961—1965年实行的是"全国一盘棋"办法。1966—1976年，财政管理处于混乱局面，变动则更为频繁，有过短暂的"统收统支"，也有过"大下放""大包干"，中央财政有收有放，但总体上仍执行"统一领导、分级管理"的体制。

总的来看，这一时期的财政体制是在中央统一政策、统一计划和统一制度的前提下，实行分级管理，财政管理"统收统支"的特征始终存在，使地方政府难以构成一级独立的预算主体，不利于发挥地方政府的积极性。

---

① 审计署财政审计司：《财政审计》，中国时代经济出版社2015年版。

2. 分级包干阶段（1980—1993年）

改革开放后，财政体制开始实行以放权让利为特征的改革，即财政包干体制。包干体制在划分收支的基础上，采取分级包干、自求平衡、分灶吃饭的办法。这一体制经历了1980年、1985年和1988年的三次重大改革与调整。1988年的财政包干办法，规定对全国37个地区分别实行收入递增包干、总额分成、总额分成加增长分成、上解递增包干、定额上解、定额补助六种不同形式的财政包干办法。

（1）收入递增包干。即以1987年决算收入和地方应得的支出财力为基数，参照各地近几年的收入增长情况，确定地方收入递增率（环比）和留成、上解比例。每年地方达到收入递增率，按确定的留成、上解比例在中央与地方之间分成；超过递增率的收入，全部留给地方；地方收入达不到递增率影响上解中央的收入，由地方用自有财力补足。

（2）总额分成。根据前两年的财政收支情况，核定收支基数，以地方支出占总收入的比重，确定地方的分成和上解中央比例。

（3）总额分成加增长分成。这种办法是在上述"总额分成"办法的基础上，收入比上年增长的部分，另加分成比例，即每年以上年实际收入为基数，基数部分按总额分成比例分成，增长部分除按总额分成比例分成外，另加"增长分成"比例，让地方从增收中得到更多好处。

（4）上解额递增包干。以1987年上解中央的收入为基数，每年按照一定比例递增上解。

（5）定额上解。按原核定收支基数，收大于支部分，确定固定上解数额。

（6）定额补助。根据原来核定的收支基数，支大于收的部分，由中央按固定数额进行补助。

1980—1993年期间实行的分灶吃饭、财政包干体制，使得地方预算初步成为责、权、利相结合的分配主体，调动了地方政府当家理财和发展地区经济的积极性，促进了各地的经济建设和事业发展。但是，分灶吃饭、财政包干也暴露出了以下弊端：一是财政体制不统一、不规范、不公平、不稳定，具有强烈的"摸着石头过河"的特征；二是保基数、保地方既得利益的倾向过重，地方预算外收入急剧膨胀，逐渐削弱了中央政府财力，影响了中央政府的宏观调控能力；三是地方政府为提高当地财力普遍实行地方保护、地方封锁，不利于在全国范围内形成统一大市场。

（二）分税制财政管理体制的建立与发展

党的十四届三中全会确立了市场经济目标模式，客观上要求建立与之相适应的财政体制。当时财政体制改革面临着一个很现实的巨大压力：中央财力困难。20 世纪 90 年代初，财政包干体制实际上陷入了无路可走、难以为继的状态，中央财政多次向地方和央行借款。1992 年，财政部选择天津、辽宁、沈阳等九个地区进行了分税制财政管理体制改革试点。1993 年 12 月，国务院发布《关于实行分税制财政管理体制的决定》，决定从 1994 年起改革地方财政包干体制，对各省、自治区、直辖市以及计划单列市实行分税制财政管理体制。这次改革的主要内容如下：

1. 中央与地方的支出划分

中央财政主要承担国家安全、外交和中央国家机关运转所需经费，调整国民经济结构、协调地区发展、实施宏观调控所必需的支出以及由中央直接管理的事业发展支出。地方财政主要承担本地区政权机关运转所需支出以及本地区经济、事业发展所需支出。

2. 中央与地方的收入划分

改革推出之后，税种数量从原来的 37 种减并到 23 种，中央与地方不再按企业的行政隶属关系划分财政收入。根据事权与财权相结合的原则，按税种划分中央收入和地方收入。将维护国家权益、实施宏观调控所必需的税种划分为中央税；将同经济发展直接相关的主要税种划分为中央与地方共享税；将适合地方征管的税种划分为地方税，充实地方税税种，增加地方税收入。分设中央与地方两套税务机构，中央税务机构征收中央税与共享税，地方税务机构征收地方税。

（1）1994 年的收入划分情况。中央固定收入包括：关税，海关代征的消费税和增值税，消费税，中央企业所得税，非银行金融企业所得税，铁道、各银行总行、保险总公司等部门集中缴纳的收入（包括营业税、所得税、利润和城市维护建设税），中央企业上缴利润等收入。外贸企业出口退税，除 1993 年地方实际负担的 20% 部分列入地方财政上缴中央基数外，以后发生的出口退税全部由中央财政负担。

地方固定收入包括：营业税（不含铁道部门、各银行总行、各保险总公司集中缴纳的营业税），地方企业所得税（不含上述地方银行和外资银行及非银行金融企业所得税），地方企业上缴利润，个人所得税，城镇土地使用税，固定资产投资方向调节税，城市维护建设税（不含铁道部门、各银行总行、各保险总公司集中缴纳的部分），房产税，车船使用税，印花税，屠宰税，农牧业税，农业特产税，耕地占用税，契税，国有土地有偿使用收入。

中央与地方共享收入包括：增值税，资源税，证券交易（印花）税。

（2）1994 年后收入划分的主要调整：①证券交易（印花）税的分享比例进行了多次

调整，2002 年调整为中央 97%，地方 3%。②2002 年的所得税分享改革。从 2002 年开始，改革原来按企业行政隶属关系划分所得税收入的办法，对企业所得税和个人所得税收入实行中央和地方按比例分享。2002 年中央分享 50%，地方分享 50%；2003 年中央分享 60%，地方分享 40%。中央财政因所得税分享改革增加的收入全部用于对地方的一般性转移支付。③2004 年对出口退税机制进行改革。从 2004 年开始，出口退税由中央和地方共同负担，以 2003 年出口退税实退指标为基数，对超基数部分的应退税额，由中央与地方按 75∶25 的比例分别承担。2005 年起，中央和地方的分担比例改为 92.5∶7.5。

3. 中央财政对地方财政的税收返还

为了保护既得利益，当时采取了"维持存量、调整增量"以逐步达到改革目标的方针，为此制定了中央对地方增值税、消费税的返还办法。

除两税返还外，1994 年以后又增加了所得税基数返还、成品油价格和税费改革税收返还、出口退税超基数返还等其他税收返还。

4. 原体制中央补助、地方上解及有关结算事项

从 1995 年起，凡实行递增上解的地区，一律取消递增上解，改为按各地区 1994 年的实际上解额实行定额上解。原来中央拨给地方的各项专款，该下拨的继续下拨。地方承担的出口退税以及其他年度的上解和补助项目相抵后，确定一个数额，作为一般上解或补助处理，以后年度按此定额结算。

1994 年的分税制改革是新中国成立以来改革力度最大、范围最广、影响最为深远的一次财税制度创新，是我国财政体制的一次重大调整。分税制改革在处理政府和企业、中央与地方的基本关系上取得了里程碑式的突破，改革从行政性分权迈向了经济性分权。

通过 1994 年的分税制改革，我国基本上建立起了适应社会主义市场经济发展要求的财政体制框架。由于是渐进式改革，一些具体措施带有较为浓重的过渡色彩，但总体来看，分税制改革的历史功绩毋庸置疑。最近几年，出现了对分税制财政体制的批评，应该认识到，这并不是分税制这一基本制度出了问题，而是改革并未完成，分税制的目标没有推进到位。如何深化改革、进一步改善体制框架，才是我们下一步要考虑的重点和战略性问题。

（三）中央财政转移支付制度的完善与发展

政府间转移支付制度是分税制财政体制和分级预算管理体制的重要组成部分，是均衡各级政府收支规模不对称的预算调节制度。中央财政转移支付是世界各国缩小区域经济发

展差距、实现中央特定政策目标的重要工具。1994年实行分税制改革后，为解决地方财力不平衡、公共服务差异大等问题，我国开始试行中央财政转移支付制度。目前，中央对地方的转移支付方式可分为三类：税收返还、一般转移支付和专项转移支付。

1. 税收返还

现行中央对地方税收返还包括：①增值税、消费税返还（即"两税返还"）；②所得税基数返还；③成品油价格和税费改革税收返还。

2009年，为简化中央与地方财政结算关系，将出口退税超基数地方负担部分专项上解等地方上解收入也纳入税收返还，将地方上解与中央对地方税收返还做对冲处理（冲抵返还额），相应取消地方上解中央收入科目。具体包括：出口退税超基数地方负担部分专项上解；体制上解。

2. 一般性转移支付

一般性转移支付是指为弥补财政实力薄弱地区的财力缺口，均衡地区间财力差距，实现地区间基本公共服务能力的均等化，由中央财政安排给地方财政的补助支出。与专项转移支付不同的是，地方政府对一般性转移支付原则上可统筹使用、自主安排。现有的一般性转移支付主要包括：①均衡性转移支付，其中又包括重点生态功能区转移支付、产粮大县奖励资金、县级基本财力保障机制奖补资金、资源枯竭城市转移支付、城乡义务教育补助经费、农村综合改革转移支付；②老少边穷地区转移支付；③成品油税费改革转移支付；④体制结算补助；⑤基层公检司转移支付；⑥基本养老金等转移支付；⑦城乡居民医疗保险等转移支付。

3. 专项转移支付

专项转移支付是指中央财政为实现特定的宏观政策及事业发展战略，以及对委托地方政府代理部分事务或中央地方共同承担事务进行补偿而设立的补助资金，须按规定用途使用。1994年以来，专项转移支付的数量越来越多，规模越来越大，比重越来越高。尽管理论界一再呼吁控制专项转移支付规模，但实际结果与中央要求和人们期盼仍有很大差距。

此外，我国还建立了临时性、突发性的横向转移支付机制。如汶川地震后各省对受灾地区的对口支援和建设。虽然这不是正式性的制度安排，但也属于中央统一组织的一定范围内的财力调配。

（四）省以下财政体制现状与改革动向

省以下财政体制是政府间财政关系的重要组成部分。目前，全国各地尚未形成统一、规范、稳定的省以下财政体制。稍具共性的有两点：一是财权划分大致沿袭了"向上集中"的倾向；二是普遍建立了省对下转移支付制度。

1. 省以下财权划分情况

1994年以来，绝大多数省份以中央分税制改革实践为参照，陆续实行了按税种划分各级政府收入的做法。受经济发展水平、社会环境条件、税源结构差异等因素的影响，各地的收入划分形式多样，差别较大。具有共性的是：税源充足且稳定的大税种一般由省与市县按比例分享，省市两级的分成比例普遍较高。

2. 省对下一般性转移支付情况

目前，全国31个省、自治区、直辖市都建立了省对下一般性转移支付制度。省对下一般性转移支付主要包括均衡性转移支付、调整工资转移支付、农村税费改革转移支付、政策性转移支付、激励性转移支付等。其中，均衡性转移支付、调整工资转移支付和农村税费改革转移支付是省对下一般性转移支付的主要类型，不仅在规模上占主体地位，而且在各省也普遍存在。

3. 省对下专项转移支付整合情况

除一般性转移支付外，省级政府对下级政府还存在数量繁多的专项资金。针对专项资金种类过多、交叉重复的问题，各地近年来积极探索专项资金整合。主要方式包括：一是严格控制新增专项；二是撤销设置时间过长、资金用途已发生变化的专项；三是归并性质相近的中央、省级专项资金；四是以规划为基础，在不改变资金管理权限的情况下，对部门之间的项目资金进行统筹安排；五是按照下放权力和责任的原则试行专款切块到市县改革。

4. 省以下财政体制改革存在的问题与改革动向

现实中，各地不同程度地出现了财力向省、市两级集中的倾向。为了缓解基层财政困难，促进县域经济的发展，中央财政自2007年以来多次强调保障县级财力，引导一些地方积极探索了乡财县管、省直管县改革。总的来看，这些举措多属局部推进做法，省以下财政体制改革仍面临许多亟待破解的难题。

（1）省以下财政体制改革存在的主要问题：①财权管理与行政管理不匹配。省直管县、乡财县管改革的实质是县级财政扩权，有利于县域经济的发展。但是，财政省直管县或乡财县管模式与现行"五级政府"的行政管理体制不匹配。仅靠财政改革，很难从根本上解决地方政府正常运行中存在的一系列问题。②地方财政缺少相应的自主权。分税制财政体制下，地方财政是相对独立的。在运行中，地方财政出现盈余或赤字都是正常的。弥补赤字需要发行地方债。2015年以前，地方政府不能正式发行地方债。这种状况扭曲了地方政府的经济行为，导致地方政府绕路举债，催生了"土地财政"，加大了财政风险。

（2）省以下财政体制改革动向：首先，省以下财政体制改革的目标应定位为有效地提供地方性公共服务；其次，应按照财权与事权相匹配、可用财力与支出责任相适应的原则，重新规范中央与省级财政关系，进而规范省以下财政体制；第三，应择机进行行政区划调整和行政管理体制改革，为省以下财政体制建设提供强有力的制度支持。

二、政府预算管理的演变与发展

现代财政制度的建立始于英国，其标志是预算制度的建立。预算制度是对财权控制、制约、约束的产物，其产生与英国的议会制度有着直接的历史渊源。我国的预算制度起步较晚，从其演变过程来看，可以大致分为两个阶段，即1979年至1993年的国家预算恢复强化阶段和1994年至今的公共预算建设阶段。

（一）传统国家预算制度的恢复、强化与不足

从1979年开始，我国正式恢复了年度国家预算的编制、报告、审批和决算制度，并一直延续至今。预算制度的恢复最初是拨乱反正、恢复经济秩序的需要，实际上也是恢复并实行传统国民经济计划的需要。它使政府活动和国家财力分配纳入国家计划，从而恢复了国民经济计划和国家财政的联系，即传统的"计划定盘子，财政拿票子"。预算报告、审批制度的恢复使政府行为，特别是政府的经济行为纳入各级人民代表大会的监督视野，既使国家预算恢复了法制程序，又使国家财力分配具备了相应的法律要求。这种预算管理模式是在特定历史条件下形成的，与其所处历史阶段的行政管理体制和财政制度体系是相适应的，但随着我国政府职能的转换、市场经济体制的确立和财政改革的深化，原有的预算编制管理模式显现出了诸多弊端：

1. 预算编制范围窄，覆盖不完整

当时的预算编制和管理范围仅限于预算内资金，各项预算外资金、政府性基金等，基本上由部门和单位自主安排收支。这种预算编制方法覆盖面窄，财政难以对预算外资金实施有效监管。

2. 预算编制较粗放，内容不细化

在当时的预算管理模式下，各项支出预算的管理大部分采取切块归口管理的方式，预算资金在年度预算开始执行时没有全部安排到部门和具体项目，预算内容不够具体，支出

也不够细化。

3. 预算编制简单，方法不科学

当时的预算编制采用"基数加增长"的方式。在收入预算方面，强调收入增长与国内生产总值增长相适应，根据税收指标确定。在支出预算方面，则以上年度的实际支出数为基础，考虑下年度国民经济和社会发展计划、财政收入状况等影响支出的因素，对不同的支出确定一个增长比例，固化了财政资金的分配格局。

4. 预算编制时间短，程序不规范

当时的预算管理模式下，每年正式编制预算是从上年 11 月开始，整个预算编制过程一般不超过 4 个月。这种预算安排上的不合理，导致预算收支的各项内容缺乏充分论证，预算程序简化，财政部门往往被迫层层代编预算，难以保证预算编制及时、准确、全面地反映各级预算单位的实际需求情况。

（二）公共预算管理机制的建立与发展

1994 年颁布的《中华人民共和国预算法》，是我国预算制度改革的标志，传统的国家预算模式由此逐渐走向政府公共预算。1996 年之后，党中央和国务院高度重视预算外资金管理，要求逐步提高预算的完整性水平，财政部门据此确定了相关的管理制度。1999 年，全国人民代表大会常务委员会和审计署都对改进和规范中央预算编制工作提出了明确意见："要严格执行预算法，及时批复预算""要细化报送全国人民代表大会审查批准的预算草案的内容，增加透明度""报送内容应增加对中央各部门支出、中央补助有地方的支出和重点项目的支出等"。全国人民代表大会预算工作委员会要求财政部 2000 年在向全国人民代表大会提交中央预算草案时，提供中央各部门的预算收支等情况，报送部门预算。

在上述因素的推动下，财政部于 1999 年 7 月向国务院报送了《关于落实全国人大常委会意见改进和规范预算管理工作的请示》，提出了细化预算编制，实施部门预算改革的构想。经国务院批准，财政部提出了《关于改进 2000 年中央预算编制的意见》，决定从 2000 年财政年度开始，推行中央部门预算改革试点。其主要内容有：

（1）改革预算编制形式，实现了"一个部门一本预算"。部门预算改变了传统功能预算按经费的功能分类编制多本预算的做法，将一个部门所有的收入和支出都按照统一规定的编报程序、编报格式、编报内容和编报时间编制成一本预算，全面反映该部门或单位各项资金的来源、使用方向和具体使用内容，增强了预算的完整性和统一性。

（2）改革预算编制方法，建立新型预算分配机制。可以实行的预算方法有：

①实行零基预算。部门预算打破了传统的"基数法"预算编制方法,将部门所有支出划分为基本支出和项目支出。其中,基本支出预算主要采取定员、定额管理方式;项目支出预算,采取项目库管理方式,按照项目重要程度和缓急程度,使项目经费安排与部门的行政工作计划、事业发展规划以及年度工作重点紧密结合,分配方法逐步向"零基预算"转变。

②初步实现综合预算。部门预算改变了传统预算只反映预算内收支,大量预算外资金只报账甚至不报账的粗放管理方式,采取综合预算编制方法。通过深化"收支两条线"改革,逐步将一个部门的各项预算外资金收支、政府性基金收支、经营收支以及其他收支都按照统一的编报内容和形式在一本预算中反映。

③细化预算。细化预算是部门预算的基本特征之一。细化预算,就是要求财政部门和中央部门减少代编预算,将基本支出预算和项目支出预算编制和批复到具体的预算主体和项目。在预算执行时,逐步做到按细化的预算作为国库拨款依据,凡是未按要求细化的支出,一律不得拨款。

改革预算编制方式,实行"自下而上"逐级编制。与传统功能预算"自上而下"的编制方式不同,部门预算采取"自下而上"的编制方式,中央各部门的预算从基层预算单位编起,逐级汇总,进一步延伸预算层次,减少上级代编预算。

改革预算编制程序,提高预算管理的规范性。改革后,为规范部门预算管理程序,制定和完善了《中央部门预算编制规程》(即"二上二下"编制规程),规定了预算编制、执行、调整的时间安排、具体职责、职责权限等,明确了部门和财政部、人民代表大会、审计以及财政部内部各部门司、主体司和预算司在部门预算测算和审核过程中的职责及工作程序。同时,延长了预算编制时间。2008年,预算编制周期由改革前的4个月延长到了9个月。

在预算管理机制方面,2015年实施的新预算法出现了一些新的重大变化。如在严格控制风险的前提下有限度地放行了地方政府举债;明确提出建立跨年度预算平衡机制;对厉行节约、硬化支出预算约束做出严格规定,明确要求严控机关运行经费和楼堂馆所等基本建设支出等。

公共预算改革成效与当前存在的主要问题。与部门预算改革同步推进的还有国库集中收付制度、政府采购制度的建立,这三者被称为公共预算改革的"三驾马车"。这场公共预算改革显著提高了政府的预算能力,在更加有效地发挥财政职能作用、调整和优化财政支出结构、促进提高预算管理的完整性、规范性、科学性、有效性和透明度等方面,取得了显著的阶段性成效。但是，这场改革还没有彻底完成，目前仍存在一些亟待解决的问题：一是预算编制不够科学，预算刚性不足；二是预算分配过程中缺少公开、透明、有效的权力制衡机制；三是政府采购、国库集中支付监督约束不足，滋生了集中腐败、集中浪费现象。

（三）全口径政府预算管理体系的建立与完善

伴随着政府职能的扩展，政府收支活动的复杂性日益增强，对传统预算原则形成了挑战。政府收支未能全部纳入预算，以及纳入预算的政府收支并非都受到了同样严格的预算管理和监控，这两大问题长期存在于政府收支预算管理之中，成为完善我国政府预算体系的桎梏。

1. 复式预算的提出

建立复式预算，是党的十四届三中全会提出的，后来又被写入了预算法。但是，多年过去了，真正的复式预算仍然没有建立起来。目前，政府性基金预算已经比较细致，国有资本经营预算相对完整，社会保险基金预算体系相对完善。

2. 全口径政府预算管理体系建设

2003年10月，党的十六届三中全会所通过的《中共中央关于完善社会主义市场经济体制若干问题的决定》中，提出了"实行全口径预算"，积极构建公共财政体制框架并致力于将所有政府收支纳入预算管理，旨在以规范政府收支为突破，进而重构政府预算体系。即构建从涵盖所有政府收支项目的预算报表体系，到预算法律制度规范、预算会计体系、预算权配置、预算管理的范围、预算管理模式及预算报告体系等要素在内的系统工程。近年来，为了进一步加强对各政府部门资金，尤其是预算外资金的管理，国务院及财政部推出了部门预算改革、政府收支分类改革、国库集中支付等一系列预算管理改革措施。全国及地方人民代表大会也推出了对政府收支加强立法监督和控制的多项改革措施。政府预算体系以"全口径预算"为突破口已具雏形。2015年实施的新预算法规定，预算包括一般公共预算、政府性基金预算、国有资本经营预算、社会保险基金预算；一般公共预算、政府性基金预算、国有资本经营预算、社会保险基金预算应当保持完整、独立；政府性基金预算、国有资本经营预算、社会保险基金预算应当与一般公共预算相衔接。

然而，脱胎于计划经济体制、行政主导的"全能型"政府，在逐步向"有限型"政府的过渡过程中，政府预算体系的完善还面临着许多难点。如何合理界定政府收支范围；如何合理匹配地方政府财力与事权；如何健全政府各部门监督和问责机制；如何对政府基于所有权产生的各种复杂而多样的政府收支行为进行有效预算控制等问题，依然严重制约着"全口径预算"的实现，掣肘了政府预算体系的完善。

构建完整政府预算体系的首要目标是实现预算完整性，从而为财政管理制度运行提供基本平台。为此，应废除各级政府和部门的"经费自筹"和"创收"制度，使其只能通过财政获得收入，并从事预算法案通过的活动。这样有利于切断行政、执法活动同其经费供给之间的直接联系，从而有助于厘清政府职能和建立财政问责机制。

（四）政府会计改革与财务报告制度的构建

1. 现行政府会计的基本框架

目前，我国还没有建立真正意义的政府会计制度。"政府会计"一般指的是我国现行的预算会计。预算会计是以预算（政府预算和单位预算）管理为中心，以经济和社会事业发展为目的，以预算收支核算为重点，用于核算社会再生产过程中属于分配领域中的各级政府部门、行政单位、非营利组织预算资金运动过程和结果的会计体系。

我国的预算会计分为财政总预算会计和单位预算会计。财政总预算会计是指各级政府财政部门核算、反映、监督政府预算执行和财政周转金等各项财政性资金活动的会计。单位预算会计是指执行单位预算，办理单位预算收支的会计。同时按其单位性质的不同又可分为行政单位会计和事业单位会计。现行的预算会计主要是"追踪拨款和拨款使用"的核算体系，缺乏对整个支出环节的监督，从而导致财政资金使用效率不高。

2. 政府会计改革动态与财务报告制度的构建

2001年以来，财政部对现行预算会计制度进行了改进。一是为适应财政国库管理制度改革引起的支付方式变化，发布《财政国库管理制度改革试点会计核算暂行办法》等文件，以满足集中支付改革对会计核算的需求；二是随着财政国库管理制度改革的深化，适时对财政总预算会计部分事项，以及行政单位、事业单位和国有建设单位年底应支未支留存国库的结余资金的会计核算实行了权责发生制；三是为加强政府会计统计基础建设，2007年实施了政府收支分类改革，主要内容包括对政府收入进行统一分类、建立新的政府支出功能分类体系和新型支出经济分类体系等；四是为适应实施国债余额管理、试行国有资本经营预算、建立预算稳定调节基金及政府收支分类改革的需要，对现行《财政总预算会计制度》《预算外资金财政专户会计核算制度》《行政单位会计制度》《事业单位会计制度》等进行了相应的修订完善；五是为适应工资和津补贴改革的需求，改进了现行行政事业会计制度，使之能够全面准确集中核算单位向职工个人发放的工资津补贴及其他个人收入情况。

由于现行预算会计制度还难以适应和促进公共财政改革要求，我国在《国民经济和社会发展第十一个五年规划纲要》《国民经济和社会发展第十二个五年规划纲要》中，已明确要求推进政府会计改革。党的十八届三中全会明确提出了逐步建立"权责发生制的政府综合财务报告制度"的要求。未来，我国政府会计的内容至少应包括三部分：即政府财务报告制度、政府会计准则体系和政府会计制度体系。而且应具备以下特征：一是政府单位执行统一规范的政府会计准则和会计制度；二是实行政府财务报告制度；三是提供科学有效的政府会计信息。这些信息将有利于立法机关对政府的监督，有利于强化政府的会计责任，有利于政府自身的科学民主决策，有利于推进宏观经济管理。

三、财政资金管理的演变与发展

一般来说，财政资金管理属于预算管理的范畴，与国库制度直接相关。国库经常被理解成"政府的财政出纳机关"。实际上，现代国库的职能已经扩展到了政府公共财政管理的各个方面。从功能上看，国库是一种重要的预算执行事中和事后的控制机制，它通过发挥以下两个基本功能确保花好纳税人的钱：监控预算执行过程；管理政府的现金资源。

（一）2000年之前的财政资金管理模式

2000年之前，中国一直实行源自苏联的分散式国库管理模式，主要特征是政府银行账目、现金余额、支付机制和信息处理的分散化（由各支出机构掌管），缺乏代表政府整体的国库部门集中管理国库事务。20世纪80至90年代，为减轻财政支出压力，我国出台了"收支挂钩"政策，鼓励执收执罚部门自谋财源、自收自支。这是财政资金管理史上的一个深刻教训，其负面影响至今未能彻底消除。这一时期的财政资金收支管理较为混乱，存储财政性资金的地方大致可以划分为四大类：一是国库，即财政代表政府在央行设立的国家金库；二是财政专户，即财政部门为核算具有专门用途的资金，在商业银行及其他金融机构开设的资金账户；三是预算外资金账户，即公安、教育等执收执罚部门在商业银行及其他金融机构开设的资金账户；四是制度外账户，即各单位在预算外资金账户之外，违规设立的"账外账"。

在上述财政资金管理模式下，各支出单位在商业银行开立账户，财政收入的许多项目由征收部门设立过渡账户收缴，收入退库不规范，常被一些部门和单位滥用；大量预算外收支、制度外收支未纳入国库和预算管理，财政资金极为分散；在支出方面则缺乏专门的机构负责支付管理，财政资金通过部门和支出单位各自开设的多重账户进行分散拨付，中间环节多，资金大量沉淀。① 这一时期的财政纪律较为松弛，财政资金沉淀、流失、挪用、截留、挤占等问题比较普遍。

实际上，即便没有特殊的"预算外收支"现象，分散式国库管理模式仍存在诸多不能适应现代财政管理的弊端。在这种模式下，财政部门将预算确定的各部门和各单位支出总额，按期拨付到其在银行开立的账户，由各单位自行使用。资金一旦拨付给部门和单位，就脱离了财政监督，各种克扣、截留、挪用现象无法控制，从而成为导致腐败现象的一个重要原因。由于资金大量沉淀，财政部门在进行资金调度时，还要额外增发国债，增加了资金成本。此外，财政资金运行信息反馈迟缓，难以及时、准确地为预算编制、执行分析以及宏观经济调控提供决策参数。

（二）国库集中收付制度的建立与发展

国库集中收付制度一般也称为国库单一账户体系制度，包括国库集中支付制度和收入收缴管理制度，是指由财政部门代表政府设置国库单一账户体系，所有的财政性资金均纳入国库单一账户体系收缴、支付和管理的制度。2001年3月16日，财政部、中国人民银行发布《财政国库制度改革试点方案》，明确提出：我国财政国库管理制度改革的目标是建立以国库单一账户体系为基础、资金缴拨以国库集中收付为主要形式的财政国库管理制度。2001年12月10日，国务院办公厅转发《财政部关于深化收支两条线改革进一步加强财政管理意见的通知》，要求推进和加强政府收费和罚没收入"收支两条线"的管理工作，将各部门的预算外收入全部纳入财政专户管理，有条件的纳入预算管理，任何部门不得"坐收""坐支"。2002年，财政部和中国人民银行联合印发《中央单位财政国库管理制度改革试点资金支付管理办法》，深入推进了国库集中收付制度改革，其主要内容有：

1. 建立国库单一账户体系

国库单一账户体系，是指以财政国库存款账户为核心的各类财政性资金账户的集合，所有财政性资金的收入、支付、存储及资金清算活动均在该账户体系运行。

（1）财政部门在中国人民银行开设的国库单一账户，简称国库单一账户。该账户用于记录、核算和反映财政预算资金和纳入预算管理的政府性基金的收入和支出。代理银行应当按日将支付的财政预算内资金和纳入预算管理的政府性基金与国库单一账户进行清算。

---

① 审计署财政审计司：《财政审计》，中国时代经济出版社2015年版。

国库单一账户在财政总预算会计中使用,行政单位和事业单位会计中不设置该账户。

（2）财政部门在商业银行开设的零余额账户,简称财政部门零余额账户。该账户用于财政直接支付与国库单一账户清算。该账户每日发生的支付,于当日营业终了前与国库单一账户清算;营业中单笔支付额在5000万元人民币（含5000万元）以上的,应当及时与国库单一账户清算。财政部门零余额账户在国库会计中使用。

（3）财政部门在商业银行为预算单位开设的零余额账户,简称预算单位零余额账户。该账户用于财政授权支付和清算。该账户每日发生的支付,于当日营业终了前由代理银行在财政部门批准的用款额度内与国库单一账户清算;营业中单笔支付额在5000万元人民币（含5000万元）以上的,应及时与国库单一账户清算。预算单位零余额账户可以办理转账、提取现金等结算业务,可以向本单位按账户管理规定保留的相应账户划拨工会经费、住房公积金及提租补贴,以及经财政部门批准的特殊款项,但不得向本单位其他账户和上级主管单位、所属下级单位账户划拨资金。预算单位零余额账户在行政单位和事业单位会计中使用。

（4）财政专户。包括财政部门在商业银行开设的财政专户,以及财政部门为预算单位在商业银行开设的财政专户,主要用于记录、核算和反映有特定范围的收入、支出活动。根据《关于进一步加强和规范财政资金管理的通知》《关于清理整顿地方财政专户的通知》等文件,财政专户应归口财政国库部门统一管理。

（5）经国务院或国务院授权财政部门批准为预算单位在商业银行开设的特殊专户,简称特设专户。该专户用于记录、核算和反映预算单位的特殊专项支出活动,并用于与国库单一账户清算,由按规定申请设置了特设专户的预算单位使用。

2. 规范收入收缴方式和程序

（1）收缴方式。集中收付管理制度将分散式管理模式原有的就地缴库、集中缴库和自收汇缴三种缴库方式简并为直接缴库和集中汇缴两种方式。直接缴库,是指由缴款单位或缴款人按有关法律法规规定,直接将应缴收入缴入国库单一账户或预算外资金财政专户;集中汇缴,是指由征收机关（有关法定单位）按有关法律规定,将所收的应缴收入汇总缴入国库单一账户或预算外资金财政专户。

（2）收缴程序。①直接缴库程序：直接缴库的税收收入,由纳税人或税务代理人提出纳税申报,经征收机关审核无误后,由纳税人通过开户银行将税款缴入国库单一账户。直接缴库的其他收入,比照上述程序缴入国库单一账户或预算外资金财政专户；②集中汇缴程序：小额零散税收和法律另有规定的应缴收入,由征收机关于收缴收入的当日汇总缴入国库单一账户。非税收入中的现金缴款，比照上述程序缴入国库单一账户或预算外资金财政专户。

3. 财政支出支付方式和程序

财政性资金的支付实行国库集中支付，包括财政直接支付和财政授权支付两种方式。

（1）财政支出支付方式：①财政直接支付，是指由财政部门向中国人民银行和代理银行签发支付指令，代理银行根据支付指令通过国库单一账户体系将资金直接支付到收款人（即商品或劳务的供应商等）或用款单位（即具体申请和使用财政性资金的预算单位）账户。②财政授权支付，是指预算单位按照财政部门的授权，自行向代理银行签发支付指令，代理银行根据支付指令，在财政部门批准的预算单位的用款额度内，通过国库单一账户体系将资金支付到收款人账户。

（2）财政支出支付程序。①财政直接支付程序。预算单位实行财政直接支付的财政性资金包括工资支出、工程采购支出、物品和服务采购支出。财政直接支付的申请由一级预算单位汇总，填写《财政直接支付汇总申请书》，报财政部门国库支付执行机构，财政部门国库支付执行机构审核一级预算单位提出的支付申请无误后，开具《财政直接支付汇总清算额度通知单》和"财政直接支付凭证"，经财政部门国库管理机构加盖印章签发后，分别送中国人民银行和代理银行。代理银行根据"财政直接支付凭证"及时将资金直接支付给收款人或用款单位。②财政授权支付程序。该程序适用于未纳入工资支出、工程采购支出、物品和服务采购支出管理的购买支出和零星支出。财政部门根据批准的一级预算单位用款计划中月度授权支付额度，每月 25 日前以《财政授权支付汇总清算额度通知单》《财政授权支付额度通知单》的形式分别通知中国人民银行、代理银行。代理银行在收到财政部门下达的《财政授权支付额度通知单》时，向相关预算单位发出《财政授权支付额度到账通知书》。基层预算单位凭据《财政授权支付额度到账通知书》所确定的额度支用资金；代理银行凭据《财政授权支付额度通知单》受理预算单位财政授权支付业务，控制预算单位的支付金额，并与国库单一账户进行资金清算。预算单位支用授权额度时，填制财政部门统一制定的"财政授权支付凭证"送代理银行；代理银行根据"财政授权支付凭证"，通过零余额账户办理资金支付。

（三）国库现金管理的兴起与发展

国库现金管理就是在确保国库资金安全完整和财政支出需要的前提下，对国库现金进行包括商业银行定期存款、买回国债、国债逆回购等运作管理，实现国库闲置现金余额最小化、投资收益最大化的一系列财政资金管理活动，是现代国库的一项重要职能。

1. 国库现金管理的兴起

2005年，国务院正式批准财政部开展中央国库现金管理，并规定在国库现金管理初期，主要采取商业银行定期存款和买回国债两种方式实施操作。2006年，财政部、中国人民银行联合发布《中央国库现金管理暂行办法》《中央国库现金管理商业银行定期存款业务操作规程》，初步奠定了中央国库现金管理制度框架，并于当年正式开始实施国库现金管理操作，开始形成以商业银行定期存款为主、买回国债等货币市场投资为辅的国库现金管理模式。

目前，我国的国库现金管理在中央已开展起来，一些地方也正在试点探索。中央国库现金管理的操作方式主要是国库现金定期存款，即以利率为标的通过招投标的方式选择商业银行，商业银行以国债为质押从财政部取得定期存款。地方国库现金管理试点仅限于国库余额资金的商业银行转存，以获取资金利息收入。

2. 国库现金管理的积极作用

理论上，开展国库现金管理主要有以下几个方面的积极作用：

（1）可以为经济发展提供更好的政策环境。规范有效的国库现金管理不增加税收负担，又能为财政开辟了新的收入来源，有利于激发政府理财的积极性。作为财政政策与货币政策的联结点，高效的国库现金管理还有利于实现货币政策目标，为经济发展提供更好的政策环境。主要包括：一是发达的国库现金管理体系，有利于增加金融产品的供给和需求，能促进金融市场发展；二是稳定的库底资金余额，可以使财政资金对基础货币的干扰变小，从而避免与央行操作目标相背离的资金投放；三是开展国库现金管理可加强财政部门与央行的合作，促进货币政策与财政政策协调同步，提高政府对宏观经济的调控能力。

（2）有利于加强财政资金的科学管理。作为政府理财的一种新手段，规范有效的国库现金管理有利于提升财政的余额管理和风险管理水平。余额管理方面，在保证安全性、流动性的前提下，通过引入货币"时间价值"原则，使库底资金尽量保持较低余额，可将闲置资金投资于相应的金融产品，从而获取投资收益。风险管理方面，通过细化预算编制、披露政府债务信息、建立完善现金流预测机制等方式，可提前掌控财政资金未来的变化趋势，提高风险应对能力。

（3）有利于国库运行效率提升和政府资产保值增值。随着金融市场、理财能力和信息技术的发展，国库在管理财政资金时可以更方便地调集、运用资金，从而更好地控制预算执行、提高执行效率，更好地盘活闲置资金以实现政府资产的保值增值。从国外的实践来看,一些国家在国库出现临时性的余额不足时,还可通过发行债务、在金融市场上借入资金等方式,弥补资金缺口。2008年,美国政府救助花旗、通用等企业时的临时性筹资,就是采用上述手段。2011年,我国中央国库通过现金管理获取利息收入139亿元,从保值增值的角度来看,具有一定的积极意义。

3. 国库现金管理的潜在风险

国库现金管理涉及金额庞大,对财政管理乃至整个社会经济的影响较大,现行的国库现金定期存款方式可能面临着以下风险:

(1) 可能增加金融市场的系统性风险。国库现金量通常较大,如果过分投资于定期存款领域,容易对金融市场造成较大冲击,造成货币政策的信号失真。此外,国库资金大规模的存取行为,可能会对商业银行短期支付形成一定冲击,在极端情况下甚至可能成为银行支付危机的导火索。

(2) 财政资金的安全性存在隐患。本轮全球金融危机以及发达市场历史上数次经济金融危机表明,商业银行作为经营信用的企业,具有高风险属性与内在不稳定性。这些特性以及可能存在支付危机的连锁反应,决定了定期存款方式并不能完全确保国库资金安全和财政支出需要。

(3) 容易引发"道德风险"问题。以利率为标的选择存款银行,容易诱发因"道德风险"而引致的"逆向选择"和"劣币驱良币"问题。一般而言,资金缺乏、经营不善的银行往往愿意付出更多的利息以获取资金,因此,当在操作方式上仅以利率为标的选择存款银行存在较大风险,处理不当易诱发"道德风险"问题。

(四) 国债管理与地方政府性债务问题

公债是各级政府借债的统称,是政府筹措资金、弥补赤字的一种特殊形式,具有有偿性和自愿性的特征。中央政府的债务称为中央债,目前发行国债是中央政府筹集债务资金的主要方式;地方政府的债务称为地方债。

1. 国债的历史演进

中华人民共和国成立后,为迅速医治战争创伤,恢复国民经济,1950年发行了"人民胜利折实公债"。在1953—1958年第一个五年计划期间,分5次累计发行了34.45亿元的"国家经济建设公债"。

1968年公债全部偿清后,我国出现了一段"既无外债,又无内债"的时期。改革开放后,随着经济体制改革深入和国民收入分配关系调整,1979年和1980年中央财政连续两年出现赤字。为平衡财政预算、改变困难局面，我国决定重新启用国债工具。中央政府从1981年开始恢复内债发行，开始以发行国债的方式筹集财政收入。

2. 国债管理方式的变革与发展

从管理方式的变迁来看，国内债务管理改革大体可以分为发行额管理和余额管理两个阶段。

（1）国债发行额管理阶段（1981—2005年）。为控制国债规模，自1981年恢复内债发行起至2005年，我国一直采用控制国债年度发行额的方式管理国债。每年3月初，财政预算经全国人民代表大会审议批准后，国债发行规模即成为刚性指标，不得突破也不得减少，财政部按照债务预算制订国债年度发行计划。国债发行规模由当年财政赤字和以前年度发行的到期国债本金构成。财政部于3月底将制订完成的发行计划上报国务院，在得到批准后，由财政部具体组织国债发行工作。在每年财政预算报告批准前的第一季度，国债发行额度控制在此期间国债到期还本付息额度内。

采用控制国债年度发行额的方式管理国债规模，与当时我国国民经济的发展状况、筹资规模和市场发育程度相适应。随着国民经济持续快速发展、国债筹资规模的不断扩大和国债市场的逐步完善，国债发行额管理的弊端也逐渐显现：一是不能有效控制和全面反映国债规模及变化情况；二是不利于降低国债筹资成本和国债市场的发展；三是不利于财政政策和货币政策的有效配合。

（2）国债余额管理阶段（2006年至今）。为了适应新形势下国内债务管理的需要，2005年12月，第十届全国人民代表大会常务委员会审议通过了国务院关于实行国债余额管理的建议，决定从2006年开始改国债年度发行额管理为余额管理，实现了国债管理方式的重大变革。

我国国债余额包括中央政府历年财政预算赤字和预算盈余相互冲抵后的赤字累积额、统借统还外债累计额和经全国人民代表大会常务委员会批准发行的特别国债累积额，是中央政府必须偿还的国债价值总额。国债余额管理是指每年全国人民代表大会及其常委会为当年年末国债余额规定的一个限额指标，当年中央政府可在该限额指标内自行决定国债品种结构、期限结构和发债节奏。

国债余额管理制度主要包括以下内容：①在每年向全国人民代表大会做预算报告时，报告当年年度预算赤字和年末国债余额限额，全国人民代表大会予以审批；②在年度预算执行中，如出现特殊情况需要增加年度预算赤字或发行特别国债，由国务院提请全国人民代表大会常务委员会审议批准，相应追加年末国债余额限额；③当年年末国债余额不得突破年末国债余额限额；④国债借新还旧部分由国务院授权财政部自行运作，财政部每半年向全国人大有关专门委员会书面报告一次国债发行兑付情况；⑤每年一季度在中央预算批准以前，由财政部在该季度到期国债还本数额以内合理安排国债发行数额。

实行国债余额管理是提高我国财政透明度的具体措施，有利于加强财政管理和防范财政风险。国债余额管理，既能增强全国人民代表大会及其常委会对政府债务的控制能力，又能增加国务院灵活调整国债品种和期限结构的回旋余地，有利于形成较为合理的国债品种和期限结构，扩大国债投资需求，促进国债顺利发行以及国债市场的发展和完善。

3. 地方政府性债务问题

1994年之前，一些地方政府为了进行公共设施的建设，曾经发行过地方债券。某些地方债券甚至是无息的，被以支援国家建设的名义摊派给各单位。1994年颁布的《中华人民共和国预算法》第二十八条曾明确规定"除法律和国务院另有规定外，地方政府不得发行地方政府债券"。但是，由于财权层层上收而事权层层下移，地方政府支出责任与可用财力之间的矛盾越来越突出。在财政金融体制尚不健全、地方政府融资渠道缺失以及投融资监管约束不足的情况下，地方政府出于发展经济的需要，通过各种方式融通资金、举借债务，普遍突破了预算法的上述规定。

地方政府举债融资的方式主要有以下几种：

（1）地方政府直接的、规范的融资。这些直接的、较为规范的政府债务融资大多数是中央政府规定的融资方式，如国债转贷、国际金融组织贷款、国外贷款、国家农业综合开发贷款、中央代替地方发债等。

（2）通过地方政府的延伸性平台融资。在经营城市的浪潮中，地方政府普遍通过设立城市建设投资公司、国有资本投资管理公司、园区开发建设投资公司等融资平台来获取银行贷款。

（3）通过某些公共部门进行投融资。主要是交通、教育等部门，通过其代理政府行使非税收入权力，利用相关资金（基金、收费和集资等方式）进行投融资。这些利用政府授权管理基金和收费的公共部门，基本上属于行政事业单位，是政府公共职责的组成部分，其投融资资金一方面来自这些部门收取的公共收入（如基金、收费等），另一方面也以收入权为质押向金融机构贷款融资。

此外，还有一些地方的竞争性国有企业投融资平台不同程度地承担着为地方政府公共项目融资的任务。例如通过国有钢铁公司、港务集团公司等国企为地方政府直接融资，或者提供反担保融资等。

地方政府性债务资金在弥补地方财力不足、应对危机和抗击自然灾害、改善民生和生态环境保护、推动地方经济社会发展等方面发挥了积极作用，但在管理上还存在诸多亟须改进的地方：一是举债融资行为不够规范；二是债务收支未全部纳入预算管理，债务监管不到位；三是偿债能力普遍较弱，容易诱发债务危机；四是对土地的依赖程度高，可持续性差。

2013年，审计署又组织力量对全国政府性债务情况进行了全面审计，进一步摸清了全国各级政府性债务家底，揭示了存在的突出问题，反映了债务管理中出现的一些新情况和新问题，提出了加强政府性债务管理、严格限定债务资金投向等建议。此后，国务院出台了关于加强地方政府性债务管理的意见，促进建立了"借、用、还"相统一的地方政府性债务管理机制。2015年实施的新预算法首次赋予了地方政府举债权，并对地方政府债务管理做出了明确规定。主要内容包括：经国务院批准的省、自治区、直辖市的预算中必需的建设投资的部分资金，可以在国务院确定的限额内，通过发行地方政府债券举借债务的方式筹措。举借债务的规模，由国务院报全国人民代表大会或者全国人民代表大会常务委员会批准。省、自治区、直辖市依照国务院下达的限额举借的债务，列入本级预算调整方案，报本级人民代表大会常务委员会批准。举借的债务应当有偿还计划和稳定的偿还资金来源，只能用于公益性资本支出，不得用于经常性支出。除此之外，地方政府及其所属部门不得以任何方式举借债务。除法律另有规定外，地方政府及其所属部门不得为任何单位和个人的债务以任何方式提供担保。国务院建立地方政府债务风险评估和预警机制、应急处置机制以及责任追究制度。

第二节　财政专项资金绩效审计及其相关理论

一、财政专项资金绩效审计的含义

绩效审计的定义一直没有得到统一，也没有官方统一认可的标准。当前较为流行和有一定权威的有两个，一是由美国审计署指定的审计准则，另一个是由世界审计组织发布的实施指南，这两个机构所下定义是当前较为科学、合理、实用性较强的。美国审计署（GAO）认为绩效审计是通过收集证据，对当前项目进行全方位的评价和评估，通过对项目运行、资金流动、发展前景等进行客观分析得出准确、务实、客观的结论。世界审计组织（INTOSAI）所下定义略有不同，它主要从目标角度进行绩效审计。一般是通过独立性检查，对政府或团体、组织的活动、项目的效率和效果反应程度做一客观性结论，目的是促进其健康发展，起到改进改善的良好作用。GAO 从方法论的角度，而 INTOSAI 是从目标的角度进行界定，检查过程，侧重于实际是什么，两者在出发点上也有所不同。① 我国学术界通常从政府审计体系出发，把绩效审计定义为由审计机关对政府及其各隶属部门的经济活动的经济性、效率性、效果性及资金使用效益进行的审计。

而财政专项资金绩效审计主要有两条主线，一是业务活动，二是资金走向。当然，不光关注资金在运行方面的绩效情况，对于资金的配置、管理等方面也要进行关注，而资金主管和使用部门的职责、项目预期目标等情况更要统筹考虑。因此，笔者将研究方向设定为财政专项资金绩效审计，具体的理解定义为审计机关按照一定的标准，运用适当的程序和方法，对资金的运行、使用、管理等情况进行分析、审查，对其产生的效果进行评价，并在提出问题的基础上帮助其改善管理、提高效益。

二、财政专项资金绩效审计的理论基础

（一）新公共管理理论

政府不是营利性机构，有责任、有义务提供公共服务，这在传统的公共管理模式中得以体现。只要能够做到收支平衡，严格按照预算安排进行政府性活动，即可达到目的。而目前新的形势下，这种传统的理论和观点已不能完全适应时代发展的需要。当前，政府职能没有发生根本性转变，但对于财政资金的使用和分配等，有了新的变化，我们通常称之为新公共管理理论。这一理论首先肯定了政府的义务和责任，同时，将公共资源的分配由关注过程向关注结果方向转变。而对于这种转变，需要对政府资金进行绩效审计，以便于监督政府改善资金用途、提高使用效益。② 这种审计活动能够更为有效地扩大评估范围，为政府部门的财政支配和使用提供参考和依据。通过客观的审计信息，管理者可以制定出更为合理、更具优势的政策和计划，对目标任务的实现更有把握，对于预算的制定和执行更为妥当，政府资源能够得以更好地运用运行。针对公共部门的绩效有很多种类，目前具有多样化发展的趋势，有些绩效能够通过经济效益来衡量，有些能够通过社会效益来衡量，因此要综合各类因素进行客观全面的评价，才能准确地反映财政资金使用的真实效益

---

① 王亚晓：《财政专项资金绩效审计及其应用研究》，华东政法大学，2016 年版。
② 王亚晓：《财政专项资金绩效审计及其应用研究》，华东政法大学，2016 年版。

和用途。

(二) 公共受托责任理论

资源占有人将其所占有的资源委托给资源经管人进行管理，两者之间的关系即为受托责任关系。这种关系形成的原因是由于资源占有人自身无法进行有效经营，只能将资源委托他人经营。对于大众和政府而言，大众为资源占有人，政府为资源经管人。通俗来讲，政府是受公众委托来管理国家公共事务的组织，公众是委托人，政府是代理人。而审计执行工作即为大众通过独立的第三方机构来审查、监督和评价政府的履职情况，这也是进行绩效审计的动机和原因。显然公共受托责任关系的双方是大众和政府，大众处于监督和决策的需要，授权或委托独立的第三方机构对政府责任履行情况进行审查和评价。可见，审计机关的职责是服务于大众的，是为了监督和促进政府履行职责而设立的，这也是政府审计的基本原则和根本准则。R. E. 布朗教授和他的团队通过深入调查研究，总结了政府绩效审计工作的基本内涵，他们认为公众需要了解公共资源的基本情况，希望对资金的使用过程和结果有所了解和掌握，而如何通过简单易懂的信息来获取这方面的需求，是绩效审计应运而生的根本因素。

(三) 平衡计分卡理论

平衡计分卡这一名称最早出现在《哈佛商业评论》杂志上，由罗伯特·卡普兰和戴维·诺顿共同提出的，当时两人共同主持了一个研究项目，其总结报告书中正式提出这一概念，通常人们将其简写为BSC。这一理论体系经过多年的发展，已经逐渐完善和成熟，已被广泛应用于企业管理当中。作为一套能够使高层管理者快速而全面考察企业的业绩评价系统，这一理论体系是战略管理系统的基石。使用者已经从企业界发展到了政府部门当中，目前已成为政府绩效评价中不可或缺的工具。

其核心思想是通过对各类指标的平衡，实现单位长期有效发展战略顺利推进。平衡计分卡以财务指标为基础进行扩展，一般形成四个维度：一是财务维度，二是客户维度，三是内部流程维度，四是学习和成长维度。平衡计分卡及其四个维度的关系，如图3-1所示。

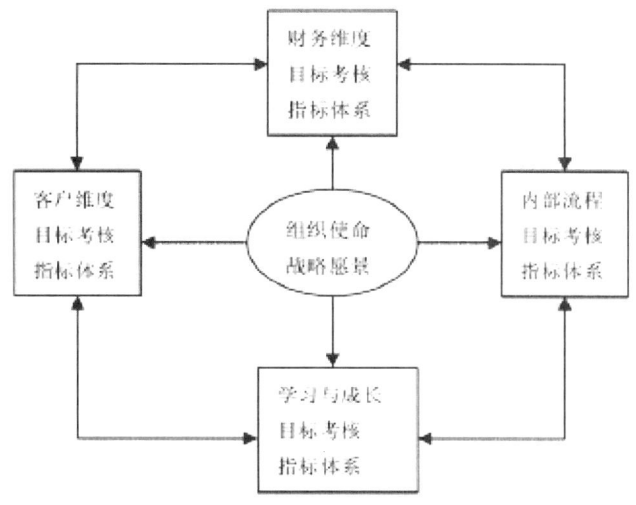

图 3-1 平衡计分卡基本战略模型

首先对于财务维度而言，主要对企业及股东创造利润的能力进行考察。常见指标有投资报酬率、资产负债收益率、销售收入增长率等。

其次对于客户维度而言，主要对客户对产品和服务的反映进行考察。常见指标有市场份额的占有率、客户满意度及保持率等。

再者对于内部流程维度而言，主要对内部流程能否创造更高价值、能否令客户、股东满意进行考察。常见指标有供应链管理、内部及运营流程、资产管理等。

最后对于学习和成长维度而言，这是整个体系中的最大创新部分，主要对企业学习和发展能力提升进行考察。常见指标有员工忠诚度、员工流失率、员工技能培训等。

这一理论体系的特点决定了它具有很强的可操作性，在财政专项资金绩效审计应用有着很强的可行性，主要表现有：

一是内涵本质的相似性。平衡计分卡将战略目标进行具体分解，通过各个具体的目标任务完成情况，来实现长远规划的完成。这其中针对各个分解目标进行考核，最终达到组织使命和战略愿景分解成具体目标，通过考核评价每个具体目标，达到绩效管理和评价的目的。而四个维度所处体系内的地位和作用得以明确，为企业分析项目进展情况和了解具体运营状况指明了方向。财政专项资金绩效审计的目标是财政专项资金，通过对每个部门或项目使用资金情况进行审查和考核，最终实现财政专项资金绩效审计工作顺利进行。可见，从内在要求上两者是完全吻合的。

二是技术方法的相通性。经过多年的发展，平衡计分卡理论基础成熟，技术方法完善，企业依照战略目标制定可量化的绩效考核指标，对企业的各项工作进行考核与评估。

传统的财政专项资金绩效审计，主要依照经济指标进行评价绩效，而当前绩效指标已呈现为多样化、多重性的特点，通过采用类似于平衡计分卡的技术方法，可以对财政专项资金进行更为有效、更具合理性的绩效审计。

三是理念能力的侧重性。平衡计分卡强调平衡，以企业健康快速发展为核心目的。财政专项资金绩效审计评价体系引入其他维度，也充分体现了平衡理念，体现了政府履职的根本出发点和落脚点。

四是战略思想的全局性。平衡计分卡把战略目标分解，并对各项具体指标进行考核评价，企业运行过程中，各部门相互结合、相互影响，而评价过程也始终贯穿于整个发展过程，最后得到的评价即为多维度的和全方位的。财政专项资金绩效审计的战略目标有一定的灵活性，分解的具体目标有社会、经济、生态、管理等不同性质，审计人员要用财务、社会、生态等指标去评价，将战略思想融会贯通到各个层面上，实现全方位的综合审计评价。

三、财政专项资金绩效审计体系构成

综合上述的理论分析和实践经验，借鉴西方发达国家成熟经验，要构建符合我国实际的财政专项资金绩效审计体系应坚持以一下三点基本原则：

第一，科学性与可操作性相结合。科学性要求把科学发展观中关于全面、协调、可持续的原则应用到构建绩效审计体系中。一方面，要求财政专项资金绩效审计体系必须严格遵循科学发展观的基本原则，准确反映财政专项资金的绩效；另一方面，评价指标的计算方法、标准的设置，要严格遵循科学依据，符合科学原理。同时还要兼具可操作性，即指标和标准的设置要简明实用，内容清晰、表述明确、便于理解和操作。①

第二，定性与定量相结合。该原则要求在开展财政专项资金绩效审计时，应根据我国的国情和绩效审计的复杂性，使用定量与定性相结合、以定量为主的模式。一方面，量化是指引财政专项资金绩效审计准确、科学的必然要求，通过将评价指标充分量化，可以在开展绩效审计时进行有针对性的比较、分析；另一方面，绩效的某些方面往往难以量化，如顾客满意度方面就很难良好，这就要求从定性的角度，用定性的方法对财政专项资金的绩效进行评判。无论是何种评价，定性和定量都是应充分结合的，以充分发挥他们各自的优势，使审计结果更为严谨、全面、准确。

---

① 林红：《财政专项资金绩效审计体系研究》，华南理工大学，2015年版。

第三,长期效益与短期效益相结合。财政专项资金的使用,特别是效益的体现,是一个长期的过程,因此对其开展绩效审计时,兼顾短期效益和长期效益,做到短期效益指标服从长期效益指标,发挥绩效审计在强化财政专项资金绩效方面的作用。

财政专项资金绩效审计体系是按照一定的逻辑组合形成的,与财政专项资金绩效审计相关联的一个整体或系统。这一系统一般包括四个方面的内容:组织体系、技术体系、制度机制、信息化。为更深入地阐述财政专项资金绩效审计体系,构建科学可行的体系,本研究着重围绕组织体系和技术体系加以论证。其中,组织体系是绩效审计能否顺利实施的保障,包括绩效审计的主体、对象、范围、内容、程序、流程,以及财政专项资金绩效审计报告和结果的运用。技术体系包含财政专项资金绩效审计方法和指标体系,而指标体系是关键,特别是指标内容的选择和指标权重的计算问题更是关键中的关键。

四、财政专项资金绩效审计组织体系

财政专项资金绩效审计是一项复杂的工程,是组织化和系统化的综合过程,自始至终都需要严谨、科学、合理、符合规范的组织实施。组织体系是开展财政专项资金绩效审计顺利实施的基础保障,涉及由谁来审计、审计哪些方面和审计哪些具体内容等问题。确定审计主体、审计对象、审计范围和内容等是组织开展财政专项资金绩效审计的起点。往后,在具体开展绩效审计时,科学合理的审计程序和流程的设计,是指导绩效审计顺利开展的关键。最后,做出审计报告和审计结果的应用,是开展财政专项资金绩效审计的最后环节,即通过审计,查找出财政专项资金的效益和存在的问题,通过问效和问责,达到开展财政专项资金绩效审计的目的。

(一)财政专项资金绩效审计主体、对象与范围

1. 审计主体

绩效审计主体涉及由谁来执行审计工作的问题。财政专项资金绩效审计,主要检验财政专项资金使用的真实合法性,及其运行的经济性、效益性和效率性,以此来督促政府相关部门对财政专项资金的分配、运行,以提高财政专项资金的绩效。所以,一般情况下,财政专项资金绩效审计的主体是国家的审计机关,代表国家独立行使审计监督职责。理论上,开展绩效审计的主体除了国家审计机关外,还有内部审计和会计师事务所等第三方审计,三者各有优劣。

第一,国家审计机关。首先,国家审计机关是法定的审计机关,具有独立性。在制度

设计上，它独立于行政机关，不会受到其他单位、个人的影响，是国家法定的监督机关。其次，国家审计机关具有权威性。国家审计机关是体制内部门，它的职责是宪法和法律授予的，有着权威的地位。同时，国家审计机关开展审计时，被审计对象必须配合支持，因而能够获得第一手权威的材料，审计结果也比较全面、权威。再者，国家审计机关开展审计工作具有可行性。审计机关作为宪法和法律授权的国家监督机关，职责明确，与法有据，因而更为可行。但是，国家机关组织开展财政专项资金绩效审计，往往被认为是政府主导的自我监督，有既当裁判员又当运动员之嫌，其审计公信力在实践中往往显得不足。

第二，内部审计机构。内部审计是项目实施者自行组织的审计活动，一般由项目实施者内部具备审计知识和技能的相关人员对自我开展的监督活动，旨在预防和监督自我实施的项目的绩效，发现问题及时解决，促进自我完善。内部审计具有身在第一线，可以直观、全面地了解项目实施情况，获取相关资料也十分容易，因而可以起到较好的预防和监督作用。但是因为内部审计无法保证其独立性，公信力则往往会大打折扣。

第三，会计师事务所等第三方审计组织。第三方审计是由与政府及其部门无隶属关系和利益关系的审计组织所实施的审计活动，因其天生的独立性，因而可以更加自由、自主、透明、公正地开展审计工作，从而保证审计结果的客观性和公信力。另外，第三方审计具有专业的团队，具有专业优势，能够更有效、更科学地开展审计工作。当然相比于前两者，第三方审计也有其天然的劣势，即在现有的审计环境和体制环境下，第三方审计往往因为处于体制外，在获取财政专项资金相关的资料方面往往比较困难、不全面，因而也会影响审计结果的全面性。

实践中，其实第三方审计很难涉及财政专项资金绩效审计，主导权始终掌握在审计机关手中。为此在接下来的论述中所涉及的内容，主要是指国家审计机关所开展的绩效审计工作的相关方面。随着绩效审计工作的进一步推进，未来的财政专项资金绩效审计工作应该综合各方优劣势，结合我国目前的实际情况，应以国家审计机关为主，内部审计和第三方审计作为有益补充。

2. 审计对象

审计对象是审计行为的指向，包括审计谁和审计什么。即被审计单位是谁，指向具体什么事项。审计对象的确定是实施审计的前提，在开展财政专项资金绩效审计前，必须明确审计对象，否则无法确定具体的审计方法和审计方案，进一步开展审计工作将无法实施。就财政专项资金绩效审计而言，审计谁，主要涉及具有配置财政专项资金资源资格的、开展财政专项资金立项的政府机构。审计什么，主要涉及获得财政专项资金支持的项

目,以及立项过程中的相关制度、环节,等等。具体如下:

一是组织实施财政专项资金项目立项、资金拨付的政府机构。政府机构作为财政专项资金的管理者、使用者,对其进行绩效审计主要是为了审计其对财政专项资金的管理、使用是否合法,是否符合相关程序,超投标程序是否公正合法,资金分配是否合法,资金是否及时拨付到位;在项目的执行过程中,管理是否合法、到位,等等。

二是获得财政专项资金支持立项的项目。主要是审计项目资金的管理情况、使用情况,重点是围绕项目资金使用的真实合法性、经济性、效率性、效果性进行审计。[①]

3. 审计范围和内容

与审计对象相对应,财政专项资金绩效审计的范围和内容也涉及组织实施财政专项资金项目立项、资金拨付的政府机构和获得财政专项资金支持的项目两方面。

对组织实施财政专项资金项目立项、资金拨付的政府机构的审计范围和内容,主要有:项目立项决策程序是否科学、合理;项目的可行性是否加以论证,论证是否严谨、科学、合理、公正;在项目资金拨付、使用和管理等各个环节的监管是否到位有效;项目立项、项目资金支出是否遵照预算。

对获得财政专项资金支持的项目的审计范围和内容,主要有:项目执行单位在项目的策划、建设实施等方面是否尽到责任;项目执行单位内部关于项目实施的管理、控制方面的制度、机制是否健全和有效;专项资金的经济性,包括项目预算是否科学合理,项目执行单位在项目招投标过程和合同履行情况是否真实、合法,即项目资金是否按合同投入到项目建设中,是否按预算执行,保证专款专用,以及是否存在挪用、贪污等现象;专项资金的效率性,主要包括:项目管理是否科学、合理,预算管理是否有效,资金的投入和产出情况,是否存在资金使用效率低的情况;专项资金的效果性,包括社会、民众对项目建设的满意度,项目的竣工及质量情况,项目的公平性和对环境的影响的情况。

(二) 财政专项资金绩效审计程序与流程

1. 审计准备

审计准备阶段的主要工作是为开展财政专项资金绩效审计做前期的准备,主要内容包括审计前调查、选择评价标准和编制审计方案。

(1) 审计前调查。该阶段主要是通过检查、观察、询问、外部调研等方法,对被审计单

---

① 林红:《财政专项资金绩效审计体系研究》,华南理工大学,2015年版。

位进行初步的了解,并通过审计日记的形式记录相关重要事项,进一步分门别类形成备忘录。在审计开始之前,初步调查了解被审计单位的基本情况,有利于选择确定合适的审计目标、范围、方法和审计评价标准,制订恰当详细的审计方案,帮助审计人员在审计过程中,取得充分、可靠的审计证据,为编写一份具体而有意义的政府绩效审计报告打下好的基础。

(2)选择评价标准。选择评价标准是准备阶段的重要内容,评价标准是开展财政专项资金绩效审计工作的依据,对最终得出的审计结论有着重要的影响。因此选择确定合理、可行又具有操作性的评价标准十分重要。一般情况下可以借鉴参考法律法规、经济标准、技术标准、行业标准、经认可的绩效标准以及其他国家或国际通用的标准进行选择。

(3)编制审计方案。审计方案是实施具体审计工作的指南,应紧紧围绕被审计单位的实际情况和审计目标来编制。审计方案一般一个项目一个方案,具体根据被审计单位的实际情况来确定。通过综合上述的审计前调查以及选择评价标准,最后总结形成审计方案。为进入绩效审计实施阶段做准备。

2. 审计实施

这一阶段主要是针对审计对象设立具体的审计方法和步骤,通过适当的审计方法来开展信息收集和审计取证工作,在通过对收集到的信息和证据进行综合分析,以编制审计工作底稿,最后依据审计标准对被审计单位的绩效情况进行评价,得出审计结论,并据此提出审计建议。

主要工作内容包括:第一,召开审计会议。以此促进审计主体和审计对象之间的沟通协调,就审计评价标准和审计对象商讨一致,达成共识,进而可以更为顺利地开展接下来的审计工作。第二,设计审计具体方法和步骤。所谓具体方法就是审计人员收集证据的方法,以及据此所要开展财政专项资金绩效审计的步骤或流程,从而更好地指导审计人员开展绩效审计。为此,设计出的方法、步骤,必须具有可操作性,给人以清晰明了的认识和使用。第三,审计取证和编制审计工作底稿。即在开展审计和评价过程中,所有的绩效审计资料依据,要严格按照要求记入绩效审计底稿。对借鉴、利用外部审计成果和内部审计成果也要记入审计底稿。通过这样,希望达到规避审计风险的目的。

3. 审计报告

审计报告是经过上述审计步骤、程序后,通过对审计证据进行研判,得出审计结论,形成审计报告,并做出书面文件。其中,内容应该包括:审计对象的具体情况和背景、审计实施过程的基本情况、审计的评价意见或结论、审计中发现的问题、审计建议、被审计单位的反馈意见等。目的是固化被审计单位在组织实施财政专项资金项目时形成的好的实践经验，揭示存在的不足之处，为更好地提高绩效提出审计建议。

4. 后续跟踪

该阶段是审计主体以检查审计对象是否执行此前的审计结论和决定及其执行的成效为目的，而对审计对象开展的再次审计。因为对财政专项资金绩效进行审计只是手段，真正目的是通过外在的力量促使审计对象根据审计中发现的问题予以纠正，从而提高资金项目的效益，因此一般情况下都会在绩效审计结束后的一定时期内，对审计对象贯彻落实审计结论、决定及建议的情况进行督查。如果发现被审计单位没有按要求执行审计建议，那么为了维护绩效审计的权威性，审计机关可以将审计结论上报，要求被审计单位重新认真执行审计建议，同时可对被审计单位采取相应的惩罚措施。

在此阶段，通常遵循以下四个步骤来开展工作：第一，与被审计单位沟通。即通过询问被审计单位的相关人员，查阅被审计单位相关记录文件等，以了解被审计单位对审计建议的执行情况。第二，确定审核领域。即重点核查被审计单位可能未执行审计建议的领域。第三，审阅内部管理控制文件。即通过审阅被审计单位的内部管理控制文件，从中了解被审计单位对审计建议的执行情况以及可能出现的管理结果。第四，得出审计结论。即在上述步骤的基础上，得出较为恰当的审计结论。

（三）财政专项资金绩效审计报告及结果

绩效审计结果的运用是开展财政专项资金绩效审计工作的最终落脚点，而如何运用，这就要求建立健全一个行之有效的审计结果运用模式。目前，主要采取的模式是审计结果问责运用和审计结果问效运用。

（1）审计结果问责运用。审计结果问责运用，就是审计结果所指出的问题，要加以解决，要督查被审计单位按要求加以整改，以此促进被审计单位不断完善制度，采取科学合理的管理方式方法，促进财政专项资金效益的提高。同时，在审计中若发现相关财政专项资金的效益问题，可以根据法律法规的规定，按照既定的要求，倒逼追究责任人和相关具体工作人员的责任。

（2）审计结果问效运用。该阶段主要是将最终的审计报告提交党委、政府和人大，向社会公众公开，接受广大人民群众以及人大的监督，以此向被审计单位问效，督促被审计单位采取措施保障由其组织实施的财政专项资金项目具有较好的效益，提高财政专项资金绩效。

第三节 财政专项资金绩效审计完善思路

一、总体思路分析

财政专项资金绩效审计的复杂性和困难性主要是来源于几个方面：一方面，财政专项资金受托代理的战线较长。涉及各级政府、社会人员、专项人员等众多相关之人；另一方面，财政专项资金涉及面广泛。财政专项资金分拨给需要的项目和人员，其中使用的周期、经手的人员、使用的范围等各方面因素较复杂，涉及的范围广。因而，专项资金绩效审计没有明确统一的模式。当前专项资金审计工作仅仅是从传统的资金审计突破，审查基本的资金运营情况，缺乏系统地对专项资金进行审计。我国已经开始转变审计的观念。审计部门从财政的"看护人"观念转到从宏观经济上保障国家社会健康发展的理念。在此背景下，专项资金的审计工作也面临着复杂多样的变化，需要重新进行功能定位、拓展审计内容、完善审计标准。在今后的财政专项资金审计工作中要合理地对使用资金的政府或单位行为进行考察，保障专项资金的行之有效、适当使用。对于当前的审计状况，应该建立健全专项资金审计模式，做到以问题为导向而不是以结果导向性的审计工作。

以问题为导向性的审计工作注重问题，从而解决问题。对于财政专项资金中存在的问题要从不同的立场和角度出发，研究问题如何产生、如何有效地解决问题。如果是人的主观因素导致问题的产生，那么就按照一定的程序找出相关的负责人，负责人对此事负责；若是客观因素，就需要建立相关的制度、完善相关的体系。进而推进专项资金绩效审计工作。以问题为导向性的专项资金绩效审计能够实施监控专项资金的运营情况，提前做好风险预估及时处理存在的隐患，从而从功能上充分发挥自身监督监控的作用，完善专项资金绩效审计模式。图3-2表示的模式具有参照性和导向性。

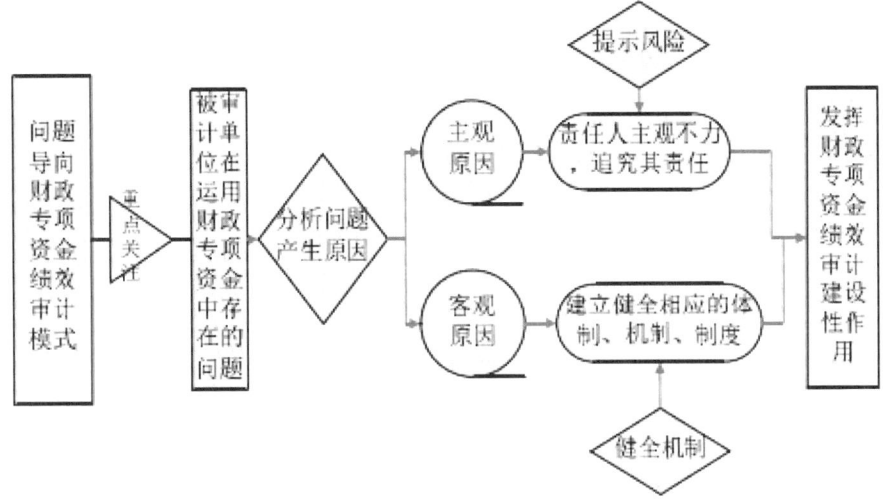

图 3-2 问题导向财政专项资金绩效审计模型

在以问题为导向的模式下,一般潜在的问题和风险仅仅是审计的起始点,而不是审计的结束。其审计对象、审计目标、审计内容、审计成果运用方面的特点,可由图 3-3 来表示。

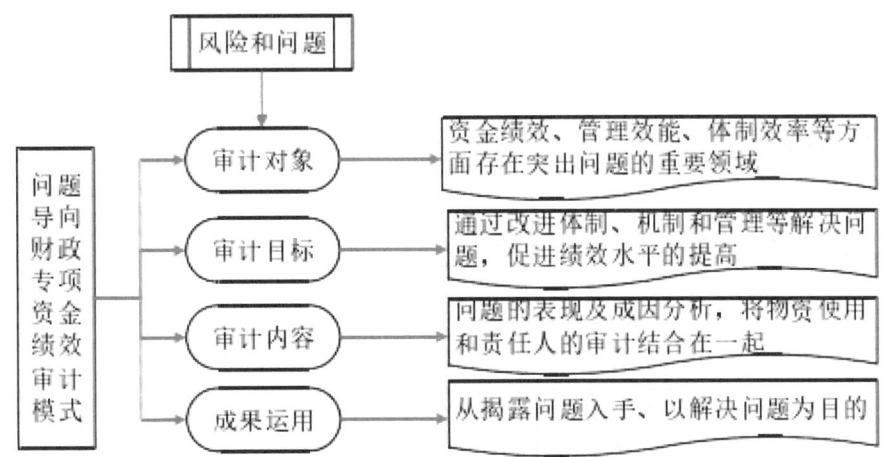

图 3-3 问题导向财政专项资金绩效审计模式特点

二、具体框架

(一)确定审计目标和重点

1. 确定审计目标

财政专项资金绩效审计是传统财务收支审计的合理延伸。财政专项资金对于审计的目标包括初级目标和终极目标,在审查资金真实性、合法性的基础上,对专项资金的经济性、效率性和效果性的审查，并且重视公平性与环境性。财政专项资金在实行绩效审计制度之后，能在完善制度、推动改革、加强管理、提高绩效等方面发挥重要作用。① 如图3-4所示。

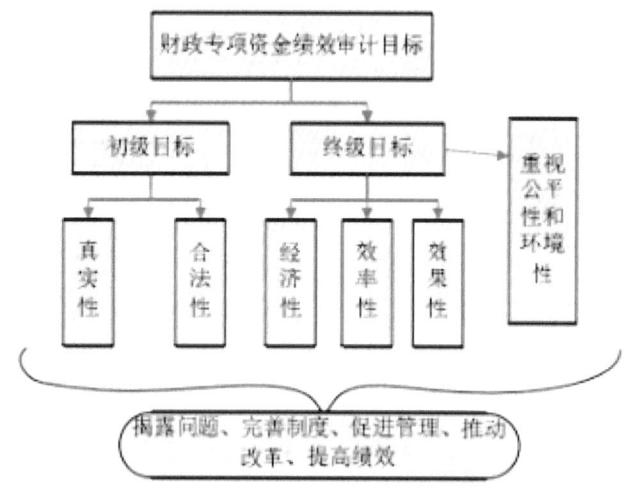

图3-4　财政专项资金绩效审计目标体系

2. 确定审计重点

目前，财政专项资金的运行过程主要包括设立、分配、使用、管理以及后续评估等环节。因此可以分为几个阶段来进行审计，即设立环节审计、分配环节审计、使用环节审计、管理环节审计以及后续评估审计等。针对当前各个审计环节中存在的重点问题，来确定各环节审计的重点内容。

（1）设立环节。财政专项资金的设立是资金使用的开始环节。作为最初的环节，财政专项资金在这一阶段，需要贯彻执行国家的相关政策，确定是否设立专项资金、专项资金应该怎么设立、应该设立哪些明细项目、是否科学合理地设立专项资金以及专项资金是否符合国家某一特定时期政策的需要。目前我国专项资金在这个环节主要存在立项不够科学、部分专项资金虚假申报等问题。所以在这一环节，绩效审计主要须关注资金设立的真实性和科学性，首先得保证资金设立的科学性，而后再研究其必要性。针对当前存在的问题，还要根据国家及地方的相关政策，检查这个环节中是否符合国家政策导向；其次说到资金设立的科学性，则是必须在设立之前由专家组或委托第三方进行可行性研究，严密论证设立资金的可行性以及对当地经济社会发展的促进研究；重点关注是否存在虚假立项，是否存在当地政府为求政绩而盲目上报、重复申报，从而导致国家资金浪费，无法发挥其

---

① 王亚晓：《财政专项资金绩效审计及其应用研究》，华东政法大学，2016年版。

该有的作用等问题。

（2）分配环节。财政专项资金在设立之后，需要经历分配给使用单位这个过程，才能投入使用，才能发挥促进经济发展等效果，达到立项的目标。要确保资金使用的效率和效果性，必须在分配环节严格把好关，确保真实性和效率性。在我国现行体制下，财政资金分配的环节过多，分配时间太长影响了财政资金的效率性和效果性。资金一般需要从中央财政拨付到省级财政，省级财政拨付到市级财政，市级财政拨付到县级财政，需要经历这样一个层层拨付的过程。这个过程就导致了拨付时间太长，效率低下等问题。更为甚者，有些地方收到上级资金之后，资金常年挂账，或者将资金挪用到其他的经济生产领域，而没有按实拨付到下一级财政。很多地方在上级资金下来之后，本级财政无法配套资金，导致立项项目无法开工，导致专项资金搁置，无法进行运用。财政资金分配时，往往为了避免下属县市的争议而采取简单的平均主义，缺乏科学的分配标准，资金分配过程也不公开透明，影响到资金分配的公正性。因此，这一环节应重点关注资金分配的科学性、公正性和效率性，资金拨付的及时性以及配套资金是否落实等。

（3）使用环节。财政专项资金的使用是最为关键的环节，其使用情况直接决定了专项资金能否达到立项时设立的目标，这个过程是专项资金发挥效果的关键所在。财政专项资金绩效审计工作最应该重点审计的也是在这个过程，但是目前在资金的使用过程中仍然存在着很多问题，如：单位不按规定的范围和用途使用，经常随意地使用专项资金，导致存在挪用、冒领、克扣等问题，这些都大大地影响到了资金的落实，无法实现专项资金的目标。此外，资金浪费现象在使用单位中特别常见，使用效率低下，往往导致很多项目超出预期投资很多，如果这个时候地方财政拿不出资金来支持，很多项目只能沦落为烂尾项目，搁置起来，既浪费土地资源，又使得专项资金的投资付之东流。所以，在使用阶段审计应重点审查资金使用的真实性、合规合法性以及经济性等关键问题，确保专项资金的按期投入、按标准使用、按期完成。

（4）管理环节。财政专项资金的管理进行审计这个过程比较长，需要关注资金项目的设立、如何分配使用以及结算这一整个的流程，这个过程中，管理环节的审计都不可缺少。目前财政专项资金的管理环节存在的主要问题有：缺少相应的制度来对专项资金进行规范化，所以项目设立乱象丛生，过多设立、重复设立等问题屡见不鲜；对各项资金的管理办法、管理标准上还没有统一的规范，即各个项目的管理力度、管理范围不一样；财政专项资金在管理中只侧重分配过程，分配完成后相关部门就疏于监管，分配过程固然至关重要，但是后续的监管也不可忽视，不然也难以避免各种监管乱象。以上提出的各种问题，必须予以关注。所以在管理环节重点关注资金设立时管理的科学合理性；分配过程的科学和均衡性；使用单位是否建立相应的资金使用标准及管理制度；是否存在滥用、挪用专项资金的情况。另外，在制度方面，相关部门还应加强制度规范化，需要利用合理的制度来督促相关单位去执行，合理使用专项资金，发挥其该有的价值。

（5）后续评估。财政专项资金的后续评估环节主要评价项目实施后的持续效益，如环境性、公众受益率、项目的持续性。

（二）构建评价指标体系

构建评价指标体系，是为了合理评价一项专项资金的使用绩效，是绩效审计的核心和重点。主要包括评价的标准、评价方法及评价指标。

1. 评价标准

评价标准指的是衡量评价客体的标尺和基准。审计部门须适当选择和提炼财政专项资金绩效的外部标准来作为审计评价指标设置的依据，促使财政专项资金绩效审计更客观、公正。

（1）国家或地方政府的法律法规。我国的各项法律、法规或规章制度，具有强制性，定性非常明确，可以拿来作为评价指标设置的依据。违反法律法规，往往是不能达到财政专项资金的预期目的，通常还会发出现挪用专款、资金损失浪费等问题。管理和使用部门如果未按法定职责执行，不走相应的程序，不遵守财政专项资金的使用要求等，就会大大影响资金的效益。

（2）相关领域或行业的标准。行业标准一般有：一是行业的技术标准，这类标准往往由权威机构认定，要求本行业内的单位和人员遵守，有一定的强制性；二是公认的或良好的实践标准，这类标准通常是行业内通过多年实践形成的一些标准，可以为审计评价提供判断基础。

（3）各项专项资金管理规定或办法。财政专项资金分类较多，基本都有自己的资金管理规定或办法。该规定或办法中有针对性非常强的条款，具有严格的约束性。对照其中的条款，可制定非常明确且操作性强的评价指标。

（4）专业机构或专家意见。权威机构或专家对财政专项资金具体项目的分析判断意见，主要包括：一是可聘请该领域的专家直接参与到审计工作中，凭其经验和专业技术方法对问题进行审查，然后得出结论；二是审计人员提出问题咨询或与专家进行探讨；三是直接委托专业机构进行鉴定并出具相关鉴定报告。

（5）项目单位自行根据自身情况制定的标准。如企业根据项目实际情况制定的可行性研究报告、预期效益目标、项目验收报告等。

2. 评价方法

评价方法是实现财政专项资金绩效审计评价过程中所采取的方式，是审计评价过程中为了得到评价结果而借助的一些手段和措施。财政专项绩效审计工作中常用的具体方法有：成本效益分析法、比较法、因素分析法、最低成本法、公众评判法。

除上述几种评价方法，还有一种综合评分法，在项目中运用比较广泛。综合评分法指的是利用多项经济指标，根据一定的权数加权比例而计算得出的综合经济效益指数。而平衡计分卡评价方法就是综合评分法中的一种。下面重点介绍平衡计分卡评价方法。

本书借鉴平衡计分卡的主要思想，根据财政专项资金的特点设计平衡计分卡对应的四个维度，对现行的以财务与业务为主的财政专项资金绩效审计在评价过程中存在的问题进行改进，改单一目标为多个综合目标形成多维的财政专项资金绩效审计评价体系。

首先，仍然需要重点关注财务和业务维度。财务和业务维度是从项目的投入和产出两方面来考虑的。对现行的企业业绩评价或者财政专项绩效评价来说，财务和业务两块内容都是评价的重点。目前有一些省市的财政专项资金绩效评价体系，主要从财务和业务两方面对财政性项目支出进行评价。

其次，客户维度演进为财政专项中的公众维度。公众维度指的是从公众的角度来进行评价，视角主要是从项目外部，从企业的产品覆盖面和社会公信度等方面对项目进行评价。该评价体系主要是看项目完成后，看有没有达到公众的预期要求，简单来说，就是看公众认可度。在财政专项资金审计评价和部门评价中，注重项目实际完成的工作量、质量和实现的效益，公众指标应是绩效评价的首要指标。

最后，改变以往的学习与成长维度，转而用制度与决策维度来代替。在当前的经济环境下，企业之间的竞争越来越激烈，企业之间并购情况也非常多，每时每刻都有企业在竞争中倒下。所以无论是规模多么庞大，在市场多么占有统治地位的企业，都不能满足于当前取得的成就，而止步不前，当年的手机巨头诺基亚就是个典型的例子。为了发展，必须在业务、财务、客户服务方面不断改进、不断完善，才能提高自身的竞争力，不至于被市场淘汰。同理，在财政专项中制度与决策维度关键是看项目的运行结果，如果不能达到最终目标，就从体制、制度、决策者这些关键因素上去寻找需要改进的地方，这就需要检查整个项目的运营和管理过程，去找出这些关键的问题并改进。如图 3-5 所示。

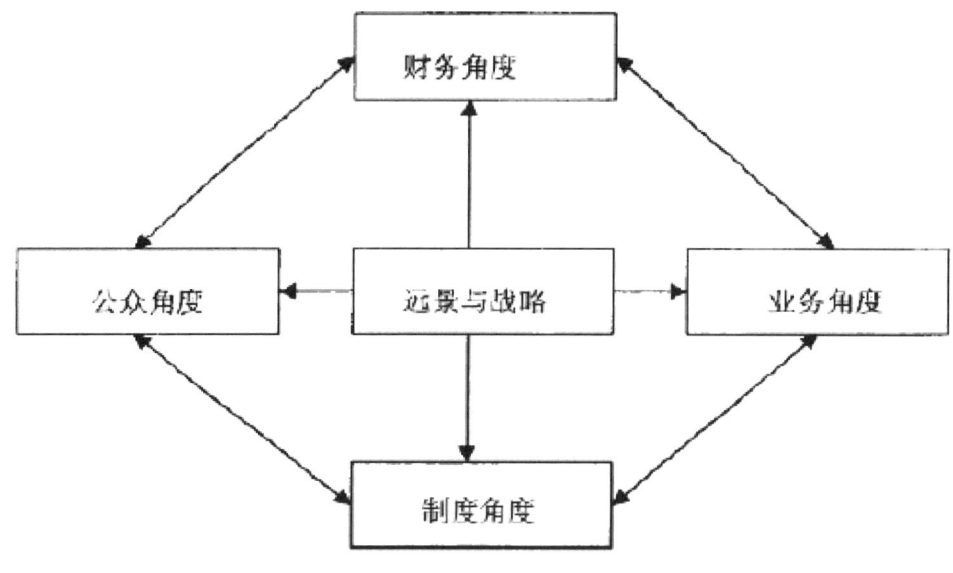

图 3-5 平衡计分卡改进模型图

3. 评价指标

要使评价指标更好地为评价内容服务,不仅需要将指标科学化、规范化,还需要使评价指标具有固定的标准,具有可比性。除此之外,在构建评价指标时,项目操作人员必须遵循的几个原则:一是相关性原则。应当能够反映目标的实现与否,要与绩效目标有直接的联系。二是重要性原则。应当使用具有代表性,具有核心需求,能够客观反映实际情况的指标。三是系统性原则。应当结合定量指标与定性指标,综合考虑项目所能产生的经济效益和社会效益。四是可操作性原则。绩效评价指标应该易于操作和理解,并且成本不能太高,符合经济性原则。五是定性与定量相结合原则。在涉及指标体系时,应该综合考虑定性指标与定量指标相结合,并且为了综合评价项目,应将定性指标进行无量纲化处理,从而具有可比性。

审计评价指标一般包括总指标、一级指标、二级指标、三级指标四类指标结构。其中,总指标即为政府的社会、经济的发展战略;一级指标是将总指标具体落实到某一个项目;二级指标指的是部门绩效指标;三级指标是项目绩效指标,是整个目标结构最基础的组成结构。

(三) 选用适合审计方法

绩效审计目标的全面性这个特点使得在绩效审计过程中,必须选用合适的审计方法,一般情况下,常用的审计方法有:审阅文件资料等、向相关人员以书面或口头的方式询问、外部调查、验算有关项目的数据信息、全部审计或抽样审计等方法。

在传统审计常用的方法之外，财政专项资金绩效审计还侧重于聘请外部专家对与其专业相关的特定事项提供咨询意见或者专业鉴定意见；采用问卷调查法，向民众了解专项资金的使用效果；更适用追踪审计方法，以影响资金绩效、管理绩效的要素为突破口，根据资金的流向一查到底；还重视积极运用计算机审计技术方法进行大数据分析查找问题，如联网审计系统、AO 审计软件、SQL Server 数据库等，对被审计单位的财务、业务数据等进行关联分析，形成审计成果在各级财政机构之间的共享机制。

（四）出具专业审计报告

绩效审计报告一般包括审查项目的工程概况、绩效评价分析、审计结论、审计建议等内容。在最新的绩效审计模式下，应该采取以问题为导向的方式，在形成审计报告前，应研究审计过程中所发现的问题，并针对这些问题去探究问题产生的原因以及在今后的项目中怎么去避免这些问题的出现。如果是项目负责人管理不到位，或者是相关责任人员的失职，从而导致财政资金的损失，应该追究其责任，并在以后的人力建设中采取更加稳妥的方式，选用能力更加全面和品德更好的人员从事相关的工作；如果是客观的原因导致的，应该究其所在，改善相应的机制，针对被审计单位在运用财政专项资金中存在的问题提出审计建议。

（五）落实审计整改

财政专项资金绩效审计的效果怎么样，关键在于审计建议是否得到被审计单位的采纳。所以，在审计结束之后还应该加强后续的跟踪检查，督促项目单位根据审计建议进行相关的整改。将建议具体落实，根据上一个审计周期存在的问题做出相应的调整，决不允许在两个统计周期存在相同的问题，而不采取任何措施进行改进。建立被审计单位问责机制，强化整改落实。在整改过程中，可以组成专门的整改小组，采用联席会议制度，把相关的部门纳入其中，来确保不同单位和人员之间紧密配合、明确职责。建立以政府为主导的、审计工作组牵头的、被审计单位等多部门、多机构联动的机制，特别在案件移送等环节中，加强推进和最终落实。

第四章 财政专项资金绩效评价意义与方法解读

随着科技的进步和人文环境的发展,财政专项资金越发地在社会发挥其举足轻重的作用。怎样才能将专项资金发挥其应有的价值,已然成为社会和单位关注的焦点。本章以对财政专项资金绩效评价基础为切入点,对财政专项资金绩效评价的意义、特点、方法等内容进行了深入解读,并在此基础上提出了几项工作改进措施。

第一节 财政专项资金绩效评价概述

绩效评价是绩效管理的重要环节,是绩效管理的重要手段,在绩效管理中占有重要位置。如果绩效评价做不好,那么整个绩效管理过程将大打折扣,甚至出现绩效下降的现象。

所谓评价,是指为达到一定目的,运用特定的指标、设定的标准和规定的方法,对事物发展所处的状态或水平进行分析判断的计量或表达的过程。简言之,评价即通过对事物进行比较分析而得出全面判断的过程。因此,评价必须具有合理的依据,客观公正的标准,科学的方法和可比的结果。

绩效评价,是指组织依照预先确定的标准和一定的评价程序,运用科学的评价方法、按照评价的内容和标准对评价对象的工作能力、工作业绩进行定期和不定期的考核和评价。

对于财政专项资金,绩效评价是指财政部门和预算部门(单位)根据设定的绩效目标,运用科学合理的绩效指标、评价标准和评价方法,对财政专项资金投入产出、效率和效果进行客观、公正的评价。财政专项资金绩效评价是一种基于结果导向和过程控制的评价,需要运用科学的方法,依据规范的流程和相对统一的指标及标准,对政府财政专项资金的产出及支出过程进行综合性测量和分析，旨在评估绩效水平、发现问题、提出改善建议，尤其是检验项目目标实现程度与资金使用的规范化水平，以优化支出结构，合理配置资源，提高预算资金使用效果、效益、效率和公平性以及社会满意度等。财政专项资金隶属于公共财政支出体系，主要以项目的形式支出，因此绩效评价的最基层的对象是"项目"，进而以项目承担单位、主管部门、综合评价的层次进行。财政专项资金绩效评价体系包括评价的组织体系和技术体系，组织体系包括评价主体、评价对象、评价步骤、评价结果的应用等，技术体系包括评价周期、指标体系、评价标准、评价方法等方面。

第二节 财政专项资金绩效评价的意义与特点

一、财政专项资金绩效评价的意义

随着我国财政体制改革的不断深入和政府公共财政框架的建立和健全，财政支出中专项资金支出部分越来越突出，它的投入、使用和管理也越来越引起政府和社会的广泛关注。如何发挥现有财力的效用、进一步规范、完善财政专项资金的管理，提高专项资金的经济效益、社会效益和环境效益，让纳税人的每一分钱都用得有价值，已经成为目前一个亟待解决的问题，而破解这个难题的一个有效工具就是财政专项资金绩效评价。

长期以来，我国的财政专项资金支出并不以效益为基本目标取向，对财政专项资金的绩效不够重视。在资金分配方面，难以避免经验决策、关系决策的色彩，投资责任和支出效果往往无人负责，因此，针对财政专项资金的绩效评价刻不容缓。财政专项资金绩效评价要始终以绩效为核心，建立完备的评价体系。

建立财政专项资金绩效评价体系，实质上是建立一套完整的政府行为约束机制，使政府各部门以可操作、可量化的形式注重成本与效益；是财政经济管理由粗放型管理向量化指标体系管理转换的重要一环；有助于增加政府工作与财政资金管理的科学性与公开性，提高政府理财的民主性与社会参与性，促进政府职能的改进。因此，开展财政专项资金绩效评价具有非常重要的意义。

（一）有助于推动财政管理方式转变，提高政府配置资源效率

随着社会主义市场经济体制的逐步建立以及分税制财政管理体制的不断完善，我国的

财政收入增长机制已比较稳定，国家的财政实力迅速壮大，财政管理改革的重点转移到支出管理上来。相对于人类的无限需求，资源永远是稀缺的，这就要求在经济实际运行中以科学、高效的方式对筹集的公共资源进行分配和使用，资源配置效率的问题也是财政专项资金绩效评价的理论基点。

推行财政专项资金绩效评价工作，既体现了财政支出结构调整的力度进一步加大、支出结构进一步优化，也体现了财政管理方式在一定程度上的变革，能够促使各部门更加关注财政专项资金的支出效果，努力提高政府资源配置效率，使有限的资源发挥最大的效用。通过科学的专项资金绩效评价体系，可对专项资金支出的合规性、经济性、效率性和效果性有个客观合理的评价，不仅能够规范财政专项资金的支出行为，而且绩效评价的结果也为财政部门编制预算、合理安排专项资金支出的方向和规模提供科学的依据。财政专项资金绩效评价制度的实行将促使政府部门更加有效地管理、更加科学地使用财政资金，努力提高政府资源的配置效率，实现资源的最优使用，从而使财政专项资金的支出更好地反映政府阶段性的发展战略。

（二）有助于提高财政运行质量，增强财政抗风险能力

财政专项资金绩效评价定期对财政专项资金的支出规范和绩效进行分析和实时监控，能够不断改善财政专项资金的支出效益，提高财政的社会保障作用。通过科学的财政专项资金绩效评价体系，对财政专项资金的运行实施实时监控和风险预警分析，可使专项资金从立项审批、拨付使用、监督管理到绩效评价分析形成一整套的科学运作体系，从机制上进一步保证专项资金支出的经济性、效率性和效果性的统一，不断提高财政自身持续健康发展的管理，增强抵抗各种风险因素冲击的能力，实现财政的稳固与平衡。政府还可以对财政专项资金绩效评价结果进行深入分析研究，利用分析研究的成果制定出促进财政发展的政策措施，以便有效地实施对地方经济发展的宏观调控，增强抗风险能力。

（三）有助于提高资金管理水平，增进财政专项资金的支出效率

财政专项资金绩效评价作为政府财政绩效管理乃至政府绩效管理的重要组成部分，其支出绩效强调的是"结果导向"，强调资金支出的责任和效率。随着绩效评价指标的制定、评估乃至公开透明，各单位、各部门在职责范围内的管理处置权将加大，同时担负的责任也随之加大，因此各部门的责任意识势必会显著提高。对财政专项资金实施绩效评价制度以后，各部门都要对其绩效负责，这将促使政府部门将财政资金用在正确的时间和地方，

没有以有效方式支出专项资金或专项资金绩效不高的单位、部门及其领导将面临强大的压力。这将促使政府部门努力提高理财水平，将财政资金用在合适的时间和地方，提高工作效率和财政支出效率。

（四）有助于推动政府职能转变，增强财政专项资金支出的公共性和决策民主化

财政专项资金绩效评价的推行必然要求规范政府职能，促使政府以绩效为约束，逐步退出政府支出配置效益不高而市场配置效益高的领域，加快政府职能向服务型转变。通过科学的专项资金绩效评价体系对专项资金的管理和使用部门进行绩效评定，使专项资金的管理和使用部门形成自我评价、自我监督和外部评价、外部监督相结合的有效监控机制，做到有章可循，有据可依，确保专项资金专款专用，使政府职能进一步规范。专项资金绩效评价同时注重民众的满意度，这使得社会公众也将更加了解财政专项资金的使用，从而更加关注政府财政资金的投向，而评价结果会受到政府、人大、政协等各部门及民众的关注，在一定程度上有助于进一步增强财政专项资金支出的公共性，强化决策民主化。

通过开展财政专项资金绩效评价，了解公共财政在宏观管理和提供公共服务中的实际效率、质量、效益及公平性和回应性，充分体现资金使用单位的真实意见及社会公众的满意度，从而有利于对现有财政资金分配、管理与考核体制的深入反思。借助专项资金绩效评价的约束，推动公共资源按照绩效要素进行配置，提高公共财政资金的利用效率，改善财政支出效能，促进形成目标明确、预算科学、分配合理、执行顺畅且监督有效的财政管理体制。

二、财政专项资金绩效评价的功能

财政专项资金绩效评价更加关注投资效果，通过绩效评价的结果反馈，完善和调整有关财政方针，提高公共财政投资决策能力和水平。社会主义市场经济条件下，由财政对关乎国计民生的基础性的公共事业进行专项投资具有优化资源配置、调节收入分配、稳定和发展经济的积极作用，开展专项资金绩效评价，就是要检验专项资金的分配、支出、管理是否合理、合规、合法，专项资金的投资目标是否达到，并利用结果反馈来提高专项资金乃至政府财政的决策和管理水平。具体来说，开展专项资金绩效评价的功能包括如下几个方面：

(一) 认知功能

通过对专项资金进行绩效评价，不仅可以认知某一项专项资金的使用和管理情况，而且通过对评价结果的横向、纵向对比分析，能够更加全面、客观地认识资金使用和管理绩效，便于发现问题，提高资金使用单位、主管部门以及政府的管理水平。财政专项资金绩效评价不仅仅关注资金使用的短期效益，更加注重对资金产生的长期效益的考核；既注重专项资金投资所产生的经济效益，又注重对其带来的社会效益和环境效益的考查。因此，财政专项资金绩效评价能够全面反映专项资金的使用绩效。而且，专项资金绩效评价指标体系以定量指标为主、定性指标为辅，突出客观因素在绩效评价中的核心地位的同时兼顾那些无法量化的定性指标，定量、定性指标相结合对财政专项资金进行综合评价。市场经济条件下，专项资金绩效评价为构建绩效导向的财政专项投资与资金分配的机制提供必要的决策信息，对政府及社会洞察专项资金的绩效具有认知功能；同时，通过专项资金绩效评价，可以为项目、单位及主管部门审视内部的管理问题提供线索，专项资金绩效评价对这些部门发现管理漏洞、提高管理水平也具有非常重要的认知功能。

(二) 考评功能

财政专项资金绩效评价的另一个非常重要的功能是考评功能。专项资金绩效评价涉及项目、单位、部门、综合四个层次，涵盖微观到宏观的各个层面，指向政治、管理、经济、社会、环境等各个方面，评价首先在于评估水平，测量资金管理与使用的目标实现程度，进而发现存在的问题。财政专项资金绩效评价的过程是一个标杆比对的过程，是财政部门或社会对资金管理者与使用者的考核，或者说是纳税人对政府的考核。财政专项资金绩效评价的结果可以作为对单位、部门及其领导人工作考评的参考依据，也可以作为任命领导人的重要参考。从某种意义上说，财政专项资金绩效评价结果是资金管理者与使用者绩效的成绩单，具有强有力的考评功能。

(三) 监督功能

对财政专项资金进行绩效评价的重要目的之一就是对专项资金的支出过程及结果进行监督，确保专款专用，达到专项资金的投资目的。长期以来，由于缺乏明确的责任机制和有效的监督手段，专项资金支出过程中存在着预算约束软化、管理过程失控、资金运行效率低下等问题，制约了投资效益的充分发挥。专项资金投资制定了明确的目的，通过绩效评价，可以发现和鉴别资金分配、管理、使用过程中存在的问题及其形成原因，理清相关责任方应当承担的责任，有利于建立强有力的追踪问责制度和监督机制，促进提高财政专项资金过程规范和绩效，实现专项资金的"专门效果"，促成投资目标的实现。

（四）引导功能

财政专项资金绩效评价不仅可以发现资金管理和使用中的问题并进行监督，而且能够为政府和民间的投资确定方向。对专项资金进行绩效评价，不仅可以测量资金绩效的总体水平，而且能够分析资金绩效的结构特点及发展趋势。根据评价结果，在宏观层面上引导专项资金投向，将评价结果与下一年度的专项资金支出预算及分配计划联系起来，促使财政资金管理水平的不断提高，在微观层面上发现资金绩效的短板，指引绩效改善的方向。此外，绩效评价的结果同时为民间投资指明了方向，为重点、高绩效的项目吸引更多的资金。在我国粗放型的经济增长方式背景下，专项资金绩效评价的引导功能亦可有效改进政府投资效益、提高投资决策和管理水平。

三、财政专项资金绩效评价的特点

首先，财政专项资金绩效评价的对象具有公益性。财政专项资金的使用途径主要是义务教育、科研经费、卫生医疗、农业发展等具有公益性质、关系国计民生的事业，财政专项资金使用对象的公益性是指其发展对社会发展的外部效应是正的，并且带来的影响往往是巨大的。

其次，财政专项资金绩效评价的主体具有强制性。实施财政专项资金绩效评价的主体一般是财政部门，相比公司等绩效评价更加严格，也更加带有法律强制的色彩。

最后，财政专项资金绩效评价的客体具有特殊性。行政事业单位负责财政专项资金管理的工作人员，作为绩效评价的客体目标，工作内容和职责都带有复杂和特殊性，使得工作的合法性和规范性都受到政府规章制度和居民的严格监管。

第三节　财政专项资金绩效评价方法

财政支出的广泛性和复杂性决定了财政专项资金绩效评价工作方法的多样性，一般可以从定性和定量两个方面来划分。定性和定量两类方法体系又各自包括多类型的代表性实施方法，各类方法均具有自身的评价优势，同时也存在难以避免的评价缺陷，因此如何根据财政专项资金特点选择合理的评价方法，是科学有效地进行财政专项资金绩效评价的关键。

一、定性方法

定性方法是采用问卷调研和专家经验等方式展开，依靠主观评价进行财政支出绩效评价的方法体系，包括专家评议法、问卷调查法、关键绩效指标法等多种方法。定性方法具有实施便捷、能够充分吸收专家丰富经验的优势，但同时也存在主观性强，评价结果易受控制影响等问题。

（一）专家评议法

1960年，工业发达国家面对人口、粮食、教育、安全、环境、医药、卫生、家庭、文化生活等重大问题，开始采用预测理论和预测方法探讨它们的未来发展趋势，许多预测模型应运而生。美国的马可利达契斯发表了以专家调查法为代表的预测方法，其中包括专家评议法、特尔斐法、主观概率法和交叉影响法。我国也在很早的时候开始使用专家评议法，对事物进行研究、探讨，根据以往的情况、现实状况及其发展趋势来预测未来的发展趋势。

专家评议法是邀请相关领域的专家来评定一项工作的价值或重要性的评价方法，也称定性评议法或综合评议法。评标委员会根据预先确定的评审内容，通过收集相关资料，汇总、分析、综合，就被评价方的某方面进行定性分析、比较，进行评议判断。这种方法实际上是定性的优选法，由于没有量化的比较指标，标准难以确切掌握，往往需要评标委员会协商，评标的随意性较大、科学性较差。其优点是评标委员会成员之间可以直接对话与交流，交换意见和深入讨论，评标过程简单，在较短时间内即可完成，但当成员之间评标差距过大时，定标较困难。

专家评议法一般适用于小型项目或无法量化的情况下使用。适合于对公共管理部门和财政投资项目进行评价，具有民主性、公开性的特点。专家评议法由于简单易行，比较客观，被人们广泛采用。采用专家评议法应遵循以下步骤：第一，明确具体分析、预测的问题；第二，组成专家评议分析、预测小组，小组应由预测专家、专业领域的专家、推断思维能力强的演绎专家等组成；第三，举行专家会议，对提出的问题进行分析、谈论和预测；第四，分析、归纳专家会议的结果。

专家评议法简单易行，比较客观，所邀请的专家在专业理论上造诣较深、实践经验丰富，而且将专家的意见运用逻辑推理的方法进行综合、归纳，这样所得出的结论一般是比较全面、正确的。特别是专家质疑通过正反两方面的讨论，问题更深入、更全面和透彻，所形成的结论性意见更科学、合理。但是，由于要求参加评价的专家有较高的水平，并不是所有的工程项目都适用本方法。专家评议法适用于类比工程项目，系统和装置的安全评价，它可以充分发挥专家丰富的实践经验和理论知识。运用该评价方法，可以将问题研究讨论得更深入、更透彻，并得出具体执行意见和结论，便于进行科学决策。

（二）问卷调查法

问卷调查法是通过设计不同形式的调查问卷，发给一定数量的人填写，最后汇总分析问卷，进行评价和判断的方法。问卷调查法也称"书面调查法"，或称"填表法"，其用书面形式间接搜集调查所需的研究材料。通过向调查者发出简明扼要的问卷，提示其填写对有关问题的意见和建议来间接获得材料和信息。

可以按照不同的方式对问卷进行分类。按照问卷填答者的不同，可分为自填式问卷调查和代填式问卷调查。其中，自填式问卷调查，按照问卷传递方式的不同，可分为报刊问卷调查、邮政问卷调查和送发问卷调查；代填式问卷调查，按照与被调查者交谈方式的不同，可分为访问问卷调查和电话问卷调查。

问卷的结构一般包括卷首语，问题与回答方式，编码和其他资料四个部分。卷首语是问卷调查的自我介绍部分，卷首语的内容应该包括：调查的目的、意义和主要内容，选择被调查者的途径和方法，对被调查者的希望和要求，填写问卷的说明，回复问卷的方式和时间，调查的匿名和保密原则，以及调查者的名称等。为了能引起被调查者的重视和兴趣，争取他们的合作和支持，卷首语的语气要谦虚、诚恳、平易近人，文字要简明、通俗、有可读性。卷首语一般放在问卷第一页的上面，也可单独作为一封信放在问卷的前面。问题和回答方式是问卷的主要组成部分，一般包括调查询问的问题、回答问题的方式以及对回答方式的指导和说明等。所谓编码，就是对每一份问卷和问卷中的每一个问题、每一个答案编定一个唯一的代码，并以此为依据对问卷进行数据处理。把问卷中询问的问题和被调查者的回答，全部转变成为A、B、C或a、b、c等代号和数字，以便运用电子计算机对调查问卷进行数据处理，是对问卷进行审核和分析的重要依据。此外，有的自填式问卷还有一个结束语。结束语可以是简短的几句话，对被调查者的合作表示真诚感谢，也可稍长一点，顺便征询一下对问卷设计和问卷调查的看法。

问卷中的问题可分为：背景性问题，主要是被调查者个人的基本情况；客观性问题，是指已经发生和正在发生的各种事实和行为；主观性问题，是指人们的思想、感情、态度、愿望等一切主观世界状况方面的问题；检验性问题，为检验回答是否真实、准确而设计的问题。设计这些问题时应遵循以下原则：客观性原则，即设计的问题必须符合客观实际情况；必要性原则，即必须围绕调查课题和研究假设设计最必要的问题；可能性原则，即必须符合被调查者回答问题的能力，凡是超越被调查者理解能力、记忆能力、计算能力、回答能力的问题，都不应该提出；自愿性原则，即必须考虑被调查者是否自愿真实回答问题。凡被调查者不可能自愿真实回答的问题，都不应该正面提出。

表述问题时还要遵循以下原则：具体性原则，即问题的内容要具体，不要提抽象、笼统的问题；单一性原则，即问题的内容要单一，不要把两个或两个以上的问题合在一起提；通俗性原则，即表述问题的语言要通俗，不要使用被调查者感到陌生的语言，特别是不要使用过于专业化的术语；准确性原则，即表述问题的语言要准确，不要使用模棱两可、含混不清或容易产生歧义的语言或概念；简明性原则，即表述问题的语言应该尽可能简单明确，不要冗长和啰唆；客观性原则，即表述问题的态度要客观，不要有诱导性或倾向性语言；非否定性原则，即要避免使用否定句形式表述问题。

对于问题的回答，有三种基本类型，即开放型回答、封闭型回答和混合型回答。所谓开放型回答，是指对问题的回答不提供任何具体答案，而由被调查者自由填写。开放型回答的最大优点是灵活性大、适应性强，特别是适合于回答那些答案类型很多、或答案比较复杂、或事先无法确定各种可能答案的问题，它有利于发挥被调查者的主动性和创造性，使他们能够自由表达意见。封闭型回答，是指将问题的几种主要答案甚至一切可能的答案全部列出，然后由被调查者从中选取一种或几种答案作为自己的回答，而不能做这些答案之外的回答。封闭性回答一般都要对回答方式做某些指导或说明，这些指导或说明大都用括号括起来附在有关问题的后面。混合型回答，是指封闭型回答与开放型回答的结合，它实质上是半封闭、半开放的回答类型。兼具了全开放型回答和全封闭型回答两者的优缺点，是一种混合型的回答方式。

在设计标准答案时应当遵循以下原则：相关性原则，即设计的答案必须与询问问题具有相关关系；同层性原则，即设计的答案必须具有相同层次的关系；完整性原则，即设计的答案应该穷尽一切可能的、起码是一切主要的答案；互斥性原则，即设计的答案必须是互相排斥的；可能性原则，即设计的答案必须是被调查者能够回答、也愿意回答的。

问卷调查法的最大优点是，它能突破时空限制，在广阔范围内，对众多调查对象同时进行调查,便于对调查结果进行定量研究,而且具有匿名性,还节省人力、时间和经费。问卷调查法也有其缺点,就是它只能获得书面的社会信息,而不能了解到生动、具体的社会情况;缺乏弹性,很难做深入的定性调查;问卷调查特别是自填式问卷调查,调查者难以了解被调查者是认真填写还是随便敷衍,是自己填答还是请我代劳,被调查者对问题不了解、对回答方式不清楚,无法得到指导和说明;填答问卷比较容易,有的被调查者或者是任意打钩、画圈,或者是在从众心理驱使下按照社会主流意识填答,这都使得调查失去了真实性;回复率和有效率低,对无回答者的研究比较困难。该方法可获得较客观的数据,但对问卷设计质量要求较高。

(三) 关键绩效指标法

关键绩效指标法是通过系统科学的方法,对特定项目的关键要素进行提炼归纳,确定最关键指标再进一步分解,从而建立项目关键业绩评价指标体系的程序和方法。关键绩效指标通过对组织内部流程的输入端、输出端的关键参数进行设置、取样、计算、分析,衡量流程绩效的一种目标式量化管理指标,是把战略目标分解为可操作的工作目标的工具,是绩效管理的基础。关键绩效指标可以使部门主管明确部门的主要责任,并以此为基础,明确部门人员的业绩衡量指标。

(1) 绩效评价体系。基于关键绩效指标法的绩效评价体系一般包括假设前提、考核目的、指标产生、指标来源、指标构成及作用等部分。

(2) 关键绩效指标的特征。关键绩效指标是对组织运作过程中关键成功要素的提炼和归纳。一般有如下特征:系统性,关键绩效指标是一个系统,公司、部门、班组有各自独立的关键绩效指标,但是必须由公司远景、战略、整体效益展开,而且是层层分解、层层关联、层层支持;可控与可管理性,绩效考核指标的设计是基于公司的发展战略与流程,而非岗位的功能;价值牵引和导向性,下道工序是上道工序的客户,上道工序是为下道工序服务的,内部客户的绩效链最终体现在为外部客户的价值服务上。

(3) 关键绩效指标功能。关键绩效指标所体现的衡量内容最终取决于战略目标。关键绩效指标是对真正驱动战略目标实现的具体因素的发掘,是公司战略对每个职位工作绩效要求的具体体现。关键绩效指标随公司战略目标的发展演变而调整。当战略侧重点转移时,关键绩效指标必须予以修正以反映总体战略新的内容。随着对公司战略目标的分解,使高层领导清晰地了解对创造价值最关键的经营操作情况;能有效反映关键业绩驱动因素的变化程度,使管理者及时诊断经营中的问题并采取措施;区分定性、定量两大指标,有力推动战略的执行;对关键、重点经营行为的反应,使管理者集中精力于对业绩有最大驱动力的经营方面;由高层领导决定并经被考核者认同,为业绩管理和上下级的交流沟通提供一个客观基础。

(4) 评价标准及审核。指标体系确立之后,还需要设定评价标准。一般来说,指标指的是从哪些方面衡量或评价工作,解决"评价什么"的问题;而标准指的是在各个指标上分别应该达到什么样的水平,解决"被评价者怎样做,做多少"的问题。最后,必须对关键绩效指标进行审核。审核主要是为了确保这些关键绩效指标能够全面、客观地反映被评价对象的绩效,而且易于操作。

(5) 关键绩效指标的确立。建立关键绩效指标的要点在于流程性、计划性和系统性,一般遵循下面的过程:第一,建立评价指标体系。可按照从宏观到微观的顺序,依次建立各级的指标体系。先明确战略目标,找出业务重点,并确定这些关键业务领域的关键业绩指标,从而建立关键绩效指标。接下来,各部门的主管需要依据企业级关键绩效指标建立部门级关键绩效指标。然后,各部门的主管和部门的关键绩效指标人员一起再将关键绩效指标进一步分解为更细的关键绩效指标。第二,设定评价标准。一般来说,指标指的是从哪些方面来对工作进行衡量或评价;而标准指的是在各个指标上分别应该达到什么样的水平。指标解决的是我们需要评价"什么"的问题,标准解决的是要求被评价者做得"怎样"、完成"多少"的问题。第三,审核关键绩效指标。对关键绩效指标进行审核的目的主要是为了确认这些关键绩效指标是否能够全面、客观地反映被评价对象的工作绩效,以及是否适合于评价操作。

关键绩效指标法的优点在于:第一,目标明确,有利于总体战略目标的实现。关键绩效指标是战略目标的层层分解,通过关键绩效指标的整合和控制,使员工绩效行为与企业目标要求的行为相吻合,不至于出现偏差,有力地保证了战略目标的实现。第二,提出了客户价值理念。关键绩效指标提倡的是为客户实现价值的思想,对于形成以市场为导向的经营思想是有一定的提升的。第三,有利于组织利益与个人利益达成一致。策略性的指标分解,使战略目标成了个人绩效目标,员工个人在实现个人绩效目标的同时,也是在实现公司总体的战略目标,达到两者和谐,公司与员工共赢的结局。同时关键绩效指标也不是十全十美的,也有不足之处:一是,关键绩效指标比较难界定。关键绩效指标更多是倾向于定量化的指标,这些定量化的指标是否真正对绩效产生关键性的影响,如果没有运用专业化的工具和手段,一般难以界定。二是,关键绩效指标会使考核者误入机械的考核方式。过分地依赖考核指标,而没有考虑人为因素和弹性因素,会产生一些考核上的争端和异议。

二、定量方法

定量方法是以实践数据为评价依据,通过多种类、多学科的数据处理和计算方法对财政支出进行客观评价的方法体系,主要包括成本—效益分析法、目标管理法、综合指数法、平衡计分卡等多种科学性、可操作性强的代表性评价方法。

(一) 成本—效益分析法

成本—效益分析方法的概念首次出现在19世纪法国经济学家朱乐斯·帕帕特的著作中,被定义为"社会的改良",其后这一概念被意大利经济学家帕累托重新界定。到1940年,美国经济学家尼古拉斯·卡尔德和约翰·希克斯对前人的理论加以提炼,形成了"成本—效益"分析的理论基础即卡尔德-希克斯准则。也就是在这一时期,成本—效益分析开始渗透到政府活动中,如1939年美国的洪水控制法案和田纳西州泰里克大坝的预算。多年来,随着经济的发展,政府投资项目的增多,使得人们日益重视投资,重视项目支出的经济和社会效益。这就需要找到一种能够比较成本与效益关系的分析方法。以此为契机,成本—效益在实践方面都得到了迅速发展,被世界各国广泛采用。

成本—效益分析法是按照投入产出的原理,将一定时期内的财政支出投入与产出和效益进行对比分析,评价预定绩效目标完成情况、事业成本和财政资金运营效益和效率的评价方法。就社会成员和财政的关系看,存在着成本效益的比较。税收是人们为购买公共产品而付出的成本,人们愿意用纳税的方式购买公共产品,就是希望从公共产品中获得的效用不少于从私人产品中获得的效用。当公共产品提供的效用大于或等于私人产品时,财政活动是有效益的。财政活动的效益状况需要通过绩效评价才能确定,在财政活动中要通过最有效地使用财政资源,获得最大的经济和社会效益,而是否效益最大,也要通过绩效评价来判断。

成本效益分析通过比较项目的全部成本和效益来评估项目价值,其作为一种经济决策方法,将成本费用分析法运用于政府部门的计划决策之中,以寻求在投资决策上如何以最小的成本获得最大的收益。成本效益分析的基本原理是:针对某项支出目标,提出若干实现该目标的方案,运用一定的技术方法,计算出每种方案的成本和收益,通过比较方法,并依据一定的原则,选择出最优的决策方案。常用于评估需要量化社会效益的公共事业项目的价值,非公共行业的管理者也可采用这种方法对某一大型项目的无形收益进行分析。

在该方法中，某一项目或决策的所有成本和收益都将被一一列出，并进行量化。对一项投资进行成本效益分析主要包括以下步骤：第一，要确定购买新产品或一个商业机会中的成本；第二，确定额外收入的效益；第三，确定可节省的费用；第四，制定预期成本和预期收入的时间表；第五，评估难以量化的效益和成本。

（二）目标管理法

目标管理法是通过确定一定时期内组织的总目标，由此决定上、下级的责任和分目标，并把这些目标作为组织评价和奖励单位和个人贡献标准的评价方法。目标管理源于美国管理专家德鲁克，他在1954年出版的《管理的实践》一书中，首先提出了"目标管理和自我控制的主张"，认为"企业的目的和任务必须转化为目标。企业如果无总目标及与总目标相一致的分目标来指导职工的生产和管理活动，则企业规模越大，人员越多，发生内耗和浪费的可能性越大"。概括来说，目标管理即是让企业的管理人员和员工亲自参加工作目标的制定，在工作中实行"自我控制"，并努力完成工作目标的一种管理制度。

目标管理法属于结果导向型的考评方法之一，以实际产出为基础，考评的重点是工作的成效和劳动的结果。目标管理法是由员工与主管共同协商制定个人目标，个人的目标依据总体战略目标及相应的部门目标而确定，并与它们尽可能一致；该方法用可观察、可测量的工作结果作为衡量员工工作绩效的标准，以制定的目标作为对员工考评的依据，从而使员工个人的努力目标与组织目标保持一致，减少管理者将精力放到与组织目标无关的工作上的可能性。

目标管理应遵循以下原则：第一，企业的目的和任务必须转化为目标，并且要由单一目标评价，转变为多目标评价；第二，必须为企业各级各类人员和部门规定目标。如果一项工作没有特定的目标，这项工作就做不好，部门及人员也不可避免地会出现"扯皮"问题；第三，目标管理的对象包括从领导者到员工的所有人员，大家都要被"目标"所管理；第四，实现目标与考核标准一体化，即按实现目标的程度实施考核，由此决定升降奖惩和工资的高低；第五，强调发挥各类人员的创造性和积极性。每个人都要积极参与目标的制定和实施。领导者应允许下级根据企业的总目标设立自己参与制定的目标，以满足"自我成就"的要求。

目标管理不是用目标来控制，而是用它们来激励。目标管理方式通常有四个共同的要素，它们是：明确目标，参与决策，规定期限和反馈绩效。目标管理通过一种专门设计的过程使目标具有可操作性，这种过程一级接一级地将目标分解到组织的各个单位。组织的整体目标被转换为每一级组织的具体目标，即从整体组织目标到经营单位目标，再到部门目标，最后到个人目标。在此结构中，某一层的目标与下一级的目标连接在一起，而且对每一位员工而言，目标管理都提供了具体的个人绩效目标。实施目标管理要按步骤进行：第一，确定组织的整体目标和战略；第二，在经营单位和部门之间分配主要的目标；第三，各单位管理者和他们的上级一起设定本部门具体目标；第四，部门的所有成员参与设定自己的具体目标；第五，管理者与下级共同商定如何实现目标的行动计划；第六，实施行动计划；第七，定期检查实现目标的进展情况，并向有关单位和个人反馈；第八，基于绩效的奖励将促进目标的成功实现。

目标管理法的评价标准直接反映员工的工作内容，结果易于观测，所以很少出现评价失误，也适合对员工提供建议，进行反馈和辅导。由于目标管理的过程是员工共同参与的过程，因此，员工工作积极性大为提高，增强了责任心和事业心。目标管理有助于改进组织结构的职责分工。但目标管理法没有在不同部门、不同员工之间设立统一目标，因此难以对员工和不同部门之间的工作绩效横向比较，不能为以后的晋升决策提供依据。

（三）综合指数法

综合指数法是指在确定一套合理的经济效益指标体系的基础上，对各项经济效益指标个体指数加权平均，计算出经济效益综合值，用以综合评价经济效益的一种方法。即将一组相同或不同指数值通过统计学处理，使不同计量单位、性质的指标值标准化，最后转化成一个综合指数，以准确地评价工作的综合水平。综合指数值越大，工作质量越好，指标多少不限。

综合指数法是将项目各环节的经济效益单项指标值进行综合，说明总体和各个环节的经济效益水平。该方法准确度高，评价范围广，但指标选择、权数计算等相对复杂。综合指数法将各项经济效益指标转化为同度量的个体指数，便于将各项经济效益指标综合起来，以综合经济效益指数为企业间综合经济效益评比排序的依据。各项指标的权数是根据其重要程度决定的，体现了各项指标在经济效益综合值中作用的大小。综合指数法的基本思路则是利用层次分析法计算的权重和模糊评判法取得的数值进行累乘，然后相加，最后计算出经济效益指标的综合评价指数。

（四）平衡计分卡法

平衡计分卡，源自哈佛大学教授罗伯特·卡普兰（Robert Kaplan）与诺朗顿研究院的执行长戴维·诺顿（David Norton）于1990年所提出的未来组织绩效衡量方法。当时该计划的目的，在于找出超越传统以财务量度为主的绩效评价模式，以使组织的策略能够转变为行动，经过将近20年的发展，平衡计分卡已经发展为集团战略管理的工具，在集团战略规划与执行管理方面发挥非常重要的作用。平衡计分卡方法打破了传统的只注重财务指标的考核体系的缺陷。传统的财务会计模式只能衡量过去发生的事情，但无法评估组织前瞻性的投资，仅关注财务指标会过分关注一些短期行为而牺牲一些长期利益。平衡计分卡从四个方面来建立衡量体系：财务、客户、业务管理和人员的培养和开发。这四个方面是相互联系、相互影响的，其他三类指标的实现，最终保证了财务指标的实现。同时平衡计分卡方法下设立的考核指标既包括了对过去业绩的考核，也包括了对未来业绩的考核。

平衡计分卡法一方面保留传统上衡量过去绩效的财务指标，并且兼顾了促成财务目标的绩效因素之衡量；在支持组织追求业绩之余，也监督组织应兼顾学习与成长的方面，并且透过一连串的互动因果关系，组织得以把产出和绩效驱动因素串联起来，以衡量指标与其量度作为语言，把组织的使命和策略转变为一套前后连贯的系统绩效评价量度，把复杂而笼统的概念转化为精确的目标，借以寻求财务与非财务的衡量之间、短期与长期的目标之间、落后的与领先的指标之间，以及外部与内部绩效之间的平衡。平衡计分卡的出现，使得传统的绩效管理从人员考核和评估的工具转变成为战略实施的工具；使得领导者拥有了全面的统筹战略、人员、流程和执行四个关键因素的管理工具；使得领导者拥有了可以平衡长期和短期、内部和外部，确保持续发展的管理工具。一般而言，平衡计分卡包含五项平衡：

财务指标和非财务指标的平衡。考核一般是评定财务指标，而对非财务指标（客户、内部流程、学习与成长）的考核很少，即使有对非财务指标的考核，也只是定性的说明，缺乏量化的考核，缺乏系统性和全面性。

（1）企业的长期目标和短期目标的平衡。平衡计分卡是一套战略执行的管理系统，如果以系统的观点来看平衡计分卡的实施过程，则战略是输入，财务是输出。

（2）结果性指标与动因性指标之间的平衡，平衡计分卡以有效完成战略为动因，以可衡量的指标为目标管理的结果，寻求结果性指标与动因性指标之间的平衡。

（3）企业组织内部群体与外部群体的平衡。平衡计分卡中，股东与客户为外部群体，员工和内部业务流程是内部群体，平衡计分卡可以发挥在有效执行战略的过程中平衡这些群体间利益的重要性。

（4）领先指标与滞后指标之间的平衡。财务、客户、内部流程、学习与成长这四个方面包含了领先指标和滞后指标。财务指标就是一个滞后指标，它只能反映公司上一年度发生的情况，不能告诉企业如何改善业绩和可持续发展。而对于后三项领先指标的关注，使企业达到了领先指标和滞后指标之间的平衡。

平衡计分卡是从财务、客户、内部运营、学习与成长四个角度，将组织的战略落实为可操作的衡量指标和目标值的一种新型绩效管理体系，因此平衡计分卡的设计包括四个方面：财务角度、顾客角度、内部经营流程、学习和成长。这几个角度分别代表三个主要的利益相关者：股东、顾客、员工，每个角度的重要性取决于角度的本身和指标的选择是否与战略相一致。财务层面，财务业绩指标可以显示战略及其实施和执行是否对改善盈利做出贡献。财务目标通常与获利能力有关，其衡量指标有营业收入、资本报酬率、经济增加值等，也可能是销售额的迅速提高或创造现金流量。客户层面，在平衡计分卡的客户层面，管理者确立了其业务单位将竞争的客户和市场，以及业务单位在这些目标客户和市场中的衡量指标。客户层面指标通常包括客户满意度、客户保持率、客户获得率、客户盈利率，以及在目标市场中所占的份额。客户层面使业务单位的管理者能够阐明客户和市场战略，从而创造出出色的财务回报。内部经营流程层面，在这一层面上，管理者要确认组织擅长的关键的内部流程，这些流程帮助业务单位提供价值主张，以吸引和留住目标细分市场的客户，并满足股东对卓越财务回报的期望。学习与成长层面，它确立了要创造长期的成长和改善就必须建立的基础框架，确立了未来成功的关键因素。平衡计分卡的前三个层面一般会揭示实际能力与实现突破性业绩所必需的能力之间的差距，为了弥补这个差距，必须投资于员工技术的再造、组织程序和日常工作的理顺，这些都是平衡计分卡学习与成长层面追求的目标。如员工满意度、员工保持率、员工培训和技能等，以及这些指标的驱动因素。

平衡计分卡方法突破了财务作为唯一指标的衡量工具，做到了多个方面的平衡，与传统评价体系比较，具有如下特点：一是，平衡计分卡为战略管理提供强有力的支持。随着全球经济一体化进程的不断发展，市场竞争的不断加剧，战略管理对组织持续发展而言更为重要。平衡计分卡的评价内容与相关指标和组织战略目标紧密相连，战略的实施可以通过对平衡计分卡的全面管理来完成。二是，平衡计分卡可以提高组织整体管理效率。平衡计分卡所涉及的四项内容，都是组织未来发展成功的关键要素，通过平衡计分卡所提供的管理报告，将看似不相关的要素有机地结合在一起，可以大幅节约管理者的时间，提高管理的整体效率，为组织未来成功发展奠定坚实的基础。三是，注重团队合作，防止管理机能失调。团队精神是一个组织文化的集中表现，平衡计分卡通过对组织各要素的组合，让管理者能同时考虑组织各职能部门在组织整体中的不同作用与功能,使他们认识到某一领域的工作改进可能是以其他领域的退步为代价换来的,促使组织管理部门考虑决策时要从组织整体出发,慎重选择可行方案。四是,平衡计分卡可提高激励作用,扩大员工的参与意识。平衡计分卡强调目标管理,鼓励下属创造性地(而非被动)完成任务,这一管理系统强调的是激励动力。五是,平衡计分卡可以使组织信息负担降到最少。在当今信息时代,企业很少会因为信息过少而苦恼,随着全员管理的引进,当员工或顾问向企业提出建议时,新的信息指标总是不断增加。这样,会导致高层决策者处理信息的负担大大加重。而平衡计分卡可以使管理者仅仅关注少数而又非常关键的相关指标,在保证满足管理需要的同时,尽量减少信息负担成本。

平衡计分卡是对传统绩效评价方法的一种突破,但不可避免地也存在一些缺点:第一,实施难度大,平衡计分卡的实施要求组织具有明确的整体战略,因此管理基础差的企业不可以直接引入平衡计分卡,必须先提高自己的管理水平,才能循序渐进地引进平衡计分卡。第二,指标体系的建立较困难,平衡计分卡对传统业绩评价体系的突破就在于它引进了非财务指标,克服了单一依靠财务指标评价的局限性。然而,这又带来了另外的问题,即如何建立非财务指标体系、如何确立非财务指标的标准以及如何评价非财务指标。第三,指标数量过多,指标间的因果关系很难做到真实、明确。第四,各指标权重的分配比较困难,要对企业业绩进行评价,就必然要综合考虑上述四个层面的因素,这就涉及一个权重分配问题。此外,部分指标的量化工作难以落实,尤其是对于部分很抽象的非财务指标的量化工作非常困难,且实施成本大,要求企业从财务、客户、内部流程、学习与成长四个方面考虑战略目标的实施,都是在采用平衡计分卡时需要首先解决的问题。

(五) 数据包络分析法

数据包络分析(Data Envelopment Analysis,简称 DEA)方法是由美国著名运筹学家查恩斯(Chames)等人,在1978年以相对效率概念为基础发展起来的一种新的绩效评价方法,是运用数学工具评价经济系统生产前沿面有效性的非参数方法,它适用于多投入多产出的多目标决策单元的绩效评价。

数据包络分析以决策单元(Decision Making Unit,简称 DMU)的投入、产出指标的权重系数为变量,借助于数学规划模型将决策单元投影到 DEA 生产前沿面上,通过比较决策单元偏离 DEA 生产前沿面的程度来对被评价决策单元的相对有效性进行综合绩效评价。其基本思路是:通过对投入产出数据的综合分析,得出每个 DMU 综合相对效率的数量指标，确定各 DMU 是否为 DEA 有效。DEA 有效性的评价是对已有决策单元绩效的比较评价，属于相对评价，它常常被用来评价部门间的相对有效性（又称之为 DEA 有效）。该方法的第一个数学模型被命名为 CCR 模型。从生产函数角度看，这一模型是用来研究具有多项输入、特别是具有多项输出的"生产部门"时衡量其"规模有效"和"技术有效"较为方便而且是卓有成效的一种方法和手段。自从该方法提出以来，就广泛应用于各个行业的有效性评价上。此后，得到不断完善，并且在实践中的应用也越来越广泛。例如 1984 年班克（Banker）、查恩斯和库柏（Cooper）给出了一个被称为 BCC 的模型，又称之为 BL 模型。另外，于 1985 年查恩斯、库柏以及格拉尼、赛福德和斯图茨（Golany, Seiford and Stutz）给出了另一个模型，称为 CCGSS 模型，又称之为 LGS2 模型，这两个模型是用来研究生产部门之间的"技术有效"相对效率。

自从数据包络分析法提出至今，其应用范围日渐广泛。例如它被广泛应用于学校、医院、铁路、银行等公共服务部门的运行效率的评估实证研究。DEA 作为一种新的效率评估方法，与以前的传统方法相比有很多优点：首先，DEA 方法可以用于对具有多投入、多产出的多个决策单元的生产（或经营）绩效性进行评价，而且应用时可以避免像传统方法那样因为各指标量纲的不同而寻求权重因素所带来的诸多困难，其评价结果相对而言比较客观；其次，DEA 模型中投入、产出指标的权重可以建立数学规划模型，然后根据实际的数据而产生，而不是事先给定投入与产出的权重系数，因此它不受人为主观因素的影响，可避免在权重的分配时评价者的主观意愿对评价结果造成人为的影响；第三，数据包络法是一种典型的非参数估计方法，应用该方法评价时无须设定评价函数的具体形式，投入产出采用隐函数的形式表示，不同决策单元的评价函数其参数可以变动，针对各个决策单元都将通过数学规划模型的手段给出最优的投入产出函数，从而利用计算简化。

数据包络分析法是研究决策单元的多输入多输出的相对有效的绩效评价方法，因此使用时也存在一些缺陷：首先，它衡量的生产函数边界是确定的，因而它无法分随机因素和测量误差的影响；其次，该方法的绩效效率评价容易受到极值的影响，而且决策单元的效率值对投入、产出指标的选择比较敏感，这就使得如何准确地选取投入、产出指标成为有效使用 DEA 方法的关键；另外，由于被评价的决策单元都是从最有利于自己的角度分别求取权重，这就导致了这些权重随着决策单元的不同而可能不同，从而使得每个决策单元的特性缺乏有效的可比性；最后，根据 DEA 评价方法的特点只能判断各个决策单元是否 DEA 有效，而将所有决策单元分为有效和非有效两大类，因而使用该方法进行决策单元的绩效评价时，可能出现大量甚至全部的决策单元为有效的情形，因此传统的 DEA 方法不能对被评价的决策单元进行排序。

第四节 财政专项资金绩效评价工作改进措施

一、树立科学合理的绩效评价意识

没有科学合理的绩效评价理念的指导，很多单位部门会忽视财政专项资金绩效评价的重要性。改善财政专项资金绩效评价工作，首先要树立起科学合理的评价意识和理念。财政专项资金绩效评价工作人员要加强对绩效评价相关知识的了解，主动学习，认清自身的职责和能力，在开展绩效评价工作时严格按照相关的法律法规和程序执行，对财政专项资金使用过程中的资料信息进行严格的审查和核对，确认每一环节中的信息的真实性和准确性，及时发现财政专项资金使用过程中的违法违规行为，并向管理层进行反馈。财政管理工作具有特殊性，财政专项资金绩效评价工作效率也和相关工作人员的素质和专业能力有着直接联系，因此，需要在财政部门内部加强对工作人员的技能和专业培训，营造良好的工作氛围，提升相关人员的工作技能，以满足当前绩效评价工作需求。

二、健全财政专项资金绩效评价机制

财政部门要针对财政专项资金的使用建立起完善的评价机制，以保证绩效评价工作的顺利开展，以及专项资金的规范有效使用。通过专项资金绩效评价机制的建立，完善绩效评价的程序和环节，对财政专项资金使用的每一个环节进行监督控制，来保证专项资金使用的合法性和有效性。

同时，在专项资金的使用分配过程中应设置科学的绩效评价指标，对每一个项目的每个环节做好风险控制。例如，根据财政专项资金的使用过程，将绩效评价划分为四个阶段，专项资金的设立阶段、项目立项阶段、专项资金运作阶段以及专项资金反馈阶段，同时从多个角度设置风险和收益指标，并制定相应的评价机制。财政专项资金使用的每一个阶段，都需要对数据和资料进行详细的记录和保存，为绩效评价工作的开展提供真实、准确的依据。另外，在绩效评价指标的设置时，要关注每个项目的个性特征，完善评价指标，保证绩效评价工作的顺利开展和财政专项资金使用效率的提高。

三、合理确定财政专项资金绩效评价目标

目标设置不合理会影响绩效评价工作的规范性和稳定性。在财政专项资金绩效评价工作中，需要根据不同项目的特性以及内外部环境的变化，合理评估项目所能取得的成效，并设置相应的绩效评价目标。

财政部门在设置绩效评价目标时，要深入进行市场调研，加强和专家学者的交流沟通，结合财政资金的使用现状，确定出科学合理的财政专项资金使用目标。同时，可以根据不同的项目内容或项目的不同阶段，将目标进行细化和扩展，保证目标的可操作性和适用性。

另外，在财政资金绩效评价反馈时，要根据不同的反馈结果对相关目标进行动态优化，使目标更符合单位发展需要和社会需求。对于财政专项资金使用过程中偏离绩效目标的行为，要制定科学的纠偏机制，及时调整专项资金使用情况，充分发挥财政专项资金的积极作用，为社会提供更为优质的公共服务。

第五章 财政专项资金绩效评价现状与国外经验启示

财政支出绩效评价的发展过程受到社会政治、经济状况的影响，一定时期政府公共管理模式及财政管理模式决定了财政支出绩效评价的发展历程。新行政模式下的分权化管理和责任机制为公共财政支出绩效评价制度的建立奠定了制度基础。本章以财政专项资金绩效评价发展现状与问题为线索，对发达国家财政专项资金绩效评价的发展过程、现状进行了介绍，并得出了相应的经验启示。

第一节 财政专项资金绩效评价发展现状与问题分析

一、缺乏对财政专项资金绩效评价工作的意识

我国目前城市之间的经济发展状况不一，根据目前不同地区的发展，选择部分经济水平较高的地区实施财政专项资金绩效评价工作，在实施的过程中根据地区的实际情况制定财政专项资金绩效评价工作的方法，并且对此制定相应的管理机制。但是在具体实施的过程中也会出现部分问题，其中实施财政专项资金绩效评价工作的主要问题有：其一是财政专项资金作为企业资金管理中重要的一部分，对此是否应该实行绩效评价工作是当前主要的问题。部分人对绩效评价依旧存在反对的意见。我国在成立初期，应当时国情发展的需要，财政管理工作的形式需要根据国情现状做出相应的改变以及调整，因此财政管理工作在具体开展期间进行了一系列的创新改革。从而导致了传统的财政管理形式受到影响。其二是由于我国地区具体发展情况的原因，使其财政专项资金绩效评价的体系构建以及后续的具体工作实施环节都相继出现不合理化的问题。这类问题的出现使得部分地区的政府财政部门以及企业财政部门的管理人员对绩效评价工作的重要性缺乏认识。甚至在部分企业

的财政管理工作开展过程中搞形式主义，对于具体的工作内容并没有真正展开实施。

二、财政专项资金绩效评价机制内容不健全

企业或者相关单位在实施财政专项资金绩效评价期间会建立相关的机构机制，目前主要存在的问题是其企业机构内部关于具体工作的规划以及划分没有清晰的定位，使财政管理工作在开展期间因为职权模糊而出现错误的决策。引起企业财政专项资金绩效评价工作机构内部工作职权划分不清晰的主要原因有以下两点：

其一是缺乏相应的监管监督部门。我国目前针对企业财政专项资金合理化的运行，各地区政府的相关部门需要对此进行绩效审核工作，绩效审核工作需要专业的工作人员组织进行审核，但是目前并没有建立相关的监管部门，从而使绩效审核工作的开展缺乏科学规范的统筹，同时影响绩效审核工作的正常运转。

其二是绩效审核工作要求的不统一化。在企业具体实施财政专项资金绩效评价工作期间，相关的政府部门在进行绩效审核工作时需要根据一个统一化的标准实行。由于目前缺乏统一化的绩效审核标准，一方面会引起政府相关部门对企业进行绩效审核工作后，其结果无法根据一个正确的依据或者参考数值进行评判；另一方面会使企业或者单位关于财政专项资金的使用不能最大化地体现其价值，资金不能合理化地分配，主要是由于相关政府财政部门的绩效审核工作的公正性以及合理性受到影响。

三、财政专项资金绩效评价结构体系的建立不完善

建立财政专项资金绩效评价结构体系主要是针对其相关企业单位的财政管理部门工作人员的具体工作。政府财政部门绩效审核的工作人员根据建立的财政专项资金绩效评价结构体系展开工作，体系所规定的指标对企业单位财务部门工作人员的具体工作给予指导。目前由于我国当前的经济水平发展持续增长，同时增加的还有我国整体财务层面的收入，因此，我国实施财政专项资金绩效评价是必要的趋势。但是根据财政专项资金绩效评价工作具体实施的现状，目前仍旧处于不断摸索尝试的阶段，所以关于财政专项资金绩效评价体系的建立并不完善，从而一方面导致对财政专项资金绩效评价工作缺乏科学合理化，使其实施失去公平；另一方面是关于在具体实施过程中所面临的政策扶持问题，相关的财政管理部门即使在制订相应的规划以及方案，但是实施也需要基于我国目前政府推行的政策扶持。根据目前的实施现状而言，没有实际性的政策扶持，在实际实施过程中也会使财政专项资金绩效评价工作存在的问题依旧没有得到有效的解决。

第二节　发达国家财政专项资金绩效评价经验启示

一、国外开展财政支出绩效评价的发展过程

绩效评价在西方国家政府管理中的孕育和产生是把私营部门的一些管理方法与经验运用到政府公共部门，普遍采取了以公共责任和顾客至上为理念、以谋求提高效率与服务质量、改善公众对政府公共部门的信任为目的的政府绩效评价措施。这一措施为政府管理拓宽了视野，也为我国采取有效的对策来解决全球化、市场化背景条件下的政府管理问题提供有效的借鉴。

（一）国外开展财政支出绩效评价萌芽期

政府绩效评价是现代公共管理研究中的一个前沿课题，它是加强政府管理、提高政府绩效的有效手段，是现代行政体制改革的切入点和关键措施。20世纪70年代末以来，绩效评价作为政府再造的有效工具被越来越广泛地运用到各国行政改革实践中。英国是西方国家中政府绩效评价成效最为显著的国家之一，具有持续时间较长、进行得最为彻底和全面的特点，一些主要措施如"公民宪章运动"被许多国家政府纷纷仿效。

近代财政支出绩效评价，是以19世纪欧洲伴随着工业革命的完成和民主制度的初步建立而建立起来的国家审计制度作为其萌芽的，这一时期财政支出审查的特点是：注重对财政支出合法性和合规性的审查；注重对各政府部门支出账簿的审查，即负责全面"验证和报告"各支出账目。

从19世纪开始，西方国家先后不约而同地建立了相对独立和具有权威性的机构，从事政府审计活动，监督政府的收支活动。如法国于1807年成立审计法院，挪威于1814年成立审计长公署，英国于1866年建立国库审计部，德国（当时的德意志帝国）于1871年建立帝国审计院，加拿大于1878年建立审计长公署，日本于1880年建立会计检查院，澳大利亚于1901年成立审计署等。

这一阶段的财政支出绩效评价是以对财政支出的国家审计为表现形式的，这是建立在资本主义工业化的完成，西方民主意识逐步加强的基础上。但此时的国家审计也有其局限性，主要是此时的审查只关心合法性和合规性，对改善政府支出管理，财政支出的合理性

和效率性没有涉及。而且此时的政府规模也比较小，所以审查的范围也很小，在某种程度上说，只是一个消极性的控制行为。

（二）国外开展财政支出绩效评价成长期

20世纪二三十年代经济大危机使政府干预经济成为必要和必然，传统的国家审计开始逐步为绩效审计所代替，这主要是当时的社会、政治和经济影响的结果。凯恩斯的政府干预经济的理论开始盛行，政府职能因此而扩大和加强，此时财政支出的绩效评价除了对传统的合法性和合规性审查外，已经开始把政府审计工作推向了绩效审计，要求对项目执行的效果和项目获得的效率性进行审计，剖析效率较低、达不到预期效果的原因，并提出质疑和适当建议。

政府财政支出绩效审计的最初表现形式是对公营企业的审计和监督。第一次世界大战后，美国国内要求加强政府收支管理的呼声很高。1921年，美国国会通过《预算和会计法案》，建立了统一的预算收支制度。20世纪20年代末30年代初，世界性经济危机对美国影响很大，罗斯福政府采用财政政策和货币政策刺激经济的增长，同时建立大量的公营企业。在第二次世界大战期间，公营公司出现缺乏财务控制和效率低下问题。国会于1945年颁布了《政府公司控制法案》，决定由国会会计经营公司进行年度审计，此时的国家审计已经从简单地审查账目，转到对公营企业进行财务审计。该法案是一座里程碑，它标志着美国国家审计工作的重点转向经济性、效率性和综合审计。

20世纪60年代，美国在"向贫困宣战"的规划中将巨额国家预算资金投入了经济建设。1966年，埃尔默·斯塔茨就任审计长后，正式把政府审计工作推向了绩效审计，要求对项目执行的效果和项目获得的效率性进行审计。这种初步开始的对项目的经济性、效率性和有效性审查在某种程度上已经突破了传统的审计范畴，开始步入绩效评价的领域。1972年，美国国会颁布了《政府审计准则》黄皮书，提出了"绩效审计"的概念，标志着绩效审计在理论上和制度上的进一步完善。这一时期除美国外，包括加拿大在内的一些西方国家也充分进行了绩效审计的探索。

（三）国外开展财政支出绩效评价成熟期

20世纪七八十年代以来，全球化、信息化进程加快，国际竞争加剧，公众的素质进一步提高，民主意识增强，要求政府的管理更加民主、透明和高效，同时巨额的财政赤字和超负荷的社会经济职能，使政府负担越来越重，在这种情况下，为摆脱财政困境和提高政府效率，西方各国相继掀起了政府改革的热潮，采取了一系列改革，其目标是创造一个少花钱多办事的政府。这场被称为"新公共管理"的运动起源于英国、美国、澳大利亚和新西兰，并逐步扩展到全世界，具有国际性趋势。

该阶段的财政支出绩效评价的内容包括政府公共服务市场化改革，政府内部管理改革及政府职能的相对收缩。加强政府的绩效管理，其中加强政府财政支出的绩效评价是政府进行内部管理改革的重要组成部分，财政支出绩效评价从以往鉴证式的事后评价，过渡到事前评价与事后评价相结合，其评价的目标也从为政府部门的财政财务工作提供审计式的鉴证和报告到评价经济性、效率性和有效性，从而发现问题，提供政策建议。

1979年，美国管理和预算办公室（OMB）制定了《关于行政部门管理的改革和绩效评价工作应用》（A-117号），开始了新的绩效评价制度尝试。英国从20世纪80年代也开始发起反对浪费和低效益的运动，成立了效率工作组，对政府的有关项目计划和工作进行效率审查。1979年，撒切尔政府开展了著名的"雷纳评审"。1982年著名的《财务管理新举措》（Financial Management Initiatives），要求政府各个部门树立浓厚的"绩效意识"，把经济、效率、效益分化为大量绩效指标。1983年，英国卫生与社会保障部第一次提出了较为系统的绩效评价方案，设立140个绩效指标，应用于卫生管理部门和卫生服务系统的绩效评价。1983年，澳大利亚政府发表《改革澳大利亚公共服务白皮书》，随后澳大利亚政府要求各部门提供部门支出绩效评价的计划。这个时期很多国家都在绩效评价的理论上和实践中进行了充分的探索。

从20世纪90年代开始，各国已经基本上建立了较为完善的绩效评价制度和体系。1993年美国第103届国会颁布了《政府绩效与结果法案》（Government Performance and Results Act，GPRA），通过设定政府财政支出的绩效目标，比较绩效目标和实施成果，进行年度绩效评价，提高联邦政府的工作效率和责任心。英国政府也于1997年颁布了《支出综合审查》，要求政府部门每年与财政部签订《公共服务协约》，以确定绩效目标。在财政年度结束后，进行年度的绩效评价，向议会提交《秋季绩效评价报告》。1998年、1999年、2000年澳大利亚政府相继出版了《辨析目标和产出》《澳大利亚政府以权责发生制为基础的目标和产出框架：审查指南》和《目标与产出框架》，用来指导各政府部门运用目标与产出理论编制年度预算报告及其年度绩效评价报告，形成了以目标与产出框架理论为基础的绩效评价体系。

在全球范围内，在该时期都加强了财政支出绩效的体系建设工作，如加拿大、新西兰、德国、瑞典等国家也相继进行了行政改革，建立了较为完善的绩效评价制度和体系，对政府部门开展广泛的绩效评价。

该时期，经济快速发展大都是在第二次世界大战之后，在大多数发展中国家，随着经济的较快发展，以及全球经济一体化进程和国际竞争的加剧，政府承担的任务更重，政府职能比发达国家相对来说更深更广，如何提高政府支出的效果和效率，是摆在各国面前一个重要的课题。

二、部分西方国家财政支出绩效评价的现状

西方国家政府管理中的绩效评价是政府再造的重要内容和根本性措施，是在科学技术发展、全球化和国际竞争环境下政府管理方法的重大革新。尽管它还存在着种种的缺陷，但它反映了公共行政学中注重管理的技能与方法、注重管理结果和发展服务行政的公共管理发展趋势，改变了英、美等许多西方国家政府的行政架构、组织和服务供给模式，并以其所特有的政治功能和管理功能赢得了在西方国家方兴未艾的发展。根据各国和国际组织评价体系的特点，重点介绍美国、英国、澳大利亚、加拿大等国的财政支出绩效评价制度。

（一）美国财政支出绩效评价体系

美国的总体国力经过积累到强盛崛起再到成为唯一的超级大国，这一过程也是制度的建设过程。尤其在美国市场经济发展到了一定阶段时，政府的财政支出之中的很多弊端也随之出现，同时出现了一代又一代的制度建设者，通过一系列的改革使得美国政府快速地转化职能，适应全球化、信息化、民主化、市场化的要求。其中重要的是美国实行了对财政支出的绩效评价制度，正是这一制度的科学化的建立、发展、完善，使得美国的政府改革不仅找到了改革的方向，而且使财政改革取得了事半功倍的效果。美国财政支出绩效评价工作比较早，体系也比较完善，其标志就是1993年颁布了《政府绩效与结果法案》。美国财政支出绩效评价体系的主要特点如下：

1. 评价的组织实施

在该时期，美国快速推进了绩效评价的组织，实施组织的建设工作，其中核心管理及评价组织包括：美国国会会计总署（GAO）；总统预算与管理办公室；美国各个州的各级政府部门及其财政管理机构。

2. 评价的对象和内容

经过建立的较为完善的政府财政支出绩效评价与管理组织后，大力开展了绩效评价的

推进工作,美国政府绩效评价对象包括"部门年度绩效考评"和"专题绩效评价"。"专题绩效评价"一般由会计总署(GAO)应国会或其他部门的要求进行评价。美国政府绩效评价制度是运用数理统计、运筹学原理和特定评估指标体系,对照统一的标准,按照一定的程序,通过定量定性对比分析,对美国财政部门在一定期间的效益和业绩做出客观、公正和准确的综合评判的制度。但是,美国政府绩效评价制度不是孤立的过程,而是渗透于美国政府行政活动中的,是与美国政府管理相联系的,是整个美国政治生活的缩影。

3. 评价结果的应用

由美国国会直接领导和监督,并由国会会计总署(GAO)负责对联邦政府各部门实施绩效的评价,所以其评价的力度很大,评价的效果可以充分运用到提高政府工作效率中。主要表现在:及时发现政府部门在管理中的问题,及时提出解决方案,供国会和政府参考。同时,绩效评价的结果与各部门和单位的管理责任紧密地结合起来,将绩效评价的结果与预算结合起来,提高绩效评价结果的充分应用,加强各部门管理责任的落实,进一步加强政府支出管理,提高政府支出效益和政府工作效率。

(二) 英国财政支出绩效评价体系

以英国为代表的西方国家新公共管理运动本质上就是一场在绩效评价理论指导下的行政改革运动,随着政府绩效评价国际化改革潮流的发展,英国显现出其独特性的政府财政支出绩效评价的政策与实践。根据绩效评价侧重点的不同,英国政府绩效评价的实践分为效率优位与质量优位两个大的阶段,概括英国政府绩效评价的主要特征及其普适性特点和局限。

20世纪80年代,英国发起了反对浪费和低效益的运动,成立了一个效率工作组,对政府的有关项目计划和工作进行效率审计,对地方政府的预算开支实行总量控制,要求所有的地方建筑和公路建设项目实行公共部门与私营部门公开竞标。1982年英国颁布了著名的《财务管理新举措》(Financial Management Initiatives),要求政府各个部门树立浓厚的"绩效意识"。20世纪90年代中期以来,英国首相布莱尔提出建立"现代化的政府",英国政府发布《现代化政府白皮书》,提出建立高质量、高效率的以公共服务享用者(即公众)为中心的公共服务体系,而建立一个现代化政府的有用的和有效的工具就是进行政府支出绩效评价,建立了较完善的绩效评价制度。

1. 评价的组织实施

英国政府的绩效评价工作受公共服务和公共支出内阁委员会(PSX)指导和监督,主要由各政府部门进行自我评价，同时英国财政部为保证各部门报送决算资料的准确性，并确保公共支出的目标能够达到，每年也会对一些政府部门支出情况进行综合绩效评价。

2. 评价的对象和内容

英国政府绩效评价包括对政府部门的评价、对基层单位的评价、对地方政府的评价和对项目的评价，其中许多方面都是有交叉的。比如，对各政府部门的整体评价是建立在对单个基层单位评价的基础上，同时也带动了各基层单位的评价。不管是政府部门评价、单位评价，还是地方政府评价都包含着若干对项目的评价。事实上，财政支出的绩效评价是一项综合的系统工程。

3. 评价结果的应用

绩效评价的结果成为调整政府长期经济目标和计划的依据；成为财政部对各政府部门制定以后年度预算的依据；评价的结果也作为国会和内阁对各政府的行政责任制落实的重要依据，它促进了政府责任制的落实和加强，提高了政府工作效率。客观上促进了政府部门更好地为公众服务，同时接受国会和公众的监督。

（三）澳大利亚财政支出绩效评价体系

澳大利亚政府服务部门所推进的政府财政支出管理促使其在政府的社会财政支出管理与实践中做出了较大的改革，取得了显著的成效。为了促进公共部门进一步改进绩效并增加透明度，澳大利亚于1994年成立了政府服务评估筹划指导委员会（Steering Committee for the Review of Government Service Provision），专门负责指导和监督政府服务绩效的评估工作。1995年，澳大利亚政府服务部门的绩效评价在澳大利亚政府联合会（Council of Australian Government）的赞助下，正式全面开展起来，此后每年举行一次。同时，澳大利亚政府财政支出指标体系的构建、绩效信息的收集等都在评估实践中不断得到改进和完善。澳大利亚政府服务绩效评价体系设计思路、评价指标体系、评价的组织机构、评价的实施过程以及澳大利亚政府服务绩效评价的特点，对其他国家政府财政支出绩效评价具有较大的借鉴意义。

澳大利亚财政支出绩效评价工作虽然开展得不是很早，但由于其建立了以权责发生制为基础的会计制度，确立了目标与产出框架，政府支出效率得到很大提高。澳大利亚财政支出绩效评价工作目标与产出框架主要分为三个问题：首先，政府想完成什么任务（目标）；其次，如何实现和完成任务目标（产出和实施项目）；第三，预测如何实现目标和任务（执行情况报告，也就是财政支出绩效评价报告）。建立在目标与产出框架理论基础上的澳大利亚财政支出绩效评价体系的主要特点：

1. 评价的组织实施

澳大利亚的政府绩效评价主要是由财政与管理部组织领导，各政府部门分别实施的。各联邦政府部门在绩效评价中的职责主要是负责各部门的绩效和规划评价工作，具体是由各部门的首席执行官（CEO）推动本部门的评价活动。

每年，各联邦政府部门的部长在其向财政与管理部（DOFA）上报的《部长预算陈述》中必须要详细地叙述其部门目标与产出情况，包括部门战略、预计要达到的目标、要达到目标应该获得的相应的各种"产出"、需要使用的资源情况和实现目标的责任制度等。一般情况下，各部门的评价工作主要由各部门内部机构和人员进行，同时吸收一些外部的专家参与评价，通常会有一个专家组，也有时会委托第三方进行评价。同时，每年各政府部门要提交《年度报告》，包括绩效的报告，管理与相关责任的确定，绩效报告部分要对实际实施情况与《部长预算陈述》进行对比分析。年度报告必须向国会和公众公布。

2. 评价的对象和内容

澳大利亚的绩效评价对象是多层次的，主要包括对各政府部门，各单位及项目的评价。评价的内容主要包括：①目标的确定是否实际、可行；②绩效指标的确定是否能真实客观地衡量和反映目标；③实施结果（即产出）与目标的对比；④具体项目的投入产出比较。

3. 评价结果的应用

澳大利亚的绩效评价制度以"目标与产出框架"为其理论基础，使政府更好地将其设立的为公众服务的目标与其最终产出成果联系起来。这项绩效评价制度建立了一种以结果为基础和导向的管理责任制，在实际应用中大大提高了政府的工作效率。同时通过将预算与各部门要实现的目标紧密地结合起来，加强了预算的管理，减少了政府支出，加强了资金的使用效果，提高了资金使用效率。

（四）加拿大财政支出绩效评价体系

加拿大联邦政府在绩效评价和问责体系的制度建设中起着举足轻重的作用。从20世纪70年代后期联邦政府为提高管理绩效和加强监控而引入评估机制，并对所有计划进行循环评价，到近期的开支审查程序、管理问责框架等，其评价体系也伴随着一系列评价政策与评价实践的实施、修正和提升而日益成熟化和系统化。

1977年发布《绩效评价政策》文件中，规定绩效评价工作应该成为进行日常管理的重要组成部分，它明确规定绩效评价工作部长的管理责任。评价的结果和建议被用来对资源进行更明确的决策，用来追究各部门的管理责任，以及向部长提供高质量的参谋建议，初步建立起绩效评价体系和工作标准。

2001年出台的新的《加拿大政府绩效评价政策和标准》，区别了绩效评价和内部审计，并把绩效评价的范围扩大到对政府各部门的政策和计划进行评价，强调以结果为基础和导向的管理模式，确定新的评价制度。

2003年6月，财政委员会秘书处（TBS）发布了管理问责框架（MAF），强化了组织机构在高效管理、政府决策和绩效展示三个方面的责任。2003年12月，TSB要求所有的联邦机构每年春季和秋季须向议会提交《行动规划报告》（PAA）和《部门业绩报告》（DPR），旨在促使联邦机构对战略、规划、实施和绩效进行通盘规划和考量。同年，政府成立了开支审查委员会（ERC），依据公众利益、政府作用等七个方面的标准，来审查所有政府开支。2006年4月推出的《联邦问责法和行动规划》则要求所有联邦部门与机构至少每五年一次，审查其计划及支出经费、产出的相关性和有效性。

1. 评价的组织实施

加拿大政府绩效评价由内阁财政委员会秘书处统一领导和部署，并成立专门的机构：加拿大政府绩效评价中心进行协调，各政府部门有专门的领导负责绩效评价工作，并在各部门内部成立专门的绩效评价机构对本部门绩效进行评价。

2. 评价的对象和内容

加拿大政府绩效评价的对象主要包括对各政府部门。评价目的主要包括：①工作重点保持一致性；②取得结果即效果性的评价，是否达到预期的目标；③成本效益性评价；④管理有效性的评价。

3. 绩效评价结果的应用

加拿大政府各部门已经把绩效评价工作作为各政府部门的一项日常工作，有常设的机构和人员专门负责本部门的绩效评价工作。绩效评价对各部门管理过程中存在的问题和风险进行了客观的分析，而且提出了可供采纳的建议方案，因此对加强和改善各部门的管理发挥了重要的作用。由于各评价报告必须上报国会、联邦财政委员会，并向公众公开，因此也得到了国会及公众对各政府部门工作很好的监督。

三、国外经验的启示

目前，包括中国在内的许多发展中国家也都在研究和建立财政支出绩效评价制度，如马来西亚和韩国等国家已经建立了较完善的制度。与此同时，一些国际组织，如世界银行、亚洲开发银行、联合国开发署等都从其自身业务出发，建立了一整套绩效评价的制度和体系，这些评价主要是对援助项目的评价以及对被援助国国家能力在某一方面，如农业、信用、债务等的评价。我国在加入WTO后，对政府行为的可控制性、透明性、服务性和回应性方面的要求越来越高，绩效评价也越来越受到重视。虽然近几年，各地方政府在绩效评价实践方面取得了一定的成效，如机关目标责任制、效能建设、社会服务承诺制等，但整体上还存在诸如评估内容和程序不规范、评估结果信度低等问题。

从上述美、英等国财政支出的绩效评价可以看出，西方国家在财政部门支出的绩效评价方面已经取得了不少的成效和经验，有一套适应各自国情的科学评价体系。比较我国近年来方兴未艾的绩效评价活动可以发现，在对评估的目的、手段、作用等方面的认识与实践上，二者存在着较大的不同，如，美国注重"为何评"及"评什么"，而我国则更关心"如何评"；美国政府绩效评价的重点在于基础研究的资助和管理工作，而我国却在于评估科学研究工作本身；美国强调对科学研究的整体绩效，而我国则关注对研究项目和人员的单独绩效；美国的绩效评价作为目标管理的一部分，与制订战略规划和战略实施规划组成有机的整体，而我国的绩效评价却缺乏可以进行比对的战略目标和实施措施，难以做到有的放矢；等等。

我国政府管理体制和机构设置与市场经济发达国家不同，财政部门的职能也有不同之处。从国家管理角度开展财政支出的效率、效果、效益的评价与监督，西方国家比较成熟的经验和做法，对我们开展财政支出的绩效监督工作是有启示和借鉴意义的。尽管目前包括美、英在内的世界各国在对基础研究的绩效评价方面都远不能说有成熟的通行方法可循，但实施的经验仍然对我国开展评估活动有重要的借鉴与启迪意义。

因此，借鉴西方国家的先进经验，探索建立适合我国实际的政府部门财政支出绩效评价理论框架及操作程序，使绩效评价更具规范化、系统化、制度化和科学化，已经成为目前我国提高政府部门行政绩效水平，实现行政管理的现代化的迫切需要。

通过对比分析各国在绩效管理方面的做法，我们认为，国外经验对我国实施绩效管理有以下启示：

（一）树立公共支出的绩效意识

各个财政支出部门树立了绩效意识，绩效评价工作才能得以顺利开展，财政支出的绩效水平才能得以提高。因此，在我国绩效评价发展进程中，注重提高公众、财政部门和项目实施单位对绩效评价工作的认识，将绩效评价作为转变政府职能、改善行政效率、提高专项资金使用有效性的自觉行动，并最终把绩效意识贯穿于财政支出的始终。

(二) 加强法律制度建设

各国在加强绩效管理、实施绩效监督时都公布了一系列规范的法律制度。用法律的手段来规范指导绩效评价工作。因此，我国在建立绩效评价体系的过程中，也应该通过相应的法律法规，使绩效评价活动有法可依、有章可循，使评估者和被评估者重视绩效评价活动，以法律的权威使绩效评价成为一项制度。

(三) 完善预算管理

从国外的经验可以看出，凡是开展绩效管理的国家，都在实施绩效目标预算。只有加强绩效监控，责任才可能得以落实。在预算管理中，缺乏有效的绩效监督，就是放弃对预算执行效益信息的收集，既无法掌握预算是否被有效执行，也难以评价预算本身的效益性与合理性。绩效预算为进行客观合理的监督提供了依据，而绩效监督则为绩效预算编制的科学合理及执行的有效性提供了强有力的保障。

(四) 建立和完善我国的财政支出绩效评价的指标体系

西方各国在进行财政支出绩效考核与评估过程中，一直都很注重评估指标体系的建立。因此，在我国建立绩效评价体系的一个关键步骤就是要建立较为完善的财政支出绩效评价的指标体系。要建立科学的政府绩效评价指标体系。政府组织的目标复杂，难以像企业那样细化和量化，给政府绩效评价带来一定困难。我们可以借鉴澳大利亚政府服务绩效评价的做法，先依据理论和国内外实践经验制定绩效评价框架，并规定选择指标的原则，对各部门非常熟悉的评估工作小组来选择相对灵活的具体指标，并不断的检查和修改，可以克服以上难点。另外指标体系宜定性与定量相结合，而且以满足公众的需求为最终原则和标准。

在诸多西方各国在进行财政支出绩效考核与评估中，人们反复强调，政府开展绩效评价的目的是改进其管理工作的效益与效率，政府开展绩效评价重在评估其资助工作的整体绩效，而非评估项目乃至由某类项目组成的计划层次上的结果和影响。因此，建立完善的绩效评价体系极为重要。

(五) 建立持之以恒的财政支出绩效评价体系推进机制

我国必须坚持发展和建立完善政府财政支出绩效评价体系，对绩效评价体系进行不间断地持续改进和完善。因为，西方国家的绩效评价工作都经历了探索、发展直到成熟的几个阶段，在绩效评价理论和技术发展过程中，不断总结实践经验，逐步完善绩效评价工作。当前，我国的绩效评价工作才刚刚起步，主要在一些地区开展试点工作，更要遵循循序渐进的原则，关注国外绩效评价的最新发展动态，加强基础理论研究工作，在总结试点经验的基础上，逐步建立起完善的绩效评价体系。

实施财政支出绩效评价与管理是我国各级政府财政职能部门的责任，是实施绩效管理的组织基础。中央财政必须要求各地区财政部门要根据绩效目标和绩效考评结果，及时调整和优化以后年度预算支出的方向和结构，并作为财政部门以后年度编制和安排预算的重要参考依据，必须由各职能部门充分参与积极配合。

从国际发达国家的实践经验来看，政府财政支出绩效管理在美国实行了近60年，在进行较晚的澳大利亚、新西兰也推行了二三十年。我国社会主义市场经济体制，政府职能还仅仅限于公共职能，而且城乡差距、地区差距很大。一些区域财政支出的公共性、合规性问题还没有解决。所以，我国财政管理部门要在合规基础上建立持之以恒的绩效管理推进机制，有效实施效益评价和监督，加强绩效管理的执行力度，进一步提高和完善我国的财政支出绩效评价水平。

第六章 财政专项资金绩效评价体系构建研究

近年来,我国经济由之前的高速增长转为高质量发展,国家进一步强调了全面实施预算绩效管理是优化财政资源配置的关键举措。那么,提高财政资金使用绩效,科学构建财政专项资金绩效评价体系显得尤为重要。本章主要对财政专项资金绩效评价的构建目标、体系层次与对象、体系构建内容进行了详细介绍。希望可以为提高财政资金使用决策水平提供可靠的参考依据。

第一节 财政专项资金绩效评价体系构建目标

开展财政专项资金绩效评价工作首先要有一定的目标,合理的目标是进行财政专项资金绩效评价工作的前提条件。绩效目标是指给评估者和被评估者提供的开展绩效评价工作所需要的评价标准,以此来客观地讨论、监督、衡量绩效。绩效目标是绩效评价的对象计划在一定期限内达到的产出和效果,由预算部门在申报预算时填报。预算部门年初申报预算时,应当按照财政专项资金绩效管理暂行办法的要求将绩效目标编入年度预算;执行中申请追加或调整预算的,应当随追加或调整预算一并上报。

一、绩效目标的内容及类型

绩效目标由绩效内容和绩效标准组成。绩效内容界定了工作任务,也就是说在绩效考核期间应当做什么样的事情。绩效标准是指与其相对应的每项目标任务应达到的绩效要求,也就是说对于绩效内容界定的事情,应当怎样来做或者做到什么样的程度。绩效标准的确定,有助于保证绩效考核的公正性,否则就无法确定绩效到底是好还是不好。①

(一) 财政专项资金绩效目标的内容

(1) 预期产出,包括提供的公共产品、服务的数量和质量。

(2) 预期效果,包括经济效益、社会效益、环境效益和可持续影响等。

(3) 服务对象或项目受益人满意程度。

(4) 达到预期产出所需要的成本资源。

(5) 衡量每一项目的预期产出、预期效果、服务对象和社会公众满意程度的绩效指标。

财政部门应当对预算部门申报的绩效目标进行审核,符合相关要求的可进入下一步预算编审流程;不符合相关要求的,财政部门可以要求其调整、修改。绩效目标一经确定一般不予调整,确须调整的,应当根据绩效目标管理的要求和审核流程,按照规定程序重新报批。绩效目标确定后,随同年初预算或追加预算一并批复,作为预算部门执行和项目绩效评价的依据。

(二) 财政专项资金绩效目标的类型

财政专项资金绩效目标具有以下类型:短期目标,长期目标,常规或维持目标,组织目标,问题解决目标,创新目标,个人发展目标等。以上各类绩效目标的设定应当符合以下要求:

(1) 指向明确。绩效目标要符合国民经济和社会发展规划、部门职能及事业发展规划,并与相应的财政专项资金范围、方向、效果紧密相关。

(2) 具体细化。绩效目标应当从数量、质量、成本和时效等方面进行细化,尽量进行定量表述,不能进行定量表述的,可以采用定性的分级分档形式表述。

(3) 合理可行。制定绩效目标时要经过调查研究和科学论证,目标要符合客观实际。

二、财政专项资金绩效评价目标的原则

---

① 刘艳:《财政专项资金绩效评价体系构建及其结果应用研究》,载《现代经济信息》2020 年第 9 期,第 95-96 页。

（一）设计原则

在设计财政专项资金绩效评价目标时，应遵循如下设计原则：

（1）战略性的，与组织战略相适应的（Strategic）。绩效目标首先来源于组织战略，同时也必须服从于组织战略。这条原则要求在制定绩效目标时，应对组织战略有清晰明确的界定，同时在分解、衍生过程中，要避免推演不当制造出看似漂亮、但于组织战略无益甚至适得其反的绩效目标。

（2）可衡量的、可测定的（Measurable）。绩效目标是否达成、达成程度如何，必须有可以准确判定的、便于测量、不易产生争议的尺度标准和测衡办法。

（3）富有挑战性和激励意义的（Ambitious）。绩效目标的设置，应该是积极进取的，具有成长突破性，体现出超越对手、超越自我的竞争意识，这是现代商业社会的必然要求。

（4）现实的、可实现的（Realistic）。这一条和上一条挑战性原则互为补充、互为制约。脱离市场环境和自身基础、不切合实际的绩效目标，非但不能起到引导和激励作用，反而可能打击士气、迷失方向。

（5）有时间限定的（Time-bounded）。任一绩效目标，必须有明确的时间规定要求。没有时限要求的目标，等于没有设定目标。

（6）一致性的、一贯性的（Consistent）。绩效目标的一致性，包括上下一致、左右一致和前后一致，这是对战略性原则的补充和强调。上下一致，指的是下级目标要服从上级目标；左右一致，指的是同级或相关联岗位的目标要相互衔接和彼此配合；前后一致，指的是目标设计的延续性和相对稳定性。

（7）共同讨论、协商一致的（Agreed）。绩效目标必须有一个相关主体相互讨论、共同认可的过程，这种沟通不仅使绩效目标设计更加准确合理，也对更好地达成目标有积极促进作用。这一点对绩效目标最终达成极其关键。

（8）关键的、重要的（Key）。绩效目标的设计和选择，应在战略性原则下，遴选出起关键作用的、对组织目标达成起主要作用的重点和关键目标，避免目标设置过多，目标过多等于没有目标。

（9）个人的、个体的（Each）。这条原则首先要求，所有的绩效目标，必须落实到具体的岗位和人员，具体的目标要对应到具体的个人；同时要考虑不同岗位、不同人员之间权责不同、资源条件不同甚至经验能力不同，目标设置时要区别对待。

（二）制定原则

在制定具体的财政专项资金绩效评价的目标时应遵从以下原则：

（1）目标是具体的（Specific），即明确做什么，达到什么结果。

（2）目标是可衡量的（Measurable），绩效目标最好能用数据或事实来表示，如果太抽象而无法衡量，就无法对目标进行控制。

（3）目标是可达到的（Attainable），绩效目标是在部门或员工个人的控制范围内，而且是通过部门或个人之努力可以达成的。

（4）目标是与公司和部门目标高度相关的（Relevant），体现出目标从上到下的传递性。

（5）目标是以时间为基础的（Time-based），在一定的时间限制内。

以上是衡量财政专项资金绩效目标的 SMART 原则，符合上述原则的目标就是一个有效的目标。否则，绩效目标不明确，就会因不同的解释而造成误导，使考核工作的效果大打折扣。绩效目标的设定对各类组织提高绩效管理水平起到非常积极的促进作用。

三、财政专项资金绩效评价目标管理

设定了财政专项资金绩效评价的目标后，还要对目标的具体实施情况进行监督、管理。对财政专项资金绩效评价目标的管理可以分为以下 4 个步骤：

（1）建立每位绩效评估者所应达到的目标。在许多组织中，通常是上级评估者与被评估者一起来共同制定目标。目标主要指所期望达到的结果，以及为达到这一结果所应采取的方式、方法。

（2）制定被评估者达到目标的时间框架。即当他们为这一目标努力时，可以合理安排时间，了解自己在做什么，已经做了什么和下一步还将要做什么。

（3）将实际达到的目标与预先设定的目标相比较。这样评估者就能够找出原因为什么未能达到目标，或为何实际达到的目标远超出预先设定的目标。能提醒上级评估者注意到组织环境对下属工作表现可能产生的影响，而这些客观环境是被评估者本人无法控制的。

（4）制定新的目标以及为达到新的目标而可能采取的新的战略。凡是已成功地实现了目标的被评估者都可以被允许参与下一次新目标的设置过程。

财政专项资金绩效评价目标的设定具有重要的意义，其重要性体现在：为回顾和讨论绩效结果提供以前的、客观的、相互理解的、相互接受的基础；减少存在于管理者和雇员之间对他被期望取得的绩效结果的误解；明确每个雇员在完成对工作单位和组织有重要意义的事情时的角色；通过提供明确的绩效目标，帮助雇员对进展进行自我监控。

第二节　财政专项资金绩效评价体系层次与对象

一、财政专项资金绩效评价的层次

按照财政专项资金所涉及的范围以及开展财政专项资金绩效评价工作的主体和客体的不同，把财政专项资金绩效评价划分为以下四个层次：项目绩效评价层次、承担单位绩效评价层次、部门绩效评价层次和综合绩效评价层次。

财政项目绩效评价层次是最基本的项目绩效评价层次。由于财政专项是由一类具有共同专项目标的具体化的项目构成，因此，从部门预算角度来讲，财政专项可以视为是财政项目。因此属于财政项目的范畴。财政专项资金绩效评价是以财政项目绩效评价为基础。同时，值得注意的是，财政专项资金的绩效是源于项目绩效又高于项目绩效的。因为，财政专项资金所产生的集聚效应和协作效用要超过单个项目效用的简单汇总。因此，对财政专项资金绩效评价不能将所属项目绩效评价结果简单加总。

承担单位绩效评价层次是以单位为对象的综合层次。基层预算单位和部门都是财政项目和专项承担单位的组成部分。对承担单位的绩效评价必然要将单位所承担的财政项目和专项所产生的效用纳入在评价范围之内。但是这并不意味着承担单位绩效就等于单位所承担财政项目和专项所产生的效用总和。因为，承担单位绩效评价是将承担单位作为一个独立的评价客体，其所承担的财政项目和财政专项在单位这个平台上放大了影响范围和影响力之后所产生的经济效用和社会效用做出综合性的评价。同时，在做财政专项资金绩效评价的时候也需要从承担单位角度去考虑经过单位平台放大后的辐射效用。

部门绩效评价层次以各部门为对象，对企业各个部门的工作完成情况进行评估、跟进和控制。由于各部门的职能不同，为客观公正地评价和考核各部门的经营绩效，促使各部门规范管理、理顺业务流程，提高公司整体运营效率，圆满达成年度经营目标及实现自身的可持续发展，对各部门的绩效考评采取差异化的控制方式。例如，对财务部、生产部、质检部、技术工程部的考评指标由经营控制指标、专项工作指标和综合管理能力指标构成；对管理部的考评指标由专项工作指标和综合管理能力指标构成。部门绩效考评整体上以达成经营目标为宗旨,以成本、质量和速度为控制目标。采取目标考核和过程控制相结合的方式,以目标管理为主旨、以过程控制来保证经营目标的实现。强调关键绩效考评和考核程序的可操作性,考核指标体现各责任主体的可控性。部门绩效评价层次的设立有利于促进公司各项工作的有序进行,为公司经营战略方针、经营目标的实现和调整提供参考依据。

综合绩效评价层次是宏观评价层次。财政专项资金综合绩效评价是宏观层面的绩效评价,是财政支出对经济健康发展和社会安定繁荣所起到的作用的一个综合评价。换言之,对财政支出的绩效评价也就是对财政政策效用的评价。财政项目支出和承担单位支出绩效评价作为财政专项资金综合绩效评价的数据来源和基础,在考虑财政专项支出的乘数效应之后分析得出财政支出综合评价结果。在确保结果准确科学的前提下,对财政政策进行调整,以便更好地保障经济的稳定运行和社会的健康发展。

明确绩效评价的对象及其层次是确保绩效评价体系的科学性、合理性的前提,为构建对象明确、层次清晰并科学适用的绩效评价体系,合理地开展绩效评价工作提供了必要准备。

二、财政专项资金绩效评价的对象

财政专项资金绩效评价对象是纳入政府预算管理的专项资金项目,重点评价一定金额以上、同预算部门职能密切相关、具有明显社会影响和经济影响的项目。[①] 绩效评价对象由财政部门会同预算部门根据绩效评价工作重点及专项资金要求确定。

财政专项资金绩效评价对象的确定是从财政专项资金投放的战略目标和效益等方面的目的出发,对各专项资金的使用背景、投入项目的发展规划、项目的战略目标和项目所在地的宏观经济发展趋势、地区经济发展趋势进行认真研究和思考,在确立了财政专项资金绩效评价目标之后,确定财政专项资金绩效评价对象。

财政专项资金绩效评价定义中对于财政专项资金绩效评价对象的阐述是财政专项资金的产出和效果。这种表述比较笼统,没有明确揭示出财政专项资金绩效评价对象的具体性及其所处层次的差异性。由于财政专项资金绩效评价对象有着各自的特殊性和差异性,对象所处的层次涵盖的评价范围也不尽相同,因此在选取绩效评价指标和构建考评体系时首先要明确财政专项资金绩效评价的对象以及该对象所处的层次,根据对象及其层次的不同

---

① 闫光民:《论财政专项资金绩效评价指标体系的设计》,载《中国市场》2016年第19期,第216-217页。

来设置指标、构建体系。只有在明确了绩效评价对象及其所属层次的前提下才能确立评价的角度与范围，从而选取适当的指标、构建起与之相应的绩效评价体系，才能更加科学合理地进行绩效评价。

现行的财政专项资金绩效评价管理办法将评价对象界定为部门（单位）预算管理的财政性资金和上级政府对下级政府的转移支付资金。根据开展财政支出绩效评价工作的主体不同，按照财政支出支持范围大小升序排列，财政支出绩效评价可以分为使用专项资金的项目、单位、部门和综合。

财政项目支出绩效评价的主体通常是财政部门、项目实施单位及其主管部门，评价对象是财政项目支出的效益。由于财政支出项目是部门（单位）财政支出的重要方面之一，而且项目支出内容十分广泛、项目间差异大、项目效益不确定性大，因此，对财政支出项目开展绩效评价，对合理安排财政经费、提高财政资金效益具有十分重要的作用。

单位财政支出绩效评价的主体通常是财政部门和主管部门，评价对象是主管部门所属二级和基层预算单位的财政支出效益。单位财政支出绩效评价是部门财政支出绩效评价的基础，单位作为财政部门预算管理的基层单位，其支出效益直接反映为财政支出的总体效益，因此是财政部门预算管理的重要内容之一。

部门财政支出绩效评价的主体通常是各级人民代表大会、政府和财政部门，评价对象是各个政府部门（使用财政经费的一级预算单位）的财政支出效益。部门财政支出绩效评价包括基本支出绩效评价和项目支出绩效评价。部门预算支出绩效评价应当以项目支出为重点，重点评价一定金额以上、与本部门职能密切相关、具有明显社会影响和经济影响的项目。有条件的地方可以对部门整体支出进行评价。部门财政支出绩效评价是财政支出综合绩效评价的基础。

综合财政支出绩效评价的主体通常是各级人民代表大会、政府监督机构、财政政策研究机构等，评价对象是财政支出的整体效益，是部门财政支出效益的综合反映。综合绩效评价对象具有整体性，其范围可以是整个国家财政支出，也可以是某一区域发生的财政支出。根据我国财政管理级次可将财政支出综合绩效评价进一步划分为国家财政支出效益综合评价、中央财政支出综合绩效评价、地区（又分为省、市、县、乡四级）财政支出综合绩效评价。

第三节 财政专项资金绩效评价体系构建内容

开展财政专项资金的绩效评价工作最重要的一项是构建财政专项资金绩效评价体系，来明确绩效评价的目标，理清绩效评价的层次，确定绩效评价的对象和内容。形成一整套标准的绩效评价体系才能顺利地进行绩效评价的实地工作，完成财政专项资金绩效评价的任务。财政专项资金绩效评价的内容严格按照上述评价的指标体系和评价对象、评价类型进行确定，评价内容涉及财政专项资金的投入、过程、产出和效益四个方面。

财政专项资金绩效评价体系构建内容界定了绩效评价的工作任务，也就是说在绩效考核期间应当做什么样的事情。它包括绩效项目和绩效指标两个部分。绩效项目是指绩效的维度，也就是说要从哪些方面来对员工的绩效进行考核。绩效指标则是指绩效项目的具体内容，它可以理解为是对绩效项目的分解和细化，例如对某一职位，工作能力这一考核项目就可以细化为分析判断能力、沟通协调能力、组织指挥能力、开拓创新能力、公共关系能力以及决策行动能力等六项具体的指标。对于工作业绩，设定指标时一般要从数量、质量、成本和时间四个方面进行考虑；对于工作能力和工作态度，则要具体情况具体对待，根据各个职位不同的工作内容来设定不同的指标。绩效指标的确定，有助于保证绩效考核的客观性。

财政专项资金绩效评价体系构建内容主要包括以下几个方面：

（1）实施方案制订。主要评价实施方案内容、实施方案报送情况；项目申报和遴选情况。主要是根据项目资金管理办法和申报指南，评价各市、县财政和主管部门有关上报项目和专家评审项目的总体质量情况。

（2）专项资金整合。主要评价整合资金规模、整合资金渠道情况；资金拨付和使用情况。主要对专项资金的执行进度和科学合理使用及有关配套情况进行总体评价。

（3）资金项目管理。主要评价管理制度建设、资金执行进度、管理机制创新、管理工作开展情况；实现绩效目标制定的制度、采取的措施等。主要是各市和有关部门对加强专项资金和项目管理采取的有关措施、制度，以及改革创新的新办法等。

（4）组织保障工作。主要评价组织协调机制、部门间密切配合、政策信息宣传、总结及数据报送等情况。

（5）项目完成情况。主要评价项目完成程度、完成质量、检查验收情况；绩效目标的实现程度及效果。

（6）项目实施效果。主要评价经济效益、社会效益、其他效益情况；主要是对项目、资金的最终社会和经济效益与期初绩效目标设定进行对比分析。

（7）违规违纪行为。主要评价是否存在被监察、审计、财政监督机构等查出，或被媒体曝光、群众举报等并经查实的违规违纪行为。

在资源整合和共享的思路指导下，为加强各个单位之间的协作从而产生集聚效应，财政在资金支持上越来越多地采用财政专项形式。因此，财政专项支出绩效评价的作用日益明显。为保证财政专项资金绩效评价体系的作用和参考价值，构建财政专项资金评价体系须遵循谨慎性原则，要选取真实有效的数据为评判依据；全面性原则，财政专项资金绩效评价体系的构建须涉及政治、经济、环保以及财政、财务等多项专业领域；相关性原则，一方面我们要注意排除那些非财政资金引发的绩效，另一方面评价体系的内容要与财政资金使用的经济性、效率性、效果型密切相关；重要性原则，为评价事项所设计的评价指标要能够突出重点；可行性原则，要考虑实际操作过程中的经济性与可操作性。

第七章 财政专项资金绩效评价指标体系与标准研究

当前，各地绩效管理工作都在广泛实践与深入推进中，但绩效评价质量不高，结果运用困难依然阻碍着绩效管理工作的发展，究其原因是评价指标体系构建不够科学。立足财政专项资金绩效评价指标体系构建的发展现状，针对存在的问题提出指标体系构建内容、标准，进行计分模型分析十分重要。本章正是对这些内容的深入解析。

第一节 财政专项资金绩效评价指标体系构建内容

财政专项资金绩效评价指标体系作为复杂的运行系统，其构建首先需要从系统科学的观点出发，借助运筹学、计量经济学、统计学、控制论等其他方法，通过对评价基本目标、评价对象、评价指标体系、评价标准体系、评价方法体系、评价组织体系和制度体系等评价基本要素进行系统分析，以及对评价系统整体与局部之间、系统与外部环境之间的相互联系、相互作用和相互制约关系进行综合研究，来制定满足实践需要且科学规范的财政专项资金绩效评价体系。

一、评价指标体系的层次结构

根据财政专项资金绩效评价由上而下的层级划分和庞杂烦琐的评价内容，建立合理的评价指标体系层级结构是有效开展财政专项资金绩效评价的基础，同时也为财政专项资金绩效评价提供基本框架，是准确定位财政专项资金绩效评价工作的核心。

（一）评价指标体系第一层次分类

根据开展财政专项资金绩效评价工作的主体和客体的不同，可以将财政专项资金绩效评价划分为由财政专项资金项目绩效评价、单位财政专项资金绩效评价、部门财政专项资金绩效评价和财政专项资金综合绩效评价组成的层次结构。这四类财政专项资金绩效评价的关系可以概括为三点：一是目的相同，四类评价工作都以提高财政资金效益为目的；二是层次分明，项目专项资金绩效评价是部门、单位评价工作的重要方面，部门财政专项资金绩效评价是单位财政专项资金绩效评价的总和，而综合绩效评价又要以部门财政专项资金的绩效评价为基础；三是差异显著，项目专项资金评价是具体财政专项资金项目的社会效益和经济效益的总体评价，部门、单位财政专项资金绩效评价侧重于财务管理效率评价，综合绩效评价是一种政策评价。

尽管明确了财政专项资金绩效评价的第一个层次由财政专项资金项目绩效评价、单位财政专项资金绩效评价、部门财政专项资金绩效评价和财政专项资金综合绩效评价组成，然而问题是财政专项资金内容、项目性质、资金用途差异过大。例如我国现行政府支出预算科目共涉及基本建设、国防、教育、科学研究、社会保障、文化体育、环境保护、农林水等20多个大类、数百个款、数千个项，仅从2000年中央财政支出的情况看，超过100万元的项目，就超过1万个。由于不同部门、单位、项目，评价内容非常广泛，差异较大，这给建立科学规范的指标体系带来了难度。正是由于财政支出之间差异很大，财政支出绩效评价层次结构才更显重要，因为只有首先对众多的财政专项资金进行层次分类，才能将性质相同或相似的财政专项资金归并在相同类别中进行评价，增强项目的可比性，也才有可能探索研究社会效益的计量问题，并在此基础上为财政专项资金绩效评价工作准确定位，建立评价指标体系和标准值体系，从而使财政专项资金绩效评价工作全面、顺利地开展。

（二）评价指标体系第二层次分类

在评价指标体系第一层次分类中明确了第一层次由财政专项资金综合绩效评价、部门绩效评价、单位绩效评价和项目绩效评价四方面组成，以下将以这四方面为结构基础确定第二层次的分类构成。

（1）对财政专项资金综合绩效评价，只有一个分类标准，即按照财政管理级次划分。财政专项资金综合绩效评价分类的唯一性是由其特殊性所决定的。财政专项资金综合绩效评价将财政专项资金视为一个整体进行评价，尽管评价过程中除了对财政专项资金的总量绩效评价外，可能还要通过对某类财政资金和某个部门使用的财政资金的效益和结构进行评价，但最终结果是要形成财政专项资金整体的绩效评价结果，因此，综合绩效评价对象具有整体不可分割性，任何对财政专项资金的具体内容的分类都不能适用于财政专项资金的综合绩效评价。当财政专项资金作为整体进行评价，按照我国目前财政管理体制，中央、省、地（市）、县、乡各级政府都具有独立的财政职能，因此，可以按照财政管理级次对财政专项资金综合绩效评价工作进行分类。在第二个层次划分为：全国财政专项资金综合绩效评价、中央财政专项资金综合绩效评价和地方财政专项资金综合绩效评价。

（2）对部门、单位财政专项资金绩效评价，通常按照部门、单位性质和财政经费功能进行划分。按照财政专项资金部门、单位的性质可以分为以下五类：①国民经济部门：包括工业、农业、交通、能源等部门；②政府行政管理部门：包括人大、政协、公检法等部门；③国防部门：包括军队、武警等部门；④社会事业部门：科技、教育、卫生等部门；⑤其他部门：使用财政经费而不属于上述分类的其他部门。

根据财政经费专项资金功能分类。为了确保功能分类的科学性、规范性和长期性，我们对现行政府预算收支科目进行了修改，提出了新的功能分类方法。

·为了与国际通行做法逐步接轨，有利于国际比较，参考国际货币基金组织、政府财政统计GFS（2002年）、财政专项资金功能分类方法。

·完整、准确地反映政府所有收支活动，整合各类财政性资金，包括一般预算专项资金、基金预算专项资金和预算外资金专项资金。

·改变现行科目体系将功能分类和经济分类混杂在一起的做法，严格按照功能进行分类，例如，基本建设专项资金、行政管理费、事业费都属于经济性质范畴。

·各功能分类涵盖的范围相对完整。如教育专项资金包括用于教育方面的所有支出，如基建支出、行政费、事业费、教育附加等各项支出，科技专项资金包括用于科技方面的所有支出，如基建支出、行政费、事业费和科技三项费等各项支出。

按照以上功能分类方法，将部门、单位的财政专项资金可以分为一般公共服务、外交、国防、公共安全、教育、科技、文体广播、社会保障、医疗卫生、环境保护、城乡社区事务、农林水、交通运输、工业商业金融和其他共15类。在大类的基础上，可以细分为数百个款、数千个项。

从严格意义上说，部门与单位在概念上是有一些差异的，部门是指财政管理中定义的一级预算单位，它既直接使用财政经费，又有管理所属二级和基层预算单位财政经费的职能，但是由于两者在根本性质上比较一致，在第二个层次划分中，没有对部门、单位加以区分，但是在第三个层次划分中应加以区分。

（3）对项目财政专项资金绩效评价，通常按照财政经费功能、项目性质、是否形成资产、是否可以用货币计量来进行划分。

根据财政经费支出功能，项目的财政支出可以分为一般公共服务、外交、国防、公共安全、教育、科技、文体广播、社会保障、医疗卫生、环境保护、城乡社区事务、农林水、交通运输、工业商业金融和其他共15类。

按照财政支出项目性质可分为行政事业性项目、基本建设项目及其他项目。行政事业性项目反映用行政事业费开支的项目，如国家批准设立的有关事业发展专项计划、工程、基金项目、大型修缮、大型购置、大型会议项目、专项业务项目等。基本建设项目反映按国家关于基本建设管理的规定、用基本建设资金安排的项目。其他项目反映除上述两类项目之外的项目，包括用科技三项费、政策性补贴、对外援助、支援不发达地区等资金安排的项目。

按照财政支出项目最终是否形成资产，可以将支出项目分为消耗性支出项目和非消耗性支出项目。凡是支出项目实施后不形成资产的，为消耗性支出项目，如设备营运维持项目、专业会议项目、修缮项目、专业活动项目等；项目实施后最终形成资产的，为非消耗性支出项目，如基本建设项目、设备购置项目、挖潜改造项目等。

根据财政专项资金项目的效益是否可以用货币直接计量，可以将财政专项资金项目分为三类：①经济性专项资金项目，项目实施提供的主要产品或服务可以直接用货币计量的，可以定义为经济性项目；②社会性专项资金项目，项目实施提供的主要产品或服务不能直接用货币计量、只能以实物量或抽象描述增加社会总福利的，定义为社会性项目；③维持性专项资金项目，项目实施主要用以维持政府职能的履行或事业单位机构的正常运行，如房屋、设备和车辆等的购置项目，难以直接表述为经济和社会效益的，定义为维持性专项资金项目。

通过比较发现，按照部门、单位、项目开支的财政经费功能分类对部门、单位和项目专项资金绩效评价进行第二个层次分类，对于开展财政专项资金绩效评价工作较为有利。主要优点在于四个方面：一是这种分类方法比较科学。按照财政经费功能分类形成的分类结果，无论项目是否形成资产，也无论项目效益是否可以用货币直接计量，同样类别下的项目效益具有很大的相似性，例如，教育经费专项资金项目无论如何总是为我国教育事业服务的，并且绝大多数项目体现为各类学校的支出，这种相似性为指标体系的建立和标准值的确定奠定了很好的基础。二是这种分类方法与财政管理相一致。在财政管理中，财政预算和决算都是按照财政经费功能进行分类，既然是评价财政资金的使用效益，就应该以财政经费为主线开展评价工作。三是这种分类方法更为细化、准确。对财政经费功能重点分了15大类，在此基础上可以根据评价工作对象进一步分类。例如，教育专项资金可以进一步分为教育管理事务、学前教育、小学和初中教育、普通高中、普通高等教育、初等职业教育、中高等职业教育、成人教育、广播电视教育、留学生教育、特殊教育及其他。四是这种方法简便易行。采用按照财政经费功能的分类方法可以使项目专项资金绩效评价工作与部门、单位财政专项资金绩效评价工作放到相同的分类标准下，从而使对部门（单位）财政专项资金绩效评价与项目专项资金绩效评价，既能够独立开展，又能够有机地结合起来，按照财政经费功能分类方法使各个层次的评价工作组成有机整体。

（三）评价指标体系第三层次分类

根据财政经费功能划分标准，针对我国财政专项资金绩效评价重点，在第二层次分类基础上，对部门、单位和项目财政专项资金绩效评价进一步细分为第三层次。

（1）一般公共服务，进一步划分为人大政协事务、政府办公厅（室）及相关机构事务、计划、统计事务、财政、审计事务、经贸、知识产权事务、海关与检验检疫事务、工商与技术监督事务、人事、档案与监察事务、民族、华侨与宗教事务、国土资源与测绘事务、地震、海洋、气象事务、党派社团事务、国债事务及其他。①

（2）外交，进一步划分为外交管理事务、驻外机构、对外援助、国际组织、对外合作与交流、边境勘界联检及其他。

（3）国防，进一步划分为现役部队及国防后备、国防动员及其他。

（4）公共安全，进一步划分为武装警察、公安、国家安全、检察、法院、司法行政、监狱、劳教、国家保密及其他。

（5）教育，进一步划分为教育管理事务、学前教育、小学和初中教育、普通高中、普通高等教育、初等职业教育、中高等职业教育、成人教育、广播电视教育、留学生教育、特殊教育及其他。

（6）科技，进一步划分为科学技术管理事务、基础科研、社会公益研究、高技术研究、应用技术研究与开发、科技成果应用、科技服务、社会科学、科普及其他。

（7）文体广播，进一步划分为文化、文物、体育、广播影视、新闻出版及其他。

（8）社会保障，进一步划分为社会保障和就业管理事务、国有企业下岗职工生活补助、促进就业、抚恤优待、安置、社会福利、残疾人事业、社会救济、自然灾害生活救

---

① 文新三：《财政专项资金绩效评价研究》，经济科学出版社2014年版。

助、基本养老保险基金、失业保险基金、基本医疗保险基金及其他。

（9）医疗卫生，进一步划分为卫生、中医、药品监督、医药事务、人口与计划生育、行政事业单位医疗及其他。

（10）环境保护，进一步划分为环境保护管理事务、环境监测与监察、污染治理、城乡社区环境卫生、天然林保护工程、退耕还林、京津风沙源治理及其他。

（11）城乡社区事务，进一步划分为城乡社区管理事务、城乡社区规划与管理、城乡社区公共设施、城乡社区住宅及其他。

（12）农林水事务，进一步划分为农业、林业、水利、扶贫、农业综合开发及其他。

（13）交通运输，进一步划分为公路运输、水路运输、铁路运输、民用航空运输及其他。

（14）工业商业金融等事务，进一步划分为采掘业、制造业、建筑业、电力、邮政电信、旅游业、外贸外资外经与境外、粮油事务、商业流通及物质储备事务、金融保险业及其他。

（15）其他，具体包括一般性转移支付、调整工资转移支付、农村税费改革转移支付等。

对财政专项资金综合绩效评价，在第二个层次基础上，将地方划分为：省级财政专项资金综合绩效评价、地（市）级财政专项资金综合绩效评价、县级财政专项资金综合绩效评价和乡级财政专项资金综合绩效评价。在划分第三层次的基础上，财政专项资金绩效评价可以进一步细化第四层次分类。在上述财政专项资金绩效评价分层次分类的基础上，可勾画出财政专项资金绩效评价层次结构示意图，其中第三层次以教育为例，如图7-1所示。

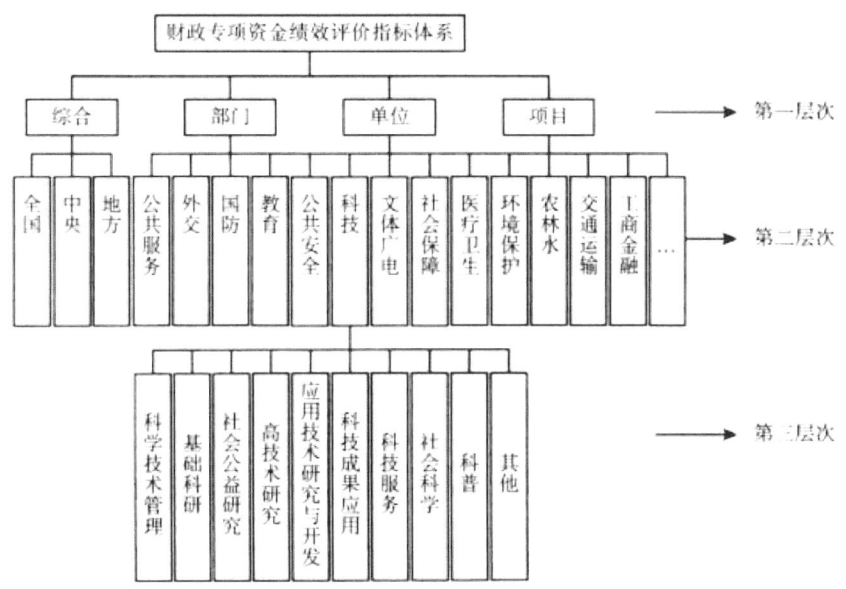

图 7-1 财政专项资金绩效评价指标体系层次结构图

二、多目标、多层次评价指标体系构建

财政专项资金绩效评价指标是反映财政专项资金绩效的特定概念和具体数值；它是衡量、监测和评价财政专项资金的经济性、效率性和有效性，揭示财政专项资金存在问题的重要量化手段；它是财政专项资金绩效评价工作成果的体现，反映财政专项资金绩效评价的工作内容，因此，针对不同评价对象，遵循科学合理的原则，确定不同评价内容，在满足实际工作需要的基础上分层次建立一套科学合理、层次明晰、实用可行的评价指标体系，对于做好财政专项资金绩效评价工作具有十分重要的意义。

（一）以多目标决策法建立多目标、多层次评价指标体系

根据上述考虑，财政专项资金绩效评价的层次结构及财政专项资金内容的多样性、复杂性和外部性，决定了财政专项资金绩效评价指标体系是多层次、多目标的。财政专项资金的目标不是单一的，是由多个并列目标或主从目标组成的，比如兴建水利枢纽工程取得的综合效益这个总目标就包含有一些分目标或子目标，总目标是水利工程的综合效益，分目标有防洪、灌溉、发电、旅游，而农田和果树两个目标又是灌溉这个目标的子目标。

因此，构建科学规范的评价指标体系应当以多目标决策法为基本方法。实现多目标决策法本身有多种类型，但大体上可以概括为以下两种：

（1）化多为少，即通过多种汇总的方法将多目标化成一个综合目标来评价，最常用的有加权和法、加权平方和法、乘除法和目标规划法等。

（2）分层序列，即将所有目标按重要性依次排列，重要的优先考虑。通常是把全部目标分成为"必须实现的"和"希望实现的"两大类，然后在每类中再按轻重缓急排成顺序。把注意力首先集中在"必须实现的"重要性的大目标上，然后再考虑其他目标。如果情况不允许考虑那么多目标时，甚至可以把"希望实现的"目标中重要性很小的那些目标暂时不予考虑。具体评价指标体系示例如图7-2所示。

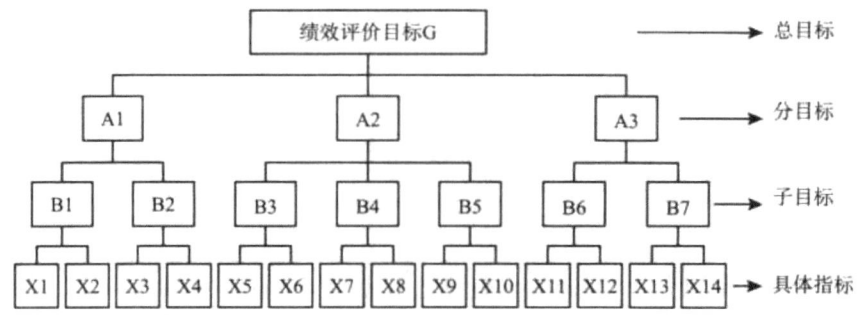

图7-2　财政专项资金绩效评价指标体系示意图

根据上述财政专项资金绩效评价指标的基本内容，按照综合、部门、单位、项目建立分层次的评价指标库。在实施具体评价行为时，根据评价目的和评价对象特点，从评价指标库中选择合理的指标。借鉴国外设置评价指标的经验，以下从综合、部门、单位、项目四个方面构建我国评价指标库。

（二）财政专项资金综合绩效评价指标设置

财政专项资金综合绩效评价是对预算收支适度水平、财政收支结构、预算管理水平、预算目标的完成情况的评价。主要包括以下四类指标：

（1）总量效益指标，是指财政对经济的拉动效应及财力水平的指标。如财政收入增长率、财政支出占GDP比重、人均可用财力、财政经费自给率、财政支出乘数、税收收入依存度等。

（2）结构效益指标，是指反映预算支出结构适度水平的指标，如行政管理支出、农业支出、教育支出、社保支出分别占财政总支出的比例。

（3）社会效益指标，是指财政支出对社会就业环境、城乡协调发展、收入分配、人文发展、环境保护影响的指标，如就业变动与财政支出变动的比例、可支配收入变动与财政支出变动的比例、环境污染治理率与环境保护费支出的比例等。

（4）财政管理指标，是指用于衡量财政体制、预算管理改革、政府采购、国库集中支付、财政监督、财政风险等实际效果的指标。

（三）部门财政专项资金绩效评价指标设置

部门绩效评价侧重于对财政资源配置的效果和部门自身工作业绩的评价，从"指标库"选择指标时，重点围绕以下方面确定具体的评价指标。以教育部门绩效评价为例加以说明。

1. 财政资源配置指标

（1）管理效益指标，是指反映财政资源数量配置是否合理的指标，如教育部门对教育资金投向是否正确，使用是否合理，产出和效果是否达到预期绩效目标等。

（2）结构效益指标，是指反映结构配置是否合理的指标，如教育事业费与教育基建费比例、教育事业费在高等教育、中等教育、初等教育中的分配比例等。

（3）资源利用指标，是指反映财政资金、人力、物力等资源利用的数量和质量成果的指标，如万元财政投入培养学生数、专任教师占教职工的比例、教学设备利用率等。

2. 工作业绩指标

工作业绩指标是指反映对政府部门年初制订计划目标的执行情况、取得的成绩及社会影响效果的指标。

（1）预算完成指标，是指反映部门预算编制和执行的效率性和有效性方面的指标，如资金拨付率、资金使用率等。

（2）计划完成指标，是指反映年初制订计划目标的完成情况的指标，如就业率、升学率等。

（3）行政成本指标，是指反映履行部门职能的实际成本指标，如实际成本与标准定额的比例等。

另外，部门绩效评价指标还应包括部门重点项目专项资金指标，可结合项目绩效评价的内容设置指标，重点关注项目的完成率、完成进度和使用效果。

（四）单位财政专项资金绩效评价指标设置

单位绩效评价侧重于对单位预算执行、事业发展、资源利用、发展潜力等方面的评价，从"指标库"选择指标时，重点围绕以下方面确定具体的评价指标：

（1）预算完成指标，是指单位预算编制和执行的效率性、有效性方面的指标，如资金拨付率、资金使用率等。

（2）事业发展指标，是指主管部门根据产业规划或政策，对单位制定的年度或中长期发展目标完成情况的指标，如教育部门对学校下达的招生计划目标、毕业生签约率等。

（3）资源利用指标，是指财政资金、人力、物力等资源利用的数量和质量成果的指标，如生师比、生均培养成本、专任教师占教职工的比例、教学设备利用率等。

（4）发展潜力指标，是指单位经费增长、事业发展目标增长情况的指标，如经费自给率、收入增长率、资产增长率等。

另外，单位绩效评价指标也应该包括重点项目实施情况指标，可结合项目绩效评价的内容设置指标，重点关注项目的完成率、完成进度和使用效果。

（五）财政专项资金项目绩效评价指标设置

项目绩效评价指标是对财政投资项目的综合性评价指标，反映项目的效益、作用和影响方面的指标。一般应围绕以下方面确定具体指标：

（1）战略目标。专项资金绩效评价是一项长期的系统工程，必须制订完善合理的长期战略发展规划和中期及年度战略规划，同时保证各级战略规划涉及内容的全面性以及进度计划安排的合理性。目标设定依据必须要与项目建设实际和财政投入水平紧密结合，对目标内容的合理性以及目标内容细化程度进行评价，从而为未来财政支持决策优化奠定基础。

（2）决策过程。项目建设资金、体制、保障等需求以及上述战略规划、目标内容等方案措施是各级财政制定支持政策的基本依据。这要求财政支持决策依据应与目标规划相一致，确保决策资料的真实性以及所支持项目的可行性，也是提升财政支持绩效水平的根本保证。实现决策过程的制度化和规范化关键在于制定科学的决策程序并保障严格执行。

（3）资金分配。分配机制评价的设计思想主要目的是掌握项目财政资金的分配情况，由于其直接涉及财政支持的最终绩效，重点从分配办法规范性、分配因素全面性和分配结果合理性三方面体现财政资金支出分配的科学公平。

（4）资金管理。资金管理是专项资金项目绩效评价的重要内容，是保证财政使用合规性的前提。基于财政支持效率和公众监督的要求，财政资金使用合法性是财务管理过程中的基本内容，包含是否存在支出依据不合规、虚列项目支出、超标准开支等情况。此外，建立健全的资金管理、费用支出等财务制度，形成规范的会计核算制度是财政专项资金使用和管理的关键。

（5）组织实施。在财政支持体系中有效的组织结构将为项目建设创造广阔的发展空间，支撑系统中的其他功能作用。研究表明，合理的组织结构安排对发挥财政支持作用有显著影响，其中组织层级设置和人员职责分工是组织结构有效性的直接体现。在财政支持管理过程中，管理制度办法和制度执行情况是评价管理制度的基本构成和测度指标。一方面应建立健全项目管理保障制度及严格的管理考核细则和实施办法，确保各项制度的有效性；另一方面应保障人员配备满足工作需要，及时维护基础设施设备，使管理制度得到严格高效的执行。

（6）进度质量。该类指标主要包括三方面：一是进度监测，实际实施进度是否符合预期进度计划安排，未出现建设延期、返工等情况；二是实施内容，各实施环节是否符合战略规划及实施方法的要求；三是实施质量，主要考察完成质量是否达到绩效目标要求，特别是产品技术质量是否通过验收或者项目运行与管理是否稳定。

（7）经济效益指标。基本财务指标是指项目投产后的内部收益率、净现值和贷款偿还期等项目盈利能力和清偿能力的指标，如投入产出率、净现值、净现值率、投资回收期等。宏观经济指标，是指从国民经济整体利益出发，分析和综合评价项目效益的指标，如增加值增长率、经济内部收益率、经济净现值等指标。

（6）社会效益指标。社会效益指标主要包括项目对社会政治、社会经济和社会环境等多方面的影响指标，如就业增加率、社会服务满意度、收入提高率、社会劳动生产率等指标。

（7）生态环境效益指标。生态效益指标主要包括项目对污染控制、地区环境质量、自然资源利用和保护、区域生态平衡等方面的影响指标。

第二节　财政专项资金绩效评价标准分类与选取

一、财政专项资金绩效评价标准分类

财政专项资金绩效评价标准的设置必须以客观全面、定量与定性结合、与时俱进等原则为基础，具体评价标准可分为定性标准和定量标准。不同的标准设置和判断方式适用于不同的财政专项资金绩效评价层次和评价目标，通过将实际结果与评价标准的对比会对绩效评价结论的准确性和科学性产生影响，进而会影响到绩效评价后续应用的可行性。

（一）评价标准确定原则

评价标准是衡量财政支出绩效的基本准绳，是确保评价结果客观公正的基准尺度。评价标准的客观与否决定了评价结果是否公平、公正和真实、准确以及评价目标能否实现。[①] 构建财政专项资金绩效评价标准的具体原则要考虑到以下三个方面：

一是客观全面。标准值分为定量指标标准和定性指标标准，它们是财政支出绩效评价标准的量与质的体现。标准值的测定既要考虑测算样本选取的有效性，又要考虑测算样本选取的规模性，同时兼顾其数学意义、经济意义和测算模型的科学性。对定性标准的测定，不仅要考虑每项定性指标的内涵，还要参考国家有关法律法规、管理制度、经验与惯例、相关行业政策和发展趋势等客观因素。

二是定量与定性标准有机结合。在对财政支出行为或结果进行评价过程中，有的可以直接用标准值来衡量；有的难以由标准值来衡量。定量标准有其自身局限性，如抽取少量

[①] 文新三：《财政专项资金绩效评价研究》，经济科学出版社2014年版。

样本测算出的标准不具有公允性,而定性标准的局限性是定性评价过多依赖评价人,而评价人的评分标准、知识经验等又各有不同,容易受到主观臆断的影响。因此,单纯使用标准值或定性标准进行财政支出行为的评价,势必会影响评价结果的公正性。加上财政支出的影响面很广,有些指标可以量化,有些指标只能依靠人为判断。因此,在设定评价标准时,应将标准值与定性标准有机地结合起来。

三是注重开放性。标准体系的发布反映了财政专项资金绩效评价工作的逐步成熟化、专业化和职业化的发展方向,但是一个标准体系的设定和发布不代表是最后的结果。随着财政支出绩效评价在实践中取得越来越多的经验,以及绩效评价本身随着社会经济形势发展变化而变化的需要,评价标准也会随之变化,须不断加以调整和完善。

(二) 评价标准具体分类

财政绩效评价标准按照可计量性分为定量标准和定性标准,定量标准和定性标准又可根据标准的取值基础不同,分为行业标准、计划标准、经验标准和历史标准四种类型,按照时效性可以分为当期标准和历史标准,按照标准形成的方法可以分为测算标准和经验标准,按照区域可以划分为国际标准和国内标准。此外,还可以分为政府标准、社会公众标准以及民间机构标准等,如图7-3所示。

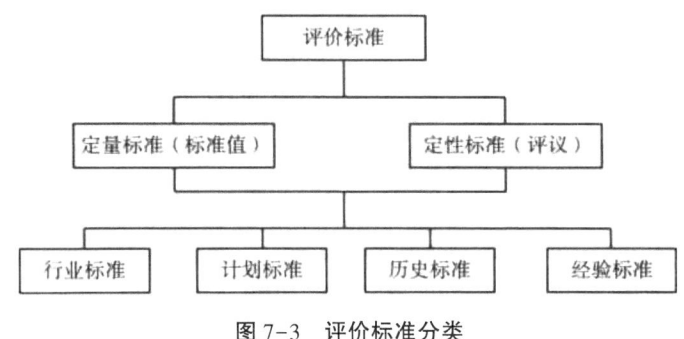

图7-3 评价标准分类

1. 行业标准

行业标准是以一定行业许多群体的相关指标数据为样本,运用数理统计方法计算和制定出的该行业评价标准。采用行业标准便于财政管理部门对各类支出项目的绩效水平进行历史的、横向的比较分析,通过评价结果总结出一定时期内同类支出项目应达到的经济效率或有效水平,并为加强支出管理提供科学标准。

行业标准由于自身的客观性、权威性和易取得性,在评价工作中得到广泛的使用。如在国际上,德国政府就每年公布以各个公共管理部门人员开支情况为基础数据计算出的行业标准,如"人员平均成本额""实物成本总额"等指标标准值。在我国,可以采用国家公布的行业水平作为行业标准。行业标准需要以强大的数据资料库做支持才能得到充分应用。目前,我国的财政管理数据库建设刚刚起步,与绩效评价相关的评价指标数据还不够充足,如教育部门评价中需要使用的"生均培养成本""毛入学率"等指标标准值无处可寻,影响了该部门评价工作的实施。因此,健全统计资料,完善数据资料库对推动绩效评价工作开展起着关键性作用。

行业标准适用于单位支出评价和项目支出评价,或者作为标准体系的组成部分被纳入综合评价中。在进行单位支出评价时,行业标准也只适用于那些具有相同或类似财政支出项目,并且职能目标基本一致的单位。在进行项目支出评价之前,要考察项目支出的初始目标是否一致,如果有的项目偏向经济绩效目标,而有的项目偏向于社会绩效或政治绩效目标,这些项目就不适宜采用同一个行业标准进行绩效评价,这时可以考虑采用其他标准。

2. 计划标准

计划标准又称"目标"或"预算标准",是指以事先制定的目标、计划、预算、定额等预定数据作为评价财政专项资金绩效的标准。如财政部在《关于2002年中央和地方预算执行情况及2003年中央和地方预算草案的报告》中提出2003年中央财政收支相抵后,赤字为3198亿元。这一预算既明确了2003年继续实施积极的财政政策,同时也提出了评判当期财政专项资金完成情况的计划标准。

计划标准具有以下三个特性:一是具有较强的计划性,通常是在支出行为发生前即予以确定;二是具有一定的前瞻性,往往高于某地区、部门或单位的当前支出绩效水平;三是具有不确定性,随着支出行为所处阶段的不同,其计划标准也有所不同。计划标准是通过将实际完成值与预定数据进行对比,发现差异并达到评价目的。

计划标准比较适用于部门和项目评价。如在对部门绩效评价的应用上,加拿大财政部就是利用计划标准给其他各政府部门下达"三年工作计划指南"。由于每个政府部门均要承担相应的公共职能,对他们评价的目标主要在于考核部门运用财政资金的绩效以及完成预定职能的程度,但是因职能不同和资金使用目的不同,部门之间的计划标准缺乏可比性。例如预算外资金的长期存在,对部分评价指标无法设定统一的计划标准,这给运用计划标准进行评价带来了较大困难。同时由于现阶段部门预算仍然采用"基数加增长"的模式制定,使得计划标准带有较大的随意性,因此采用以"零基预算"为基础的计划标准显得更加准确和公正。

此外,由于计划标准往往受主观因素的影响,其制定要求相应较高。标准制定得过高或过低，都不利于实际工作的开展，达不到预期的激励效果。例如每年各级财政部门向人大所提交的预算草案报告，其中每年的支出预算规模，就可以作为判断某个部门或单位年度末预算执行情况的标准。由于计划标准往往受主观因素的影响，其制定要求相应较高，如果制定得科学合理，则具有较好的激励效果，反之标准不是过高，就是过低。计划标准过高，出现鞭打快牛或者完不成现象，容易挫伤积极性；计划标准低了，又起不到激励作用。

3. 历史标准

历史标准是以本地区、本部门、本单位或同类部门、单位、项目的绩效评价指标的历史数据作为样本，运用一定的数理统计方法计算出的各类指标的平均历史水平。历史标准也可以是该地区、部门、单位或项目过去形成的某个数据，如：上年实际数据、上年同期数据、历史最高水平等。

由于历史标准具有较强的客观性和权威性，在实际操作中得到了广泛的应用。但运用历史标准的基本假设是现行评价对象所处的环境与历史标准所涉及的时间环境大致相同。如果环境发生了较大变化或者持续不稳定，则不适宜采用历史标准进行评价。实际运用时要注意对历史标准进行及时的修订和完善，尤其要注意剔除价格变动、数据口径不一致和核算方法改变所导致的不可比因素，以保证历史标准符合客观实际情况。

4. 经验标准

经验标准是根据长期的财政经济活动法制规律和管理实践，由在财政管理领域有丰富经验的专家学者，经过严密分析研究后得出的有关指标标准。经验标准具有较强的公允性和权威性，但经验标准的使用范围比较局限。

经验标准适用于缺乏同业比较资料，尤其是缺乏行业标准时的绩效评价。即便两种标准同时可供使用，当行业标准不如经验标准权威性高时，为保证评价结果得到评价对象和社会公众的认可，应当选择经验标准而非行业标准。

在评价财政绩效实践中具体选用哪种评价标准，要根据评价目标、评价对象和具体的评价指标而定。一般而言，对评价对象较少、计划与管理工作任务比较明确、针对性强的被评价对象进行评价时，选定计划标准更加有利于管理控制。对无行业特殊性、评价指标少的评价对象，一般利用有关经验数据标准则更容易完成评价任务。在完整规范的评价体系下，如主要考察评价对象的发展情况，可以用历史标准对其进行评价。而对于评价范围广、评价指标多，需要进行评价结果横向比较时采用行业标准往往会收到好的效果。

财政绩效评价标准是准确衡量绩效的尺度，标准的正确选择对财政绩效评价结果具有较大影响，评价标准的制定既是财政绩效评价体系建立的主要环节，也是财政专项资金绩效评价具体工作所面临的重要步骤。在我国全面推行财政绩效评价工作，除要建立科学、合理、规范的指标体系外，还必须对财政绩效评价的标准进行总体规划设计，研究指标与标准的对应关系，研究不同评价对象的标准选择，通过各种渠道广泛收集整理各种分类标准数据，在条件成熟时建立绩效评价标准数据库。同时，标准并非是固定的和一成不变的，会随着经济的发展和客观环境的变化不断变化，因此，在建立绩效评价标准数据库后，还应加强对标准数据库的维护和更新。为提高有关评价标准的权威性，财政部门及有关部门可以效仿企业绩效评价，定期发布有关评价标准。

二、财政专项资金绩效评价标准测定与选取

评价标准作为评价工作基本准绳，其对评价对象客观评判的对比尺度和参照功能是通过一定的载体来实现的。在评价标准体系中，这些载体依据所设定指标的计量性，表现为一定的数值，这些数值可能是分数、指数、序数。如果这些载体依据所设定的指标是不可计量的，则它们就表现为一定的评语。数值形成财政专项资金绩效评价的定量标准即标准值，而评语就形成定性标准。以下将对这些载体如何测定和选取展开分析。

（一）定量标准的测定模型与测定方法

定量标准即标准值通常是国家财政主管部门根据全国行政事业单位和建设单位决算数据信息及有关统计信息，综合运用统计学的方法，保留符合测算要求的财政支出数据，剔除掉不符合参与测算的数据而测算出来的相关数值的集合。因此测算标准值是一项庞大的系统工程，必须建立合适的计算和预测模型，依靠先进的计算机技术，经过大量的运算，才能产生客观公正、科学可行的财政专项资金评价标准值。

1. 标准值测定模型的建立

标准值是在运用统计学原理的基础上进行测定的，因此设定标准值测定模型时要依据统计的步骤对标准值进行测定，即按照资料的搜集、运用一定方法进行数据整理、统计应用分析这三个步骤进行测定标准值。在标准值测定工作步骤中，每个步骤的实施是通过各步骤选择所要包含的基本要素来体现的。标准值测定模型一般由多要素组成，主要包括：测定标准值的样本总体的建立；样本的抽取、标准值档值的确定；标准值的选用。以上三类要素与标准值设立的三个步骤逐一对应。

样本信息库的建立。测定标准值的信息库，应当是借助先进的信息处理技术形成的一

个规模庞大的公共支出评价数据库。目前，我国财政专项资金绩效评价信息库的建设几乎为空白，因此应根据我国财政专项资金使用和管理实际，进一步改善财政专项资金数据的采集方法和方式，不断加强我国财政专项资金绩效评价数据库建设。主要包括以下内容：一是选定不同行业、不同类型的财政专项资金项目作为评价工作初始数据源，做好数据信息的分类管理；二是结合评价工作发展，逐步拟定各类财政专项资金绩效评价的分类标准，并在此基础上，逐步扩大评价数据信息收集范围，并推动社会公众信息指标的采集、量化和标准等研究和制定工作；三是研究评价数据信息采集方法，重点收集大中型财政专项资金项目从立项决策、建立实施到生产经营等全过程实际发生的各类技术经济指标和数据信息，确保评价数据信息采集的有效运转；四是开展评价数据处理工作软件的设计研究，促进提高数据处理效率；五是运用评价数据信息，做好综合评价和行业评价标准值的测算研究工作。

样本信息库构建过程中的标准数据分类是一项十分复杂的工作，既要依赖庞大的系统支撑，又要与部门政策标准、社会认知度及其他标准相衔接；既要解决标准值层次性问题、社会效益量化问题，又要尽可能解决标准值统一性和可操作性问题。需要说明的是，因样本信息库实行的是动态管理机制，所以要对样本信息库及时更新并发布。为此，一要以现有财政专项资金数据为基础，按不同行业、类型的财政支出项目构建初始数据源，并在此基础上逐步扩大评价信息的收集范围，推动数据采集进入标准化工作阶段；二要充分利用现代化的信息技术，建立有效的财政支出绩效评价信息收集网络，确保财政支出数据信息采集的有效开展；三要确定一个权威机构负责财政支出绩效评价标准数据的管理、审核、收录以及定期发布，可参考国内成熟的企业绩效评价标准管理经验，建立数据收录和定期发布制度。

（1）样本的抽取。财政专项资金绩效评价标准值应建立在规模庞大的信息库基础上，其测试样本的选取应当遵循统计学的样本抽取原则。一是遵循成本效益原则，即在财政专项资金绩效评价标准值的测定中，为达到测出科学的标准值而必须开支的抽取成本应当为最小；二是遵循样本的穷尽性原则，即在测定标准值中，在成本效益原则的限制下，应尽可能抽取最大规模的样本。具体地说，在测定某个区域、部门、单位或项目的标准值时，如果有关此项测定的财政专项资金信息库运用计算机技术能够达到成本最小而包括的信息是全面的，应当采用普查的方式；反之，如果建立起来的信息库是全部被调查的财政专项资金信息中的一部分，那么只能将此信息库作为抽样的一部分。另外，尽量扩大收集资料的范围，尽量全面收集与评价对象相关的信息，作为抽样的另一个组成部分，由此组成样本，并根据从样本得到的标准值来推算总体的数量特征，如图7-4所示。

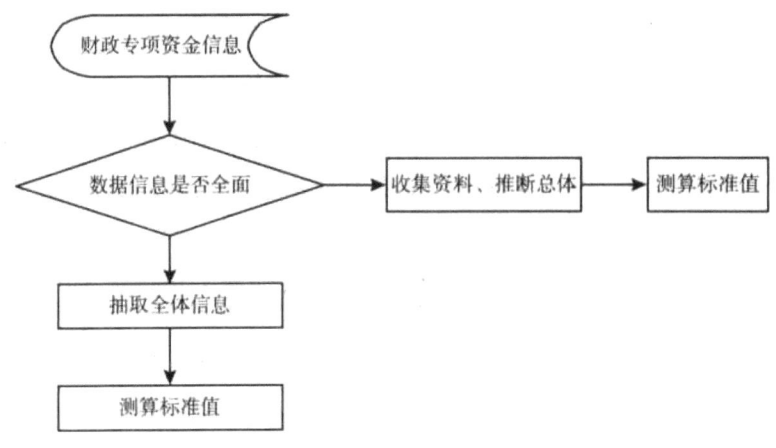

图 7-4 样本的抽取流程

（2）标准值的档值确定。为了使项目评价、单位评价、部门评价和综合评价在一定空间和一定范围有较为准确的比较，财政专项资金绩效评价应借鉴我国目前试行的企业类绩效评价的标准值档次制定的经验，将每项定量指标的标准值都分为优秀值、良好值、平均值、较低值、较差值五个档次。优秀值表示行业最高水平；良好值表示行业的较高水平；平均值表示行业的平均水平；较低值表示行业的较低水平；较差值表示行业的最低水平。从而增加标准值的曲线平滑程度，减少评价的误差。档值在鉴定一个项目、单位、部门或区域的实际绩效水平以及在衡量其与最高档值水平差距时有重要的作用，因为有权分配资源的部门可以根据该项目、单位、部门或地区绩效所在的档值区间，决定其将来享有的资源集中程度。

2. 标准值的测度方法

在建立标准值测定模型的基础上，如何选取合理的标准值测定方法也尤为重要，现阶段较多使用的测度方法包括递进平均法和分段平均法两类，具体原理如下：

（1）递进平均法。递进平均法是计算多档次标准值的一种常用方法，它采用层层递进的方式，分别确定不同档次的标准值。这种方法的基本步骤是：首先计算所有测算指标样本数据的平均值，将其作为评价标准值的"平均值"。其中在所有样本数据中，筛选出大于"平均值"的样本数据，计算出这些样本数据的平均值，作为评价标准的"良好值"。其次，对样本数据进行进一步筛选，挑选出测算指标大于"良好值"的样本数据，计算出其平均值，作为评价标准的"优秀值"。同理，计算出评价标准值的"较低值"和"较差值"。

（2）分段平均法。分段平均法的基本步骤是：首先对测算样本按照实际值从大到小

(对于逆向指标则从小到大)进行排序,然后对排好序的样本,根据标准值的需要对应分为五段,例如前20%的样本数据为第一段,后20%的样本为第五段,最后计算出各段测算指标样本数据的平均值,分别作为评价标准的"优秀值""良好值""平均值""较低值"和"较差值"。

(二) 定性标准的设定过程

财政专项资金绩效评价的定性标准是指对定性指标进行评价分析的客观参照,一般根据评价指标的界定和等级划分,结合财政专项资金的目标要求,运用相关分析方法确定定性指标的评价标准。由于定性指标自身无法量化的特点决定其在评价中比较难以操作,然而由于财政专项资金的特征需求,定性指标在评价中具有重要作用,因此如何合理设置定性指标以及标准划分是本部分要解决的核心问题。

1. 定性标准的关键作用

财政专项资金绩效评价应遵循"经济性、效率性、有效性"原则。考察某项财政专项资金是否符合经济性和效率性的原则,可用大量的量化标准来衡量。因为经济性和效率性都是从资源的耗用角度分析财政专项资金的绩效,经济性考察支出成本是否节约,效率性考察是否以最小的投入得到一定的产出,或者是以一定的投入取得最大的产出,这些从经济学的角度均可尽可能地量化。而最难量化的则是有效性,因为其考察的是财政专项资金是否达到某项目标,评价内容通常涉及宏观产业政策目标、财务目标、机构发展目标、实物目标和其他社会目标、环境目标以及公共行业管理和私营行业发展等目标。由于有效性确实难以量化,往往在设置财政专项资金评价指标时重视程度不够。因此,在构建财政专项资金绩效评价体系时,不仅要重视有效性,更要注重对有效性的衡量,即制定评价标准时,更注重将大量的不可量化的有效性内容用定性标准来衡量。可见,定性标准应是整个标准体系中重要的组成部分,其重要地位比企业绩效评价标准中的定性标准更高,在标准体系中可以根据评价对象的不同而分类设置。

2. 定性标准的设定方法

对于定性标准的设置,可从以下方面取得判断基础或依据:一是专家经验。专家凭借自己的经验,综合当时的政治经济发展形势,以及往年份同类项目、单位或部门使用同类资金所产生的经济效益和社会效益,并结合一定的国际经验,对该项财政资金的支出绩效做出经验判断。作为评价标准的专家经验,应该是在一定数量专家共同论证的基础上,综合各个专家的经验,依据一定的数量统计方法,选取一条能够代表大多数专家意见的经验作为标准。二是问卷测试。对于一些涉及公众满意度、应达到的支出目标等指标，可通过公众评判的方式建立定性标准。例如在项目的有效性评价中，对项目运营和管理评价时，分析、评价项目内部和外部条件的变化和制约因素，如市场变化、体制变化、政策变化、设备设施的维护保养、管理制度、管理者水平、技术人员和熟练工的短缺、原材料供应、产品运输等都要通过问卷测试进行评价，表达出相应的评语。三是横向比较。综合比较国内外已实施的某类财政专项资金绩效所达到的结果，给出评语。通过横向比较给出的评语必须有大量的项目调查做支撑，同时需要做大量的分析工作。四是"一票否决"法。该法通常运用在项目或单位使用的财政资金上。例如，假设某个项目或单位使用资金的行为违法违规时，财政部门可以采用"一票否决"法对该行为做出评估，确定该资金的使用绩效为最差，并考虑以后不再拨款给该项目或单位。

定性标准设置过程中通常将上述四类方法综合运用，但使用较多的仍然是专家咨询评价方法或者是问卷调研方法，将评价指标内容划分为不同档次和等级，采用模糊学的隶属因子赋值法对不同等级赋予对应的等级参数，从而形成从高到低多等级的评语体系。

3. 定性标准的档值确定

定性标准的制定关键是如何进行档次划分。为了与标准值的测定档次相匹配，根据所设定的定性指标的内涵，参考被评价对象的性质和财政专项资金应当完成的目标，对定性评价标准按照模糊学的隶属度赋值法，将定性标准从高到低划分为 A、B、C、D、E 五档评语，同时规定了每档评语的具体要求和基本边界。一是项目单位定性标准按照项目目标完成与否，分为 A、B、C、D、E 五档评语，其中 A 为目标完成最成功，E 为目标完全没有完成；二是部门定性标准按照部门职能性质，分为 A、B、C、D、E 五档评语，其中 A 为目标完成最成功，E 为目标完全没有完成；三是在综合财政专项资金继续评价时，分为 A、B、C、D、E 五档评语，其中 A 表示绩效水平为优秀，E 表示绩效水平较差。

由于定性标准的制定具有较强的主观性，容易受到评价人知识、经验、判断能力和对评价指标熟悉程度的影响。因此，为制定客观合理的定性指标标准，必须形成有效的评价专家选择标准，可要求从事评价工作的人员必须具有必要的相关知识和能力，从而能够满足评价工作的要求，例如评价人应具有相关研究基础、能够收集和分析可靠的数据、得出有效的结论建议等。

（三）定量及定性标准的选用

财政专项资金类别繁杂，评价对象也各有不同，因此专项资金绩效评价的定性指标和定量指标标准应根据财政专项资金类型和评价对象等的不同而进行有针对性的选取。

对于财政专项资金项目绩效评价，其评价标准的取值主要由以下要素组成：一是项目的工程技术、施工效率、质量等标准，主要来源于项目技术、质量等资料；二是项目的效益标准，包括成本净现值、资金到位率、资金收益率、投资利税率等标准，主要来自项目的财务统计指标；三是项目的社会效益标准，如环境效益、创新情况、社会反响等。由于这种评价多属于定性标准范畴，因此在标准取值时应更多通过专家经验咨询及问卷调研形式开展。

对于财政专项资金单位绩效评价，其评价目的在于通过评价比较，提高和改进各单位运行和管理效率。在单位绩效评价的取值方面，一般较多通过单位实际运行过程中所产生的经济、管理和技术数据等。

对于财政专项资金部门绩效评价，其评价目的在于为完成所承担的政治、经济和社会发展职能。为此，在进行部门绩效评价标准的取值时，应当关注部门计划目标的实际完成情况以及部门的办事效率的改善。标准的选取主要以部门计划标准和调查数据相结合的方式。

对于财政专项资金综合绩效评价，其评价内容一般包括项目、单位和部门绩效评价以及更广泛领域的绩效评价。因此在定量标准和定性标准的选用上，应当结合行业标准、计划标准、历史标准和经验标准等多类型评价标准。

第三节 财政专项资金绩效评价的计分模型分析

财政专项资金绩效评价综合结果的得出是一个系统而复杂的过程，涉及从基本数据收集处理、指标体系构建、指标权重设置到各子目标及综合得分的计算等诸多过程。以下将在简要分析现有绩效评价主要计分方法的基础上，提出具有操作性和科学性的财政专项资金绩效评价计分模型，具体包括无量纲化处理和转换、剔除原始变量量纲的影响、评价指标权重设置、得分计算、评价结论确定等步骤，通过给定的数学模型计算得出各个评价指标的综合得分，形成量化的评价结果，并根据所设定的财政专项资金绩效评价计分结果级别评定对照表，得到财政专项资金绩效评价的最终结论。

一、绩效评价主要计分方法分析

国内外有关评价计分的方法众多，根据指标数据和权重处理方式的不同，可分为主观方法和客观方法两类。其中主观方法即根据经验确定权重大小进而计算综合得分的方法，主要包括层次分析法、综合指数法、功效系数法、线性规划法等；客观方法即根据数据统计原理建立综合评价模型，确定权重并计算综合得分的方法，主要包括主成分分析法、因子分析、聚类分析等。上述方法在进行综合评价分析时各有其优势，需要根据评价指标性质和特征合理选择。

（一）综合指数法

综合指数法是指在确定一套合理的经济效益指标体系的基础上，对各项经济效益指标个体指数加权平均，计算出经济效益综合值，用以综合评价经济效益的一种方法。即将一组相同或不同指数值通过统计学处理，使不同计量单位、性质的指标值标准化，最后转化成一个综合指数，以准确地评价工作的综合水平。综合指数值越大，工作质量越好，指标多少不限。[1]

综合指数法将各项经济效益指标转化为同度量的个体指数，便于将各项经济效益指标综合起来，以综合经济效益指数作为企业间综合经济效益评比排序的依据。各项指标的权数是根据其重要程度决定的，体现了各项指标在经济效益综合值中作用的大小。综合指数法的基本思路则是利用层次分析法计算的权重和模糊评判法取得的数值进行累乘，然后相加，最后计算出经济效益指标的综合评价指数。

（二）功效系数法

功效系数法又叫功效函数法，它是根据多目标规划原理，对每一项评价指标确定一个满意值和不允许值，以满意值为上限，以不允许值为下限。计算各指标实现满意值的程度，并以此确定各指标的分数，再经过加权平均进行综合，从而评价被研究对象的综合状况。运用功效系数法进行业绩评价，企业中不同的业绩因素得以综合，包括财务的和非财务的、定量的和非定量的。

功效系数法进行绩效评价计分有以下优越性：

（1）功效系数法建立在多目标规划原理的基础上，能够根据评价对象的复杂性，从不同侧面对评价对象进行计算评分，正好满足了企业绩效评价体系多指标综合评价企业绩效的要求。

---

[1] 文新三：《财政专项资金绩效评价研究》，经济科学出版社2014年版。

(2) 功效系数法为减少单一标准评价而造成的评价结果偏差，设置了在相同条件下评价某指标所参照的评价指标范围，并根据指标实际值在标准范围内所处位置计算评价得分，这不但与企业绩效评价多层次评价标准相适应，而且能够满足在目前我国企业各项指标值相差较大的情况下，减少误差，客观反映企业绩效状况，准确、公正评价企业绩效的目的。

(3) 用功效函数模型既可以进行手工计分，也可以利用计算机处理，有利于评价体系的推广应用。

功效系数法虽然与我国当前评价对象的复杂性相适应，能够较为合理地评价我国目前企业的财务状况和经营成果，但是功效系数法也存在着一些不足。首先，单项得分的两个评价标准：满意值和不容许值的确定难度大，不容易操作，理论上就没有明确的满意值和不容许值。实际操作中一般做如下处理，要么以历史上最优值、最差值来分别替代满意值和不容许值；要么在评价总体中分别取最优、最差的若干项数据的平均数来分别替代满意值和不容许值。但是不同的对比标准得到的单项评价值不同，影响综合评价结果的稳定性和客观性。其次，若取最优、最差的若干项数据的平均数来作为满意值和不容许值，最优或最差的数据项多少为宜，没有一个适当的标准。数据项数若取少了，评价值容易受极端值的影响，满意值与不容许值的差距很大，致使中间大多数评价值的差距不明显，即该评价指标的区分度很弱，几乎失去了评价的作用，只对少数指标数值处于极端水平的单位有意义。若平均项数取多了，满意值与不容许值的差距缩小，单项评价值的变化范围很大而且没有统一的取值范围，优于满意值和差于不容许值的单位就多，即评价值超出（60，100）范围的单位就多。

(三) 线性规划法

线性规划法是解决多变量最优决策的方法，是在各种相互关联的多变量约束条件下，解决或规划一个对象的线性目标函数最优的问题，即给予一定数量的人力、物力和资源，如何应用而能得到最大经济效益。当资源限制或约束条件表现为线性等式或不等式，目标函数表示为线性函数时，可运用线性规划法进行决策。运用线性函数规划法建立数学模型的步骤是：首先，确定影响目标的变量；其次，列出目标函数方程；再次，找出实现目标的约束条件；最后，找出使目标函数达到最优的可行解，即该线性规划的最优解。

线性规划法就是在线性等式或不等式的约束条件下，求解线性目标函数的最大值或最小值的方法。其中目标函数是决策者要求达到目标的数学表达式，用一个极大或极小值表示。约束条件是指实现目标的能力资源和内部条件的限制因素，用一组等式或不等式来表示。线性规划是决策系统的静态最优化数学规划方法之一。它作为经营管理决策中的数学手段,在现代决策中的应用是非常广泛的,它可以用来解决科学研究、工程设计、生产安排、军事指挥、经济规划、经营管理等各方面提出的大量问题。线性规划法对专项或特定的绩效评价分析和评价对象比较适用。

(四)主成分分析法

主成分分析也称主分量分析,旨在利用降维的思想,把多指标转化为少数几个综合指标。在实际问题研究中,为了全面、系统地分析问题,我们必须考虑众多影响因素。这些涉及的因素一般称为指标,在多元统计分析中也称为变量。因为每个变量都在不同程度上反映了所研究问题的某些信息,并且指标之间彼此有一定的相关性,因而所得的统计数据反映的信息在一定程度上有重叠。在用统计方法研究多变量问题时,变量太多会增加计算量和增加分析问题的复杂性,人们希望在进行定量分析的过程中,涉及的变量较少,得到的信息量较多。在主成分分析中,通过主成分指标的方差比率确定新的主成分指标权重,进而建立综合评价函数,计算综合得分。主成分分析法对大批量评价样本的绩效评价工作较为适用。

(五)因子分析法

因子分析的基本目的就是用少数几个因子去描述许多指标或因素之间的联系,即将相关比较密切的几个变量归在同一类中,每一类变量就成为一个因子(之所以称其为因子,是因为它是不可观测的,即不是具体的变量),以较少的几个因子反映原资料的大部分信息。运用这种研究技术,可以方便地找出影响评价对象的主要因素是哪些,以及它们的影响力(权重)。应用因子分析法的主要步骤如下:对数据样本进行标准化处理;计算样本的相关矩阵 R;求相关矩阵 R 的特征根和特征向量;根据系统要求的累积贡献率确定主因子的个数;计算因子载荷矩阵 A;确定因子模型;根据上述计算结果,对系统进行分析。对于大批量的评价样本进行分组排序和评价同样也可以应用因子分析法。

(六)聚类分析法

聚类分析法是理想的多变量统计技术,主要有分层聚类法和迭代聚类法。聚类分析也称群分析、点群分析,是研究分类的一种多元统计方法。基本思想是所研究的样品(网点)或指标(变量)之间存在程度不同的相似性(亲疏关系——以样品间距离衡量),于是根据一批样品的多个观测指标，具体找出一些能够度量样品或指标之间相似程度的统计量，以这些统计量为划分类型的依据。把一些相似程度较大的样品（或指标）聚合为一类，把另外一些彼此之间相似程度较大的样品（或指标）又聚合为另一类，直到把所有的样品（或指标）聚合完毕，这就是分类的基本思想。在聚类分析中，通常根据分类对象的不同分为Q型聚类分析和R型聚类分析两大类。R型聚类分析是对变量进行分类处理，Q型聚类分析是对样本进行分类处理。R型聚类分析的主要作用是，不但可以了解个别变量之间关系的亲疏程度，而且可以了解各个变量组合之间的亲疏程度。Q型聚类分析的优点是可以综合利用多个变量的信息对样本进行分类，分类结果是直观的，聚类谱系图非常清楚地表现其数值分类结果，聚类分析所得到的结果比传统分类方法更细致、全面、合理。聚类分析对区域、行业等进行绩效评价的分组较为适用。

二、财政专项资金绩效评价计分模型设计

绩效评价计分模型的研究和实际应用是近些年关注的热点和焦点。因此，我国对于各个领域的绩效评价的经验还存在很大的不足，必须借鉴国外先进的科学研究方法和应用成功的案例来设计符合我国实际的计分模型，并结合我国财政专项资金绩效评价工作自身的特点和要求，逐步建立起适合我国国情、科学有效的、成熟实用的财政专项资金绩效评价方法体系。

构建计分模型的方法就是将评价指标进行无量纲化处理和转换，剔除原始变量量纲的影响，再通过对每个评价指标设置的不同权重进行打分计算，然后根据给定的数学模型计算得出各个评价指标的综合得分，形成量化的评价结果。财政专项资金绩效评价计分模型示意如图7-5所示，以下将对各步骤的具体内容做详细分析。

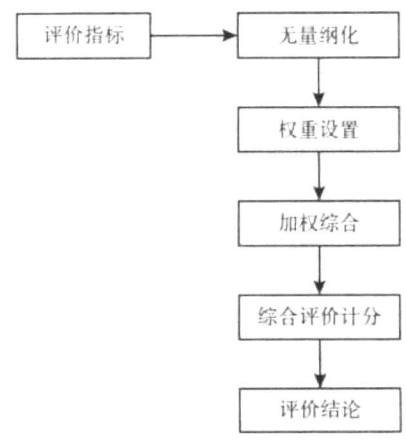

图7-5 绩效评价计分模型程序图

（一）构建评价指标的多层次结构

根据前述分析，财政专项资金绩效评价指标体系是多目标和多层次结构的。在目标方面，既有直接经济目标，又有间接非经济目标；既有支出效益目标，又有支出结构化目标；既有短期目标，又有中长期目标；既有微观目标，又有宏观目标。各类目标在专项资金运行过程中部分可以相互兼顾，但有时为实现某一方面目标，可能会在一定程度上牺牲其他目标。在结构方面，基于其多目标特征，必须对评价指标体系进行分解和综合，建立多层次、多类型的评价指标体系。层次的级数可以根据具体评价对象和评价目标来确定。根据评价指标体系的多层次特点，可建立如图7-6所示的多层次综合评价模型。图7-6中，A 表示评价指标体系的各层次具体评价指标，C 表示评价指标体系的层次结构，R 表示各层次评价指标的权重。

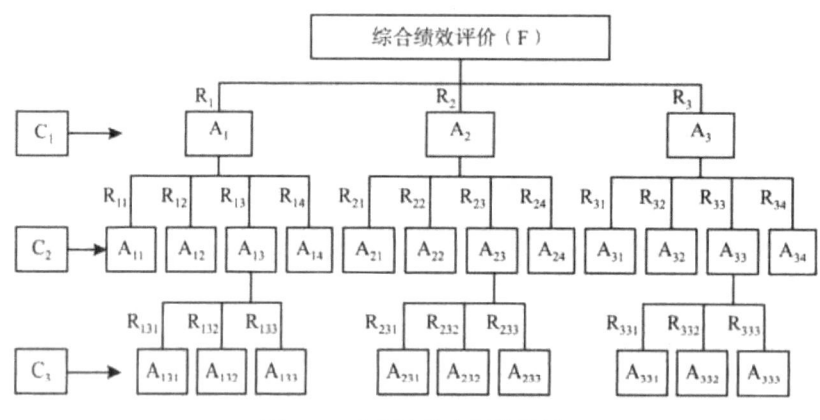

图7-6 多层次综合评价模型

（二）评价指标的无量纲化处理

评价体系的数据类型为定量和定性统计数据相结合，数据来源主要包括统计局、财政厅等发布的多种来源的统计报告和年鉴资料以及实地调研数据。由于指标数据计量单位差别较大，无法进行直接比较，因此在进行综合评价之前，首先要对评价指标的原始数据进行无量纲标准化处理，先将其转化成无量纲、无数量级的标准数据。

评价指标大致可以分为三类：收益型、成本型和适度型。

收益型指标，也称正向指标，指标值越大越好；成本型指标，又称逆向指标，指标值越小越好；适度指标，指标值以稳定在某一固定值为最佳。在标准化之前，先对各项指标的异常值进行判断和处理。在数据处理中，有时会碰到一组指标数据中有可疑数据明显偏离它所在样本的其余数据。对可疑数据，按照 GB 4883-1985《数据的统计处理和解释正态样本异常值的判断和处理》来进行处理。

3. 评价指标的权重设置

评价指标的权重设置主要以德尔菲法与层次分析法结合为主要方法，具体设置原理和计算过程已在前述章节具体描述。指标权重的合理与否很大程度上影响综合评价结果的正确性和科学性。指标权重是对评价内容重要程度的界定，具有重要的导向作用，在指标体系确定的情况下，权重的变化直接决定着评价结果的正确与否。在多项指标构成的评价指标体系中，由于各指标重要程度和影响力的不同，各指标权重必然具有差异性。为表示不同指标对评价结果影响的差异，需要将所有指标运用前述方法进行权重赋值处理，权数越大表明该指标在指标体系中的影响力或作用越大，反之则越小。指标权数反映了评价指标对评价结果的贡献程度，它的确定取决于指标所反映的评价内容的重要性和指标自身信息的可信赖程度，因此，科学地确定指标权数具有重要意义。

4. 综合评分计算

经过上述处理后，得到评价指标的标准化（即无量纲化）数据和评价体系指标权重。在此基础上，可计算得到财政专项资金绩效评价的最终综合得分。财政专项资金绩效评价计分采用递阶层次综合计分方法。

5. 评价结论确定

评价结果是绩效评价的最终展示，是对评价过程的概括和总结。财政专项资金绩效评价计分模型设计不仅包括科学完善的计分方法，还要实现计分结果的科学表示。只有结合评价结果的综合得分，设计易于表示和解读的结果表示方法，才能构建完善、全面及科学的计分模型体系。

为直观体现财政专项资金绩效综合评价结果，便于各政府部门、社会民众及相关使用者准确理解和掌握评价结果，在借鉴国内外已有各类典型评价方法的基础上，对财政专项资金绩效评价综合得分采取将具体分值按一定对应关系转换成为结论式表达形式的方法，以评价得分加评价类型与评价级别来具体表示。基于易操作和实用性原则，将绩效评价综合得分根据不同分值划分为优秀、良好、中等、较低、较差五种类型，各类型又进一步划分为不同级别，采用加注"+、-"的方式表示，具体如表7-1所示。

表 7-1　财政专项资金绩效评价计分结果级别评定对照表

评价综合得分	评价结果类型	评价结果级别
95~100 分	优	A^{++}
90~95 分	优	A^{+}
85~90 分	优	A
80~85 分	良	B^{+}
75~80 分	良	B
70~75 分	良	B^{-}
60~70 分	中	C
50~60 分	中	C^{-}
40~50 分	低	D
0~40 分	差	E

参考文献

[1] 李文彬,卢扬帆,郑方辉. 财政专项资金绩效第三方评价 [M]. 北京:光明日报出版社,2015.

[2] 郑方辉,李文彬,卢扬帆. 财政专项资金绩效评价 体系与报告 [M]. 北京:新华出版社,2012.

[3] 文新三. 财政专项资金绩效评价研究 [M]. 北京:经济科学出版社,2014.

[4] 审计署财政审计司. 财政审计 [M]. 北京:中国时代经济出版社,2015.

[5] 审计署财政审计司. 财政审计 [M]. 北京:中国时代经济出版社,2015.

[6] 娄底市审计局. 财政审计与现代国家治理 [M]. 北京:中国时代经济出版社,2015.

[7] 王维国. 财政审计 [M]. 兰州:甘肃人民出版社,1989.

[8] 余密欧. 财政专项资金使用绩效审计评价指标探析 [J]. 行政事业资产与财务,2020(17):26-27.

[9] 金瑶瑶. W市促进就业专项资金的使用情况研究 [D]. 四川师范大学,2020.

[10] 俱若萌. 环保专项资金绩效评价研究 [D]. 西安石油大学,2020.

[11] 安百杰. 公共服务供给视角下的财政项目绩效评价研究 [D]. 山东大学,2020.

[12] 林张杏. 项目预算绩效管理的问题与对策研究 [D]. 华南理工大学,2020.

[13] 黄凯南. 高校财政专项资金绩效评价及影响因素研究 [D]. 南京信息工程大学,2020.

[14] 马赛博. 生态转移支付资金绩效审计评价指标体系的构建研究 [D]. 南京信息工程大学,2020.

[15] 宋嘉为. 平衡计分卡在高校专项资金绩效评价的应用研究 [D]. 苏州大学,2020.

[16] 黄佳璐. G市财政科技专项资金绩效审计案例分析 [D]. 江西财经大学,2020.

[17] 蔺阿芳. D县财政专项扶贫资金绩效评价研究 [D]. 兰州财经大学,2020.

[18] 赵英霞. B高校财政专项资金绩效评价案例研究 [D]. 北方工业大学,2020.

[19] 彭新. 财政专项资金绩效评价浅析 [J]. 财会学习, 2020 (14): 94-95.

[20] 刘艳. 财政专项资金绩效评价体系构建及其结果应用研究 [J]. 现代经济信息, 2020 (09): 95-96.

[21] 郝立娟. 高校专项资金绩效管理问题研究 [J]. 财经界, 2020 (13): 52-55.

[22] 蓝颖. 关于财政专项资金绩效审计研究 [J]. 财会学习, 2020 (03): 159-160.

[23] 刘晓斌, 孙晓红, 孙百原, 等. 高校财政专项资金绩效管理优化研究 [J]. 边疆经济与文化, 2020 (01): 18-20.

[24] 宋崇全. 浅谈财政专项资金绩效评价问题 [J]. 中外企业家, 2019 (36): 11.

[25] 宋键. 财政专项资金绩效监督评价探讨 [J]. 商业会计, 2019 (22): 62-64.

[26] 林超纲. 财政专项资金绩效评价的困境与思考 [J]. 行政事业资产与财务, 2019 (22): 14-15.

[27] 胡可平. 财政专项资金绩效管理浅析 [J]. 现代营销（经营版）, 2019 (12): 184.

[28] 肖作宾. 财政专项资金绩效评价问题研究 [J]. 行政事业资产与财务, 2019 (13): 19-20.

[29] 耿传萍. 财政专项资金绩效评价的基本问题探微 [J]. 纳税, 2019, 13 (19): 99+102.

[30] 曹志文. 财政支出政策的生态保护效应研究 [D]. 江西财经大学, 2019.

[31] 孙岩. 财政专项资金绩效审计评价标准问题与对策 [J]. 企业改革与管理, 2019 (10): 156+158.

[32] 吴维斌, 孙莉梅, 李华. 财政专项资金支出绩效评价指标体系设计常见问题与对策 [J]. 产业与科技论坛, 2019, 18 (07): 213-214.

[33] 吴倩倩. 财政专项资金绩效评价的困境与思考 [J]. 中小企业管理与科技（下旬刊）, 2019 (03): 53-54.

[34] 刘平. 财政科技专项资金绩效评价指标体系探索 [J]. 城市建设理论研究（电子版）, 2019 (07): 195.

[35] 陈扬. 财政专项资金绩效评价的困境与思考 [J]. 科技经济市场, 2019 (01): 26-27.

[36] 罗洪玉. 财政专项资金绩效评价的基本问题探微 [J]. 现代经济信息, 2019 (03): 216+218.

[37] 浦琳洁. 浅析财政专项资金的绩效目标管理 [J]. 现代商业, 2018 (36): 113-114.

[38] 朱亚龙. 财政专项资金绩效评价分析［J］. 纳税, 2018, 12（29）：77+79.

[39] 郝丽娜. 财政专项资金绩效评价的思考与建议［J］. 管理观察, 2018（27）：165-166.

[40] 杨恩淋. 财政专项资金绩效评价思考［J］. 行政事业资产与财务, 2018（16）：6-7.

[41] 王颖. 公共财政领域的财政专项资金绩效审计研究［J］. 现代经济信息, 2018（12）：251.

[42] 安娜. 高校财政专项绩效评价研究［J］. 中国管理信息化, 2018, 21（12）：35-36.

[43] 李海燕. 财政专项资金的管理思考［J］. 现代经济信息, 2018（08）：100.

[44] 母晓峰. 财政专项资金绩效监督评价机制探讨［J］. 现代营销（下旬刊）, 2018（01）：219.

[45] 王柱. 财政促进就业专项资金绩效评价的实践与探索［J］. 行政事业资产与财务, 2017（34）：23+20.

[46] 陈海霞. 财政专项资金绩效评价的基本问题研究［J］. 现代经济信息, 2017（22）：32+34.

[47] 付维娣. 财政专项资金绩效监督评价机制探析［J］. 现代营销（下旬刊）, 2017（10）：175.

[48] 李波. 财政支出绩效评价法制化研究［D］. 华南理工大学, 2017.

[49] 李波, 费睿. 财政支出的绩效审计与绩效评价［J］. 江汉论坛, 2017（05）：11-16.

[50] 袁晋芳. 我国高校绩效预算问题研究［D］. 中央财经大学, 2017.

[51] 王欣. 财政专项资金动态监控系统的设计与实现［D］. 西安电子科技大学, 2017.

[52] 郑方辉, 费睿. 广东省级财政专项资金及其绩效评价［J］. 华南理工大学学报（社会科学版）, 2017, 19（03）：35-44.

[53] 胡阳雪, 刘维忠. 高校财政专项资金绩效评价浅议［J］. 合作经济与科技, 2017（06）：93-94.

[54] 上海专员办. 有效构建财政专项资金绩效评价体系［N］. 中国财经报, 2017-02-21（008）.

[55] 钟敏玲. 财政专项资金绩效审计评价探讨［J］. 财经界（学术版）, 2016（33）：279.

[56] 戴天婵. 财政专项资金绩效审计评价体系构建研究［J］. 江苏理工学院学报, 2016, 22（05）：45-50.

[57] 徐辉. 绩效评价在就业专项资金支出的应用 [J]. 现代商业, 2016 (24): 66-67.

[58] 李金珊, 徐越. 专项资金绩效评价应回归政策性 [J]. 财政监督, 2016 (11): 39-41.

[59] 徐越. 项目支出政策绩效评价研究 [D]. 浙江大学, 2016.

[60] 王亚晓. 财政专项资金绩效审计及其应用研究 [D]. 华东政法大学, 2016.

[61] 闫光民. 论财政专项资金绩效评价指标体系的设计 [J]. 中国市场, 2016 (19): 216-217.

[62] 颜海娜. 治理转型视域下我国地方政府绩效评估实证研究 [M]. 新华出版社, 2015 (08): 225.

[63] 林红. 财政专项资金绩效审计体系研究 [D]. 华南理工大学, 2015.

[64] 孙宁, 程亮, 王佳宁, 等. 大力推进绩效评价 完善项目管理制度 提高绩效意识 [N]. 中国环境报, 2015-02-13 (002).

[65] 郑方辉, 卢扬帆. 第三方评民生财政专项资金绩效实证研究——以 2012 年广东省为例 [C] //广东经济学会. 市场经济与全面深化改革——2014 岭南经济论坛论文集. 广东: 广东经济学会, 2014: 8.

[66] 王术华. 林业财政专项资金绩效管理研究 [D]. 北京林业大学, 2014.

[67] 王韶华. 我国财政支出绩效评价研究 [D]. 武汉大学, 2013.

[68] 郑方辉, 李文彬, 卢扬帆. 财政专项资金绩效评价 [M]. 新华出版社: 民意调查与公共决策（政府绩效评价）丛书, 2012 (09): 259.

[69] 朱江. 财政科技资金绩效审计研究 [D]. 财政部财政科学研究所, 2011.

[70] 季忠兰, 邱秋云. 财政专项资金项目绩效审计评价指标体系构建研究 [C] //江苏省审计厅、江苏省审计学会. 江苏省审计机关第四届青年审计论坛论文集. 南京: 江苏省审计学会, 2010: 6.

[71] 赵学群. 我国财政政法支出绩效评价研究 [D]. 南京大学, 2010.

[72] 贺勇. AHP 在财政专项资金项目绩效评价指标权重确定中的应用 [C] //中国农业技术经济研究会. 农业经济问题（2010 年增刊）. 北京: 中国农业技术经济研究会, 2010: 7.

[73] 李彦历. 我国财政资金绩效管理研究 [D]. 财政部财政科学研究所, 2010.

[74] 裴育, 欧阳华生. 财政专项资金绩效管理研究: 评价体系的构建与方法 [C] //中共江苏省委宣传部、江苏省哲学社会科学界联合会. 2007 年江苏省哲学社会科学界学

术大会论文集（中）. 南京：江苏省社会科学学术活动组织联络中心，2007：8.

［75］李丽. 财政专项资金绩效评价分析［J］. 财会学习，2020（36）：63-64.

［76］陈越兰. 财政专项资金绩效评价问题与对策探析［J］. 财会学习，2020（35）：49-50.

［77］陈小静. 浅谈知识产权财政专项资金绩效管理［J］. 中国发明与专利，2020，17（11）：88-90.

［78］张桂珠. 浅谈财政专项资金存在的问题及对策［J］. 全国流通经济，2020（29）：178-180.

［79］张春政，丛方磊，张琪. 财政专项资金绩效评价存在的问题及对策思考［J］. 中国管理信息化，2020，23（16）：153-154.

［80］夏勇明. 财政专项资金绩效评价问题与对策研究［J］. 科技经济市场，2020（07）：90-92.

［81］李小康. 扶贫专项资金绩效审计评价指标体系研究［D］. 西南民族大学，2020.